UTA HELLING

Zu den Problemen der künstlichen Insemination unter besonderer Berücksichtigung des § 203 E 1962

NEUE KÖLNER RECHTSWISSENSCHAFTLICHE ABHANDLUNGEN

HERAUSGEGEBEN VON

DER RECHTSWISSENSCHAFTLICHEN FAKULTÄT

DER UNIVERSITÄT ZU KÖLN

HEFT 65

Berlin 1970

WALTER DE GRUYTER & CO.

vormals G. J. Göschen'sche Verlagshandlung J. Guttentag, Verlagsbuchhandlung
Georg Reimer · Karl J. Trübner · Veit & Comp.

Zu den Problemen der künstlichen Insemination unter besonderer Berücksichtigung des § 203 E 1962

Von

Uta Helling

aus Köln

Berlin 1970

WALTER DE GRUYTER & CO.

vormals G. J. Göschen'sche Verlagshandlung · J. Guttentag, Verlagsbuchhandlung
Georg Reimer · Karl J. Trübner · Veit & Comp.

Archiv-Nr. 27 08 701

Satz und Druck: Max Schönherr, Berlin 65

INHALT

LITERATUR

Anderes, E. — Zur Frage der künstlichen Befruchtung, Schw. med. Wschr., 80. Jg. (1950), S. 667 ff.

Anselmino, K. J. und *Friedrichs, H.* — Die künstliche Befruchtung mit fremdem Sperma in psychologischer Sicht, Med. Klinik, 44. Jg. (1949), S. 1621 ff.

Anselmino, K. J. und *Friedrichs, H.* — Die künstliche Befruchtung mit fremdem Sperma in psychologischer Sicht, Ärztl. SamBl. 39. Jg. (1950), S. 99 f.

Arens, A. — Die künstliche Befruchtung im geltenden und künftigen Strafrecht, Diss. Münster 1956

Baumann, J. — Strafrecht, Allgemeiner Teil, 4. Aufl., Bielefeld 1966

Becker, W. — Das Problem der künstlichen Samenübertragung und seine rechtlichen Folgen, Öffentlicher Gesundheitsdienst 13 (1951), S. 49 ff.

Beitzke, G. — Familienrecht, Ein Studienbuch, 13. Aufl., München und Berlin 1966

Beuerlein, I. — Die künstliche Samenübertragung beim Menschen im anglo-amerikanischen Bereich, Beiträge zur Sexualforschung Heft 29, Stuttgart 1963

Blei, H. — Der Strafrechtsschutz von Familienordnung und Familienpflichten, FamRZ 1961, 137 ff.

Bloemhof, F. — Die künstliche Samenübertragung, in Ranke-Dombois: Probleme der künstlichen Insemination, Witten 1960, S. 7 ff.

Bloemhof, F. — Entmenschlichung des Menschen und Mißbrauch der Wissenschaft, in: Die künstliche Befruchtung beim Menschen, Diskussionsbeiträge aus medizinischer, juristischer und theologischer Sicht, Köln 1960, S. 119 ff.

Böckle, F. — Insemination, Sterilisation und moderne Methoden der Geburtenkontrolle, Studien und Berichte der Katholischen Akademie in Bayern, Heft 20, S. 107 ff., Würzburg 1963

Boehmer, G. — Zur Ehestörungsklage, AcP 155, 181 ff.

Bonner Kommentar — Kommentar zum Bonner Grundgesetz (Wernicke u. a.), Hamburg 1950

Bornikoel — Zum Problem der künstlichen Befruchtung, in: Geburtenregelung und Eugenik, Schriftenreihe der Evangelischen Akademie Hamburg, Hamburg 1959

Bürger-Prinz und *Rüdt, G.* — Zum Thema der künstlichen Befruchtung in psychologischer Sicht, Med. Klinik, 45. Jg. (1950), S. 1213 f.

Dahn, H. — Die Partnerwahl, Beiträge zur Sexualpädagogik, Heft 3, Stuttgart 1955

Dibelius, O. — Über die künstliche Befruchtung, Christ und Welt vom 5. 1. 1950

Dibelius, O. — Über die künstliche Befruchtung, Herderkorrespondenz, 4. Jg. (1949/1950), S. 213

Dickertmann, W. — Statusfragen im Blickfeld der künstlichen Befruchtung, NJW 1950, 18 f.

Döderlein, A. — Über die künstliche Befruchtung, Mchner med. Wschr. 49. Jg. (1912), S. 1081 ff.

Dölle, H. — Die künstliche Samenübertragung, Eine rechtsvergleichende und rechtspolitische Skizze, Tübingen 1954.

Dünnebier, D. — Die strafrechtlichen Probleme der künstlichen Insemination, Mschr. Krim. und Strafrechtsreform, 43. Jg. (1960), S. 129 ff.

Dünnebier, D. — Probleme der artifiziellen Insemination aus der Sicht des Juristen, in Ranke-Dombois, S. 40 ff.

Elster, H.-J. — Die Zuordnung der Gametenpartner bei der Befruchtung, Die Umschau, 50. Jg., Frankfurt a. M. 1950, S. 381 f.

Engisch, K. — Untersuchungen über Vorsatz und Fahrlässigkeit im Strafrecht, Berlin 1930

Enneccerus-Kipp-Wolff — Lehrbuch des Bürgerlichen Rechts, 4. Bd. Familienrecht, 7. Aufl., Tübingen 1931

Erdsiek, G. — Zivilrechtliche Aspekte der künstlichen Insemination, NJW 1960, 23 f.

Erman, W. — Handkommentar zum BGB, Bd. 1 und 2, 4. Aufl., Münster 1967

Fabricius, F. — Zur Dogmatik des „sonstigen Rechts" gemäß § 823 Abs. 1 BGB, AcP 160, 273 ff.

Feversham — Report of the Departmental Committee on Human Artificial Insemination, presented to Parliament ... by Command of Her Majesty, July 1960, London

Fraenckel, P. — Über künstliche Befruchtung beim Menschen und ihre gerichtsärztliche Beurteilung, Ärztl. Sachverst.-Ztg., 15. Jg. (1909), S. 169 ff.

Frank, K. — Das Strafgesetzbuch des Deutschen Reiches, Kommentar, 18. Aufl., Tübingen 1931

Fromm, E. — Artifizielle Insemination, in: Die künstliche Befruchtung beim Menschen, Diskussionsbeiträge aus medizinischer, juristischer und theologischer Sicht, Köln 1960, S. 25 ff.

Gallas, W. — Zum gegenwärtigen Stand der Lehre vom Verbrechen, ZStW 61, 1 ff.

Gaul, H. F. — Das künftige Verfahren zur Feststellung der unehelichen Vaterschaft und seine Wiederaufnahme, FamRZ 1963, 208 ff.

Geiger, W. — Rechtsfragen der Insemination, ÄM 39. Jg. (1954), S. 756 ff.

Geiger, W. — Rechtsfragen der Insemination, in: Die künstliche Befruchtung beim Menschen, Diskussionsbeiträge aus medizinischer, juristischer und theologischer Sicht, Köln 1960, S. 37 ff.

Gernhuber, J. — Lehrbuch des Familienrechts, München und Berlin 1964

Giesen, D. — Die künstliche Insemination als ethisches und rechtliches Problem, Sonderdruck aus Trierer Theologische Zeitschrift, Heft 1/2, Trier 1960

Giesen, D. — Die künstliche Insemination als ethisches und rechtliches Problem, Schriften zum Deutschen und Europäischen Zivil-, Handels- und Prozeßrecht, Bd. 18, Bielefeld 1962

Groeger, G. N. — Die Verantwortung des einzelnen, in: Die künstliche Befruchtung beim Menschen, Diskussionsbeiträge aus medizinischer, juristischer und theologischer Sicht, Köln 1960, S. 137 ff.

Guttmacher, A. F. — Die Bedeutung der künstlichen Befruchtung bei der Behandlung der Sterilität, in: Die künstliche Befruchtung beim Menschen, Diskussionsbeiträge aus medizinischer, juristischer und theologischer Sicht, Köln 1960, S. 1 ff.

Haffter, C. — Kinder aus geschiedenen Ehen, Bern 1948

Hamann, A. — Kommentar zum Grundgesetz, 2. Aufl., Darmstadt 1961

Hamann, A. — Grundgesetz und Strafgesetzgebung, Neuwied-Berlin 1963

Hellmer, J. — Erziehung und Strafe, Berlin 1957

Heyll, W. — Die Beurteilung der künstlichen Samenübertragung und ihre Folgen nach geltendem deutschen Recht mit Hinweisen auf die Rechtslage im Ausland, Diss. Köln 1955

Hirsch, J. — Schwangerschaft nach künstlicher Befruchtung, Berl. Klin. Wschr. 49. Jg. (1912), S. 1361 ff.

Hirschberg, M. — Die Schutzobjekte der Verbrechen, Strafrechtliche Abhandlungen Heft 113, Breslau 1910

Holfelder, W. — Die künstliche Befruchtung beim Menschen nach deutschem und kanonischem Recht, Diss. Heidelberg 1953

Ihering, R. v. — Der Zweck im Recht, Bd. I, 2. Aufl., Leipzig 1884

Jescheck, H.-H. — Schweizerisches Strafrecht und deutsche Strafrechtsreform, Schw. Zschr. f. StrR 78. Jg. (1962), S. 172 ff.

Joel, C. A.	Die Hyaluronidase; ihre Bedeutung für die menschliche Sterilität; allgemeiner Überblick, Schw. med. Wschr. 78. Jg. (1948), S. 203
Johannes XXIII.	Über die Heiligkeit der Ehe, Herderkorrespondenz 15 (1960), S. 120 ff.
Johannes XXIII.	Prima Romana Synodus, Vatikanstadt MDCCCCLX (1960), Constitutiones Synodales
Kaeuffer, H. B.	Die rechtliche Problematik der künstlichen Befruchtung beim Menschen, insbesondere in strafrechtlicher Hinsicht, Diss. Bonn 1953
Kaiser, G.	Künstliche Insemination und Transplantation, Arzt und Recht, Bd. 41, München 1966, S. 59 ff.
Kaiser, G.	Zur kriminalpolitischen Konzeption der Strafrechtsreform, ZStW 78, 100 ff.
Kaufmann, Arthur	Gedanken zur Strafrechtsreform, Schuld und Strafe, Köln-Berlin-Bonn-München 1966
Kaufmann, Arthur	Das Schuldprinzip, Heidelberg 1961
Kipp, Th.	Lehrbuch des Bürgerlichen Rechts, Bd. IV (Familienrecht), Marburg 1931
Klein	Die künstliche Befruchtung als Rechtsproblem, Jugendwohl 1951, 152 ff.
König, R.	Lexikon der Soziologie, Fischerbücherei, Frankfurt a. M. 1958
König, R.	Materialien zur Soziologie der Familie, Bern 1946
Kohler, J.	Lehrbuch des Bürgerlichen Rechts, Bd. III, Teil 1 (Familienrecht), Berlin 1915
Kohlrausch-Lange	Strafgesetzbuch, Kommentar, 43. Aufl., Berlin 1961
Krüger, H.	Die Würde der unverheirateten Frau und die Gesundheitsämter, FamRZ 1956, 367
Krüger, H.	Heterologe Insemination, in: Grundrechte, Handbuch der Theorie und Praxis der Grundrechte, herausgegeben von Nipperdey-Bettermann-Scheuner, Bd. IV/1, Berlin 1960
Krüger-Breetzke-Nowack	Gleichberechtigungsgesetz, Kommentar, München und Berlin 1958
Lange, R.	Der Strafgesetzgeber und die Schuldlehre, JZ 1956, 73 ff.
Lange, R.	Grundfragen der deutschen Strafrechtsreform, Schw. Zschr. f. StrR 70, 373
Lange, R.	Literaturbericht „Strafrecht — Allgemeiner Teil", ZStW 63, 456 ff.
Liszt, F. v.	Lehrbuch des Deutschen Strafrechts, 14./15. Aufl., Berlin 1905
Liszt, F. v.	Der Zweckgedanke im Strafrecht, in: Deutsches Rechtsdenken, Heft 11, Frankfurt a. M. 1948

Löffler, L. Insemination beim Menschen, Ärztliche Gedanken in humangenetischer, sozialbiologischer und sozialethischer Sicht, in Ranke-Dombois, Probleme der künstlichen Insemination, Witten 1960, S. 22 ff.

Maihofer, W. Menschenbild und Strafrechtsreform, Berliner Universitätstage 1964

Mangoldt, v. — Klein Das Bonner Grundgesetz, Kommentar, 2. Aufl., Bd. I, Berlin und Frankfurt a. M. 1957

Marquardt, H. Natürliche und künstliche Erbänderungen, Probleme der Mutationsforschung, Rowohlts deutsche Enzyklopädie, Nr. 44, Hamburg 1957

Maunz-Dürig Kommentar zum Grundgesetz, Loseblattlieferung, München und Berlin, Stand 1966

Maurach, R. Deutsches Strafrecht, Allgemeiner Teil, 3. Aufl., Karlsruhe 1965, Besonderer Teil, 4. Aufl., Karlruhe 1964

Mayer, A. Kritisches zur künstlichen heterologen Insemination, Nova Acta Leopoldina, Leipzig 1955

Mayer, H. Strafrecht, Allgemeiner Teil, Stuttgart und Köln 1953

Merkel, A. Lehrbuch des Deutschen Strafrechts, Stuttgart 1889

Müller-Dietz, H. Grenzen des Schuldgedankens im Strafrecht, Karlsruhe 1967

Naegeli, E. Das Böse und das Strafrecht, München 1966

Niedermeyer, A. Ärztliche Ethik (Deontologie), Bd. II, in Handbuch der allgemeinen Pastoralmedizin, Bd. II, Wien 1954

Nipperdey, H. C. Die Würde des Menschen, in: Die Grundrechte, Handbuch der Theorie und Praxis der Grundrechte, herausgegeben von Neumann-Nipperdey-Scheuner, Bd. II, Berlin 1954

Noll, P. Die ethische Begründung der Strafe, Recht und Staat, Heft 244, Tübingen 1962

Oehlkers, F. Mutationsauslösung durch Chemikalien, Sitzungsberichte der Heidelberger Akademie der Wissenschaften, Jg. 1949, Heidelberg, S. 373 ff.

Olshausen, Th. Künstliche Befruchtung und eheliche Abstammung, Dt. Med. Wschr. 38. Jg. (1908), S. 515 u. 1636

Palandt, O. Kurzkommentar zum Bürgerlichen Gesetzbuch, 26. Aufl., München und Berlin 1967

Peters, H. Die freie Entfaltung der Persönlichkeit als Verfassungsziel, in: Festschrift für Rudolf Laun, Hamburg 1953, S. 669 ff.

Peters, K. Beschränkung der Tatbestände im Besonderen Teil, ZStW 77, 470

Peters, K. Grundfragen der Strafrechtsreform, Paderborn 1959

Peters, K. Künstliche Insemination, Sterilisation, Empfängnisverhütung, Offene Fragen zwischen Ärzten und Juristen, Studien und Berichte der Katholischen Akademie in Bayern, Heft 20, S. 129 ff., Würzburg 1963

Pius XII. La fécondation artificielle. Allocutio habita die 19 Maii mensis 1956 iis qui interfuerunt conventui universali de fecunditate et sterilitate humana, Neapoli indicto, in: AAS XXXXVIII/XXIII (1956) 476

Pius XII. La fécondation artificielle. Allocutio participantibus conventus internationalis quarti medicorum catholicorum, Romae coadunatis, habita die 29 Septembris mensis 1949, in: AAS XXXXI/XVI (1949) 557

Plöhn, H. A. Genealogie und künstliche Befruchtung, in: Familie und Volk, Zeitschrift für Genealogie und Bevölkerungskunde, 1. und 2. Jg. (1952 und 1953), Göttingen, S. 347 f.

Portnoy — Salzmann Ehe fruchtbar oder unfruchtbar? Stuttgart 1952

Prochownick, L. Ein Beitrag zu den Versuchen künstlicher Befruchtung beim Menschen, Zentralblatt für Gynäkologie 39. Jg. (1915), S. 145 ff.

Radbruch, G. Einführung in die Rechtswissenschaft, 9. Aufl., Stuttgart 1958

Ranke-Dombois Probleme der künstlichen Insemination, Witten 1960

Reichsgerichtsräte-Kommentar Das Bürgerliche Gesetzbuch, Kommentar, herausgegeben von Reichsgerichtsräten und Bundesrichtern, 10./11. Aufl., IV. Bd., 2. Teil (Familienrecht), Berlin 1964

Roxin, C. Sinn und Grenzen staatlicher Strafe, JuS 1966, 377 ff.

Sax, W. Grundsätze der Strafrechtspflege, in: Bettermann-Nipperdey-Scheuner, Bd. III/2, Berlin 1953

Sauer, W. Allgemeine Strafrechtslehre, Eine lehrbuchmäßige Darstellung, 3. Aufl., Berlin 1955

Schellen, A.M.C.M. Artificial Insemination in the Human, Amsterdam, Houston, London und New York 1957 (deutsche Besprechung von Dünnbier, JZ 1959, 791)

Schelsky, H. Die Aufgaben einer Familiensoziologie in Deutschland, Kölner Zeitschrift für Soziologie, 2. Jg. (1949/50), Heft 2, S. 218 ff.

Schirmacher, H. Die künstliche Befruchtung in sexual-psychologischer Sicht, Zbl. f. Gyn. 1954, Heft 11, 430

Schmidhäuser, E. Gesinnungsmerkmale im Strafrecht, Tübingen 1958

Schönke-Schröder Kommentar zum StGB, 13. Aufl., München und Berlin 1967

Schultze, G. K. F. — Künstliche Befruchtung. Ihre Stellung im Gesamtrahmen der Sterilbehandlung, Zbl. f. Gyn. 65. Jg. (1941), S. 988 ff.

Schwalm, G. — Strafrechtliche Probleme der künstlichen Samenübertragung beim Menschen, ein Auszug aus den Beratungen der Großen Strafrechtskommission, GA 1, 1 ff.

Schwarz-Dreher — Kommentar zum StGB, 29. Aufl., München und Berlin 1967

Schwoerer, J. — Anerkennung ehelich geborener Kinder? Verzicht auf das Recht zur Anfechtbarkeit der Ehelichkeit? NJW 1961, 2291 ff.

Sieber, H. — Betrachtungen über die Geschlechtsbestimmung, Zbl. f. Gyn. 77. Jg. (1955), S. 497 ff.

Soergel-Siebert — Kommentar zum BGB, I. Bd., 9. Aufl., Stuttgart 1959

Staudinger, J. v. — Kommentar zum Bürgerlichen Gesetzbuch, IV. Bd. (Familienrecht), Teil 3 a, 10./11. Aufl., Berlin 1966

Stelzenberger, J. — Die moraltheologische Beurteilung der künstlichen Insemination, in: Die künstliche Befruchtung beim Menschen, Diskussionsbeiträge aus medizinischer, juristischer und theologischer Sicht, Köln 1960, S. 91 ff.

Stratenwerth, G. — Objektive Strafbarkeitsbestimmungen im Entwurf eines Strafgesetzbuches, ZStW 71, 565 ff.

Thielicke, H. — Die künstliche Befruchtung — ein Modellfall christlicher Ethik, in Sonntagsblatt vom 13. Januar 1957, S. 13 f.

Weber, W. — Die künstliche Befruchtung beim Menschen und ihr Verhältnis zum bürgerlichen Recht, Diss. Köln 1956

Weidhas — Besteht zwischen dem Samenalter und dem Geschlechtsverhältnis der aus künstlicher Besamung hervorgegangenen Kälber eine Beziehung? Diss. vet. med. München 1956

Welzel, H. — Das Deutsche Strafrecht, 10. Aufl., Berlin 1967

Wille, R. — Die Insemination. Ein Beitrag zur Beurteilung der künstlichen Befruchtung im deutschen Strafrecht, Diss. Hamburg 1959

Winckel, F. v. — Über die Möglichkeit einer künstlichen Befruchtung im Hinblick auf § 1591 BGB, Das Recht 1909, Sp. 161 ff.

Wintrich, J. M. — Die Problematik der Grundrechte, Köln und Opladen 1957

Wittenbeck, F. — Die Kinderlosigkeit in der Ehe, Beiträge zur Sexualpädagogik, Heft 2, Stuttgart 1955

Würtenberger, Th. — Die geistige Situation der deutschen Strafrechtswissenschaft, Karlsruhe 1957

Weitere benutzte Veröffentlichungen, für die kein bestimmter bzw. genannter Autor verantwortlich zeichnet

Der Große Brockhaus, Bd. 3, 16. Aufl., 1953

Entwurf eines Strafgesetzbuches E 1959 II nach den Beschlüssen der Großen Strafrechtsreform in zweiter Lesung, Bonn 1959

Entwurf eines Strafgesetzbuches (StGB) E 1960 mit Begründung, Bundesrat Drucksache 270/60

Entwurf eines Strafgesetzbuches (StGB) E 1962 mit amtlicher Begründung — Bundesratsvorlage

Gutachten und Stellungnahmen zu Fragen der Strafrechtsreform mit ärztlichem Einschlag, Bonn 1958

Niederschriften über die Sitzungen der Großen Strafrechtskommission, Künstliche Insemination, Bonn 1959. Auszug aus der 72. Sitzung, Bd. 7; Auszug aus der 112. Sitzung, Bd. 10; Auszug aus der 115.—143. Sitzung, Bd. 12

Staatslexikon für Recht, Wirtschaft, Gesellschaft (Herder), Bd. I, Freiburg 1957 Bd. II, Freiburg 1958

Statistisches Jahrbuch für die Bundesrepublik Deutschland, herausgegeben vom Statistischen Bundesamt, Stuttgart und Mainz 1967

ABKÜRZUNGEN

a.A.	anderer Ansicht
a.a.O.	am angegebenen Ort
AAS	Acta Apostolicae Sedis
Abs.	Absatz
AcP	Archiv für civilistische Praxis
a.E.	am Ende
ÄM	Ärztliche Mitteilungen
Ärztl.SamBl	Ärztliche Sammelblätter
Allg.Teil	Allgemeiner Teil
Anm.	Anmerkung
Art.	Artikel
Bd.	Band
Berl.Klin.Wschr.	Berliner Klinische Wochenschrift
Bes.Teil	Besonderer Teil
BGB	Bürgerliches Gesetzbuch
BGBl	Bundesgesetzblatt
BGH	Bundesgerichtshof
BGHStr	Entscheidungen des Bundesgerichtshofs in Strafsachen
BGHZ	Entscheidungen des Bundesgerichtshofs in Zivilsachen
BVerfGE	Entscheidungen des Bundesverfassungsgerichts
DJ	Deutsche Justiz
Dt.med.Wschr.	Deutsche Medizinische Wochenschrift
E	Entwurf eines Strafgesetzbuches
ebda	ebenda
EheG	Ehegesetz
FamRZ	Ehe und Familie im privaten und öffentlichen Recht, Familienrechtszeitschrift
FAZ	Frankfurter Allgemeine Zeitung
Fn.	Fußnote
GA	Goldtdammers Archiv für Strafrecht
GG	Grundgesetz der Bundesrepublik Deutschland
Gr. Senat	Großer Senat
h.L.	herrschende Lehre
h.M.	herrschende Meinung
Jg.	Jahrgang
JuS	Juristische Schulung
JW	Juristische Wochenschrift
JZ	Juristenzeitung
KA	Studien und Berichte der Katholischen Akademie in Bayern
Kölner Ztschr. für Soz.	Kölner Zeitschrift für Soziologie

LG	Landgericht
Materialien	Materialien zur Soziologie der Familie
Mchner med.Wschr.	Münchner Medizinische Wochenschrift
Med.Klinik	Medizinische Klinik
Mschr.Krim.	Monatsschrift für Kriminologie und Strafrechtsreform
NJW	Neue Juristische Wochenschrift
Nr.	Nummer
OLG	Oberlandesgericht
Prot.	Niederschriften über die Sitzungen der Großen Strafrechtskommission
Rdnr.	Randnummer
RG	Reichsgericht
RGBl	Reichsgesetzblatt
RGRK	Kommentar, herausgegeben von Reichsgerichtsräten und Bundesrichtern
RGStr	Entscheidungen des Reichsgerichts in Strafsachen
RGZ	Entscheidungen des Reichsgerichts in Zivilsachen
S.	Seite
Schw.med.Wschr.	Schweizerische Medizinische Wochenschrift
Schw.Zschr.f.StrR	Schweizerische Zeitschrift für Strafrecht
Sp.	Spalte
StGB	Strafgesetzbuch
UdSSR	Union der Sozialistischen Sowjet-Republiken
Umschau	Die Umschau, Halbmonatsschrift über die Fortschritte in Wissenschaft und Technik
vgl.	vergleiche
z.B.	zum Beispiel
Zbl.f.Gyn.	Zentralblatt für Gynäkologie
ZStW	Zeitschrift für die gesamte Strafrechtswissenschaft

ERSTER TEIL

Einleitende Übersicht

I. Geschichtlicher Entwicklungsabriß

Die erste künstliche Insemination beim Menschen gelang im 18. Jahrhundert dem englischen Arzt John Hunter. Nach einem Bericht seines Neffen Home[1] vom Jahre 1799 war der männliche Partner eines kinderlosen Ehepaares auf Grund einer Hypospadie steril. Hunter injizierte den fehlgeleiteten Samen in die Vagina der Frau, die daraufhin eine normale Schwangerschaft erlebte.

Die Methode der künstlichen Befruchtung ist eines der wenigen medizinischen Gebiete, das nicht auf Hippokrates zurückgeht[2]. Einer Legende kann man entnehmen, daß das Verfahren zuerst im 14. Jahrhundert durch Araber in der Pferdezucht entwickelt worden ist. Der Legendenstoff enthält den Bericht, daß kriegsführende Stämme in das Feindeslager schlichen und bei Stuten guter Zucht eine künstliche Insemination mit dem Samen von minderwertigen Hengsten vornahmen. Sie führten zu diesem Zweck mit Samen durchtränkte Baumwolle in die Vagina der Stuten ein[3]. 1680 berichtet ein Arzt aus Leyden namens Jan Swammerdam über seine Versuche, Fischeier künstlich zu befruchten. Erfolgreich auf diesem Gebiet war aber erst Ludwig Jacobi im Jahre 1765[4]. Besonders bekannt wurde der italienische Abt und Physiologe Lazarro Spallanzini durch seine Forschungen. Ihm gelang zunächst die künstliche Befruchtung eines Insekts, dann die einer Amphibie. 1792 injizierte er sogar einer Hündin Samen, die in völliger Isolation schwanger wurde und drei Junge warf, die dem Vater ähnelten[5]. Diese Versuche sollen wiederum den englischen Arzt Hunter zu der eingangs beschriebenen künstlichen Insemination beim Menschen angeregt haben[6]. Auf deren Bekanntgabe im Jahre 1799 folgte in der Wissenschaft zunächst kein Echo. Einzig der Franzose Girault befaßte sich noch mit dem Problem; er hat 1838 — wahrscheinlich als erster —

---

[1] Vgl. *Guttmacher*, S. 1.
[2] *Guttmacher*, S. 1.
[3] *Guttmacher*, S. 1.
[4] *Anderes*, Schw. med. Wschr. 80. Jg., S. 668.
[5] *Guttmacher*, S. 1.
[6] *Beuerlein*, S. 4.

die Methode entwickelt, die Samenflüssigkeit unmittelbar in den äußeren Muttermund zu spritzen[7]. 1865 veröffentlichte dann Déhaut eine erste wissenschaftliche Arbeit über das Thema. 1866 berichtet der amerikanische Arzt J. M. Sims von über 55 künstlichen Befruchtungsversuchen bei sechs Frauen. Eine der Patientinnen wurde schwanger. Diese erste erfolgreiche künstliche Insemination in den Vereinigten Staaten endete jedoch mit einer Fehlgeburt[8].

1880 beschäftigte sich in Frankreich eine eigens gegründete Gesellschaft, die den Namen „Do Vitam" führte, mit den Problemen der künstlichen Befruchtung[9].

Während des zweiten Jahrzehnts dieses Jahrhunderts befaßten sich dann auch mehrere deutsche Ärzte mit der neuen Möglichkeit zur medizinischen Behandlung der Sterilität. Zu ihnen gehören: Fraenckel[10], Döderlein[11], Hirsch[12], Prochownick[13]. Die deutschen Forscher konzentrierten sich allein auf Untersuchungen mit der Übertragung von Ehegatten-Samen. Amerikanische Mediziner widmeten dagegen ihre wissenschaftlichen Bemühungen von Anfang an auch der künstlichen Befruchtung mit dem Samen eines außerhalb der Ehe stehenden Spenders[14]. Die erste künstliche Insemination mit dem Samen eines fremden Spermators erfolgte 1884 durch den amerikanischen Arzt Pancoast[15]. Im Jahre 1890 gab es schon mehrere Ärzte, die die heterologe Insemination vornahmen. Unter ihnen hat sich R. L. Dickinson den Namen eines Pioniers erworben[16]. Dennoch blieb die Methode der heterologen künstlichen Insemination bis etwa 1930 auch in den Vereinigten Staaten sehr beschränkt.

Über die derzeitige zahlenmäßige Verbreitung der durch künstliche Samenübertragung geborenen Kinder gibt eine noch folgende Übersicht Aufschluß[17].

II. Arten der künstlichen Insemination

Man unterscheidet in einer ersten großen Zweiteilung zwischen künstlicher Samenübertragung innerhalb und außerhalb einer Ehe. Außerhalb einer Ehe erfolgt die Insemination bei nicht oder nicht mehr verheirateten Frauen. Diese Gruppe erfaßt also die ledigen,

---

[7] *Anderes,* a.a.O., S. 668.
[8] Vgl. *Guttmacher,* S. 1 f.
[9] *Anderes,* a.a.O., S. 668.
[10] Ärztl. Sachverst. Ztg. 1909 S. 169—175.
[11] Mchner med. Wschr. 1912 S. 1081—1084.
[12] Klin. Wschr. Nr. 49, 1912 S. 1361—1363.
[13] Zbl. f. Gyn. 1915 S. 145—152.
[14] *Guttmacher,* S. 4.
[15] *Beuerlein,* S. 4.
[16] *Giesen,* S. 22.
[17] Vgl. S. 4 ff.

verwitweten und geschiedenen Frauen. Ihnen stehen die verheirateten Frauen gegenüber. Dabei ist jedoch noch einmal zu unterteilen: Bei der *homologen* Insemination wird der Samen des Ehemannes inseminiert; bei der *heterologen* Samenübertragung bewirkt man eine Befruchtung der Ehefrau mit dem Sperma eines fremden Mannes. Teilweise wird auch ein Samengemisch von dem Sperma mehrerer Samenspender inseminiert. Mit dieser Methode bezweckt man, daß derjenige, der zum biologischen Vater des Kindes wird, mit Sicherheit anonym bleibt. Es handelt sich dann um eine sogenannte „*anonyme*" heterologe Insemination. In der Regel wird die Anonymität aber allein dadurch erreicht, daß der Arzt die Identität des Spenders geheim hält — und zwar auch vor den Ehegatten, die sich das Kind wünschen. Er verwahrt die ärztlichen Unterlagen über die Person des Spermators entweder an einem sicheren Ort oder er vernichtet sie. Die anonyme heterologe künstliche Insemination wird heute bevorzugt angewendet[18].

III. Erfolgsaussichten für eine Fortpflanzung nach künstlicher Insemination

Erfahrungen über die Erfolgschancen für eine Schwangerschaft nach künstlicher Insemination sind nur bei Ehepaaren, nicht aber bei unverheirateten Frauen gesammelt worden.

Nach jüngsten Forschungsergebnissen, auf die sich Dünnebier im Rahmen der Großen Strafrechtskommission berief, sollen 15 % aller Ehen unfruchtbar sein[19]. In 40 von 100 Fällen sei die Kinderlosigkeit auf den Ehemann zurückzuführen. Wenn die Frau fähig sei, ein Kind auszutragen, könne bei 20 % von ihnen ein Erfolg durch homologe Insemination erzielt werden. Dagegen lasse sich zu 75 % die durch den Ehemann verursachte Unfruchtbarkeit der Ehe durch heterologe Samenübertragung beheben[20].

---

[18] *Schellen*, S. 180 ff.; *Feversham*, Report 1960 S. 11.

[19] Die Zahl der sterilen Ehen ist anscheinend großen Schwankungen unterworfen: Von Frauen, die um die Jahrhundertwende geheiratet haben, blieben noch nicht 10 % kinderlos. Beim Ehejahrgang 1930 beträgt der Anteil der kinderlosen Ehepaare schon 18 %. Für 1955 gibt die Statistik einen Wert von 26,7 % an, der an Ehen ausgerichtet ist, in denen die Frau unter 45 Jahren alt war. (Staatslexikon Recht, Wirtschaft, Gesellschaft 2. Bd. 1958 — Stichwort Ehe und Familie).

[20] *Dünnebier*, Prot. Bd. 10 S. 321; so auch *Portnoy* und *Salzmann*, die für die heterologe Insemination einen Prozentsatz zwischen 70 bis 80 angeben (S. 160). Der italienische Gynäkologe *Sorrentino* hat die Erfahrung gemacht, daß die heterologe künstliche Insemination zu 74 % gelingt, die homologe dagegen zu 78 % versage. Nach *Frühauf* verlaufen die heterologen Inseminationen sogar zu 90 % und die homologen Samenübertragungen nur zu 10 % positiv (vgl. *Giesen*, S. 31).

Abweichende Angaben macht die Medizinerin Beuerlein für den anglo-amerikanischen Bereich: In den Vereinigten Staaten sei insgesamt nur jede 10. Ehe von Unfruchtbarkeit betroffen[21]. Kalifornien mit 17 % steriler Ehen stellt eine maximale Ausnahme dar. Die Zahlenangaben für England schwanken zwischen 8 bis 9 %, 12 % und 15 %. Nach Beuerlein führt man in der anglo-amerikanischen Fachliteratur in 8 bis 17,8 % der Fälle die Kinderlosigkeit allein auf den Ehemann zurück. Zu 20 bis 53 % sei die Unfruchtbarkeit der Ehe wenigstens vorwiegend[22] durch den Mann bedingt. In diesen Fällen könne eine künstliche Insemination in Betracht gezogen werden. Die Erfahrung zeige jedoch, daß nur bei etwa 10 % dann auch die Erfolgsaussichten für den Eingriff gegeben wären. Zumeist handele es sich um heterologe Samenübertragungen. Die Ausnahmen, in denen eine homologe künstliche Befruchtung zum Ziel führe, seien so verschwindend gering, daß sie prozentual nicht ins Gewicht fielen[23].

Bei einem Vergleich der Angaben von Dünnebier und Beuerlein fällt auf, daß im anglo-amerikanischen Bereich die Anwendungsmöglichkeit der künstlichen Insemination allgemein geringer eingeschätzt wird. Insbesondere mißt man der homologen Samenübertragung kaum Erfolgsaussichten bei.

IV. Übersicht über das zahlenmäßige Ausmaß

Eine zuverlässige Aussage über die zahlenmäßige Verbreitung der durch künstliche Besamung bewirkten Geburten läßt sich nicht machen. Das ist nicht zuletzt eine Konsequenz der ärztlichen Schweigepflicht und der Diskretion, die allgemein in Verbindung mit dem Vorgang der künstlichen Insemination beobachtet wird[24]. Zumeist beruhen die Zahlenangaben auf mehr oder weniger fundierten Schätzungen. Daraus folgt, daß sie zum Teil große Differenzen aufweisen.

1. Auf der ganzen Welt

Bisher sollen auf der gesamten Welt mindestens 10 000, höchstens 300 000 erfolgreiche künstliche Inseminationen vorgekommen sein. Die jährliche Zuwachsquote wird unterschiedlich mit mindestens 5000, höchstens 20 000 angegeben[25].

---

[21] *Beuerlein*, S. 36.

[22] *Beuerlein* will damit sagen, daß es kumulative Ursachen für die Unfruchtbarkeit gibt und der körperliche Mangel der Frauen unbedeutender und behebbar ist.

[23] *Beuerlein*, S. 36/37.

[24] A. *Mayer*, S. 56.

[25] *Kaiser*, Arzt und Recht, Bd. 41 (1966) S. 66.

2. In den Vereinigten Staaten

In den Vereinigten Staaten sollen in den letzten Jahren etwa 80 000 Kinder durch künstliche Insemination zur Welt gekommen sein[26]. Nach Schellen konnte man allerdings schon 1956/57 mit über 100 000 dieser Kinder rechnen[27]. Niedermayer nimmt für das Jahr 1950 bereits eine Zahl von 100 000 an[28]. Pro Jahr werden in den Vereinigten Staaten angeblich ca. 15 000 erfolgreiche Samenübertragungen vorgenommen[29]. Davon sollen mehr als 10 000 Geburten auf heterologe Insemination zurückgehen[30]. Nach anderer Darstellung soll sogar nur bei 10 bis 15 % der Samen des Ehemannes Verwendung finden[31]. Folgt man den Ausführungen Beuerleins, so ist die Anzahl der homologen Samenübertragungen sogar derart gering, daß sie prozentual keiner Berücksichtigung bedarf[32]. Der amerikanische Spezialist Guttmacher schätzt allerdings die Zahl der in den Vereinigten Staaten auf Grund einer Befruchtung durch Spender geborenen Kinder jährlich nur auf 5000 bis 7000[33].

3. In Großbritannien

Nach vorsichtigen Schätzungen soll Großbritannien bis 1960 etwa 4200 Geburten nach künstlicher Samenübertragung aufweisen. Mehr als 3000 sollen aus homolgen, etwa 1150 aus heterologen Inseminationen stammen. Die Zuwachsrate schätzt man auf jährlich 400 homologe und 100 heterologe Geburten[34].

4. In Frankreich

In Frankreich schätzt man die Anzahl erfolgreicher künstlicher Inseminationen zwischen 1000 bis 20 000[35]. Schellen nimmt an, daß jährlich 1000 Geburten durch künstliche Samenübertragung hinzuzurechnen seien[36].

5. In der Bundesrepublik Deutschland

In der Bundesrepublik Deutschland sollen bis 1954 1000 Kinder nach künstlicher Besamung geboren worden sein[37]. Dieselbe Zahlen-

---

[26] *Dölle*, S. 234, Anm. 156; *Anderes*, Schw. med. Wsch. 80. Jg. S. 667.
[27] *Schellen*, S. 2.
[28] *Niedermayer*, S. 194.
[29] *Dölle*, S. 234, Anm. 156; *Anderes*, a.a.O., S. 667.
[30] *Kaiser*, S. 66.
[31] *Anderes*, a.a.O., S. 667.
[32] *Beuerlein*, S. 37.
[33] Als Vergleichszahl sei die amerikanische Gesamtgeburtenziffer hinzugefügt, die jährlich 4½ Millionen beträgt. (*Guttmacher*, S. 5).
[34] *Kaiser*, S. 66. Zum Teil erheblich höher liegende Zahlenangaben finden sich bei *Giesen*, S. 25 f.
[35] *Kaiser*, S. 66; *Giesen*, S. 26.
[36] *Schellen*, S. 324.
[37] *Kaiser*, S. 66; *Schellen*, S. 329.

angabe findet sich allerdings auch noch für die Jahre 1955 bis 1960 unverändert in der Fachliteratur[38]. Demgegenüber rechnet Kaiser seit dem Jahre 1954 mit jährlich 100 Geburten, die der Ausgangszahl von 1000 hinzuzurechnen seien[39]. Das würde bedeuten, daß die Bundesrepublik im Jahre 1967 insgesamt 2300 Geburten dieser Art aufweisen könnte.

6. Auswertung

Das vorgewiesene Zahlenmaterial ist wegen seiner Ungenauigkeit und Unzuverlässigkeit einer Auswertung kaum zugänglich. Dennoch soll versucht werden, wenigstens einige auffallende Erscheinungen zu erklären, die selbst bei einem Mindestgehalt an Wahrscheinlichkeit noch auf ein bestimmtes Merkmal hinweisen.

Für Frankreich und Deutschland sind keine Angaben über das zahlenmäßige Verhältnis von homologen und heterologen Inseminationen ersichtlich. Es darf angenommen werden, daß hier die homologen Samenübertragungen weit überwiegen. So stellt zum Beispiel Guttmacher fest, daß die Befruchtung mittels Spender in Amerika und England als vernünftige Methode für die Behebung der Sterilität in gewissen unfruchtbaren Ehen gelte, während diese Methode in Deutschland „aus schwer verständlichen Gründen“ keine ähnliche Zustimmung bei Ärzten und Laien gefunden habe[40]. Der von Guttmacher geäußerten Feststellung entspricht es, daß die Vereinigten Staaten sowohl absolut als auch relativ die höchste Anzahl heterologer Geburten ausweisen[41]. Bereits 1959 wurde die Gesamtzahl der in den Vereinigten Staaten heterolog geborenen Kinder auf 100 000 geschätzt. Keines dieser Kinder soll dabei älter als 25 Jahre gewesen sein[42]. Man nimmt an, daß sich etwa 5000 amerikanische Ärzte mit künstlicher Insemination befassen[43].

Aus den Vereinigten Staaten steht noch eine inzwischen überholte Statistik aus dem Jahre 1941 zur Verfügung, die erkennen läßt, daß früher — im Gegensatz zu den heutigen Verhältnissen — der Anteil der homologen Samenübertragungen eine größere Rolle spielte. An 30 000 amerikanische Ärzte war eine Befragung gerichtet worden; 7642 Ärzte antworteten. Es ergab sich, daß diese Mediziner insgesamt bei 5000 Frauen Schwangerschaften durch homologe Insemination erreicht hatten. Nur 3649 Frauen wurden nach heterologer Besamung schwanger[44]. Das inzwischen deutliche Übergewicht der

---

[38] Vgl. *Giesen*, S. 30.

[39] *Kaiser*, S. 66.

[40] *Guttmacher*, S. 4.

[41] *Beuerlein*, S. 5. Nach den USA finden sich in Israel relativ häufig heterologe Geburten (ebda S. 6).

[42] *Beuerlein*, S. 5.

[43] *Beuerlein*, S. 5.

[44] Vgl. *Beuerlein*, S. 16.

heterologen Geburten kann unterschiedliche Gründe haben. Es wäre einmal an eine Zunahme bestimmter, durch homologe Insemination nicht zu behebende Sterilitätsursachen zu denken. Nicht selten wird auch auf einen Zusammenhang zwischen der falschen Lebensweise, in die die Menschen durch zunehmende Zivilisation gedrängt werden, und anwachsender Sterilität hingewiesen[45]. Die Verschiebung der Anteile zugunsten der heterologen Insemination kann jedoch auch damit erklärt werden, daß in den letzten Jahrzehnten eine merkliche Lockerung moralischer Hemmnisse eingetreten ist. Dieses mag zur Folge haben, daß Eheleute, vor die Wahl gestellt, ob sie ganz auf ein Kind verzichten sollen oder einen Abkömmling der Ehefrau und eines fremden Spenders aufziehen wollen, heute anders entscheiden als vor geraumer Zeit. In den Vereinigten Staaten wird der Schritt zur künstlichen heterologen Insemination noch begünstigt durch die im Verhältnis geringe Zahl der zu adoptierenden Kinder. Auf 10 oder sogar 15 unfruchtbare Ehen soll nur ein uneheliches Kind, das zur Adoption zur Verfügung steht, kommen[46].

Die Entwicklung in den Vereinigten Staaten ist für unsere Verhältnisse nicht ganz unbedeutend, weil sich schon oft erwiesen hat, daß in Europa nach einem mehr oder weniger großen zeitlichen Zwischenraum die gleichen Erscheinungen auftraten wie dort. Der Bedarf nach heterologen Inseminationen kann sich möglicherweise auch in der Bundesrepublik einmal verstärkt einstellen, wenn die Adoption eines Kindes als Ausweg aus der Kinderlosigkeit versperrt ist oder von den Ehepaaren als weniger befriedigend empfunden wird. Die Tagespresse berichtet schon heute von der merklichen Abnahme der zur Adoption freistehenden Kinder. Der Rückgang wird damit erklärt, daß die unehelichen Mütter heute dank einer großzügigeren Sittenauffassung den Mut haben, ihr Kind vor der Umwelt als eigenes auszugeben und als solches selbst zu erziehen. Man kann deshalb nicht ausschließen, daß auch bei uns mit zunehmender Überwindung sittlicher Hemmungen ein wachsender Bedarf an der Vornahme heterologer Inseminationen im Bereich des Möglichen liegt. Nach der Mitteilung des Oberarztes einer Frauenklinik hat die Entwicklung schon in dieser Richtung eingesetzt. Er konnte berichten, daß jeden Tag „mindestens ein Ehepaar bei ihm den Wunsch äußert, eine künstliche Insemination, und zwar in aller Regel eine heterologe, vornehmen zu lassen“[47]. Die künstliche Insemination, und zwar speziell die heterologe, ist demzufolge auch für die Bundesrepublik Deutschland ein Problem, das einer baldigen Lösung harrt.

---

[45] *Wittenbeck*, S. 1.
[46] *Beuerlein*, S. 38/39.
[47] So *Bockelmann*, Prot. Bd. 7 S. 205.

ZWEITER TEIL:

Die Problematik der künstlichen Insemination vom Standpunkt der Medizin, Biologie, Psychologie, Soziologie und Theologie

Diese Abhandlung verfolgt den Zweck, die juristische Problematik der künstlichen Insemination zu beleuchten und Vorschläge zu unterbreiten, wie befriedigende Lösungen gefunden werden können. Ehe jedoch juristische Fragen dieses besonderen Lebenstatbestandes aufgeworfen werden, empfiehlt es sich, zunächst einmal die Gesichtspunkte zu erörtern, die sich aus einer Betrachtung des Themas von den Standpunkten der anderen beteiligten Wissenschaftsbereiche ergeben. Denn der zur Diskussion stehende Sachverhalt der künstlichen Insemination ist hinsichtlich seiner Bewertung in starkem Maß von den Argumenten abhängig, die die anderen Wissenschaftszweige für und gegen ihn ins Feld führen. Die anderen Wissenschaften können dem Juristen zwar nicht die rechtliche Beurteilung abnehmen; doch ist es notwendig, daß sie ihr Erfahrungsmaterial als Grundlage für die juristische Bewertung des Sachverhalts beisteuern.

I. Die medizinische Seite des Problems

Primär entspringt der Lebenstatbestand der künstlichen Insemination der medizinischen Wissenschaft. Hier ergeben sich dann auch eine Reihe von Problemen, die vorwiegend mit der praktischen Durchführung der künstlichen Samenübertragung im Zusammenhang stehen. Aber nicht nur diese Probleme sollen erörtert werden, sondern zur besseren Unterrichtung und zur Förderung des kritischen Verständnisses wird auch ein Einblick in die normalen, an sich unproblematischen Vorgänge der künstlichen Insemination gegeben.

1. Zur Terminologie

Unter künstlicher Insemination versteht man diejenige menschliche Betätigung, die im Gegensatz zu der im Geschlechtsverkehr sich natürlich vollziehenden Einführung des männlichen Spermas in die Organe der Frau das gleiche mit technischen Mitteln zu erreichen versucht. Der natürlichen Insemination steht also eine künstliche gegenüber, bei der abweichend von dem durch die Natur gegebenen Weg das Sperma in die weiblichen Genitalorgane injiziert wird. Der

Ausdruck „künstliche Befruchtung" bezeichnet diesen Vorgang nicht zutreffend. Eine Befruchtung kann nicht auf künstlichem, technischem Weg geschehen. Sie bedeutet nämlich sowohl das Eindringen der Samenfäden in die Eizelle als auch die Verschmelzung des männlichen Zellkerns mit dem weiblichen Eikern. In diese Vorgänge greift die Medizin durch die künstliche Insemination jedoch nicht ein[48].

2. Die Technik der künstlichen Insemination

Es sind folgende Methoden der künstlichen Besamung zu unterscheiden: 1. Die intrauterine Sameninjektion (sog. deutsche Methode), 2. die parazervikale, 3. die vaginale Methode und 4. die Sameninjektion unter Verwendung einer zervikalen Kappe[49].

Bei der intrauterinen Methode wird eine Kanüle in den cavum uteri eingeführt. Dieses Verfahren wird in der medizinischen Fachwelt aus verschiedenen Gründen abgelehnt. Häufig beobachtete man heftige Uteruskrämpfe, wenn mehr als 0,1 ccm Samenflüssigkeit eingespritzt wurde[50]. Sollte Sperma mit pathogenen Keimen verwendet werden, besteht zudem die Gefahr einer schweren Metro-Endometritis. Als Folge der Entzündung kann ein Tubenverschluß und damit eine definitive Sterilität auftreten[51]. Abgesehen davon lehnt man das Verfahren als unphysiologisch ab. Bei einem normalen Geschlechtsverkehr dringt das Samenplasma nicht in die Uterushöhle ein, denn die Spermatozoen verlassen die Samenflüssigkeit und schwimmen in den Zervikalschleim. Da bei der intrauterinen Methode die Wanderung der Samenzellen durch den Zervikalkanal ausgespart wird, schaltet man den Prozeß einer natürlichen Selektion aus. So könnten auch minderwertige Samenfäden den Eikern befruchten. Denkbar wäre infolgedessen die vermehrte Zeugung nicht lebensfähiger oder mißgebildeter Kinder[52]. Bei allen Gefahren dieser Methode, die übrigens vorwiegend in Deutschland angewendet wurde (deshalb sog. deutsche Methode), sind dennoch einige Sterilitätsursachen[53] nicht anders zu umgehen als durch dieses Verfahren[54].

Bei der parazervikalen Methode wird das Ejakulat in die Zervix injiziert. Die Gefahr von Uteruskrämpfen ist wesentlich geringer, wenn auch nicht restlos ausgeschaltet. Wie bei der erstgenannten Methode kann auch hier das Endometrum infiziert werden[55].

---

[48] *Stelzenberger*, S. 95 f.

[49] *Guttmacher*, S. 14.

[50] *Guttmacher*, S. 15.

[51] *Anderes*, Schw. med. Wschr. 80. Jg. S. 669.

[52] *Beuerlein*, S. 12.

[53] Schädlicher und anomal dicker, visköser Zervikalschleim der Frau oder zu enger äußerer Muttermund, der keinen zervikalen Schleim freigibt.

[54] *Guttmacher*, S. 8.

[55] *Beuerlein*, S. 12.

Die Einführung des Samens in die Vagina kommt dem physiologischen Vorgang am nächsten. Das Ejakulat wird mittels einer Kanüle in das hintere Scheidengewölbe oder gegen den äußeren Muttermund gespritzt.

Die parazervikale und die vaginale Methode werden in den Vereinigten Staaten bevorzugt. Häufig wird in der medizinischen Fachliteratur der Patientin zusätzlich das Tragen einer Portiokappe empfohlen[56]. Mit Ausnahme der intrauterinen Methode zeigen die anderen Verfahren ähnliche Erfolge. Eine Bevorzugung der einen oder anderen Methode ist bisher nicht begründet[57].

Es sei noch darauf hingewiesen, daß die künstliche Insemination auch von der Frau selbst vorgenommen werden kann. In den Vereinigten Staaten soll es eigens konstruierte Spritzen geben, mit denen eine intravaginale Selbstinsemination durchführbar ist[58].

3. Indikationen

Indikationen für eine *homologe* künstliche Insemination sind: Impotentia coeundi, Hypospadie, Epispadie, Vaginismus, Tumore und übermäßige Korpulenz. Diese Gründe beruhen auf mechanischen Unvermögen zur Kohabitation bei an sich vorhandener Fruchtbarkeit der Ehepartner[59]. In weiterem Sinn kann man zu dieser Fallgruppe auch die künstlichen Samenübertragungen rechnen, die infolge unüberbrückbarer räumlicher Trennung der Ehegatten vorgenommen werden, wie es zum Beispiel im Zweiten Weltkrieg geschehen sein soll[60].

Eine zweite Gruppe erfaßt die Ehepaare, die an chronischer Sterilität leiden, ohne daß ein einschlägiger Grund erkennbar ist. Diese Fälle weisen zwar gewisse Anomalien der Sexualfunktionen auf, diese vermögen aber nicht im eigentlichen Sinne eine Sterilität zu begründen. Die Gruppe wird von den Medizinern unterschiedlich weit umrissen[61]. Häufiger findet man als Indikationen erwähnt: der anteflexierte Uterus mit konischer Zervix, der retroponierte Uterus mit konischer Zervix, unkomplizierte Anteflexion, unkomplizierte Retroflexion, Hypoplasie des Uterus, erschlafftes Perineum, Entzündung von Eierstock und Eileiter, Endometritis, vergrößerter Uterus, Anomalien der Zervix, wie z. B. Stenose, Endocervicitis und Hypertrophie der zervikalen mucösen Membran, anomal dicker, viscöser

---

[56] *Beuerlein*, S. 13.

[57] *Guttmacher*, S. 16; *Beuerlein*, S. 16.

[58] *Beuerlein*, S. 14.

[59] *Guttmacher*, S. 5; *Giesen*, S. 19 f.

[60] Etwa 10 000 bis 20 000 US-Soldaten sollen von der Pazifikfront ihren Frauen Sperma zur künstlichen Insemination geschickt haben (*Kaiser*, S. 66).

[61] *Guttmacher*, S. 5.

Schleim während der Ovulationsphase des Zyklus und ein anomaler Samen des Ehemannes[62].

Wieweit in den Fällen der zweiten Gruppe das Phänomen der Sterilität durch anderweitige medizinische Behandlung zu beheben ist, muß dahingestellt bleiben. Viele Ärzte lehnen für diese Arten sexueller Störungen die künstliche Insemination ab, weil sie ihre Erfolgsaussichten bezweifeln, wenn ohnehin ein normaler Geschlechtsverkehr möglich ist. Das künstliche Verfahren, so begründen sie ihre Auffassung, vermöge für die Plazierung des Samens wenig mehr zu tun, als der Gatte selbst [63]. — Problematisch erscheinen noch gewisse Fälle der ersten Gruppe, bei denen oft psychische Faktoren Ursache der Störung sind, wie zum Beispiel bei der Impotentia coeundi und dem Vaginismus. Diese Fälle lassen sich erweitern auf andere psychisch bedingte Kohabitationshindernisse, die unter anderem durch Onanismus, Sadismus, Homosexualität und Fetischismus entstehen. Bei der Impotentia coeundi und dem Vaginismus ist dem Mediziner zwar noch eine organische Störung der Sexualfunktion greifbar, dennoch begibt er sich auch dort schon auf ihm fremdes Gebiet. Eine Stellungnahme zu den primär psychisch bedingten Sexualanomalien kann aus der Sicht der Medizin allein nicht gegeben werden.

In die Fallgruppe der Indikationen für eine *heterologe* Insemination gehört die unter Beweis gestellte andauernde Sterilität des Ehemannes bei anscheinend vorhandener Fruchtbarkeit der Frau. Die Insemination mit Spendersamen bietet sich auch als Ausweg an, wenn der Ehemann zwar zeugungsfähig, seine Vaterschaft aber medizinisch nicht ratsam ist, zum Beispiel bei der homozygoten Rh positiven Anlage des Ehemannes und einer stark sensibilisierten Rh negativen der Frau. Guttmacher nennt außerdem die Möglichkeit, daß ein besonderes rezessives Merkmal, das in einer Ehe zu einer bestimmten Form anomaler Nachkommenschaft führte, auf diese Weise ausgeschaltet werden kann[64]. Auch dominante Erbanlagen wie die Huntingtonsche Chorea könnten durch heterologe Insemination vermieden werden.

Gerade angesichts der letztgenannten Fälle ahnt man die Schwierigkeiten, die bei der Abgrenzung zwischen einer medizinisch vertretbaren Indikation und einer Eugenik entstehen können.

4. Die Ausführung der künstlichen Insemination

Das folgende Kapitel beschäftigt sich mit der praktischen Durchführung der künstlichen Insemination. In ihm werden verschiedene Problemkreise, die sich für den Arzt und die übrigen Beteiligten ergeben, angesprochen.

---

[62] *Guttmacher*, S. 5.

[63] *Portnoy* und *Salzmann*, S. 160.

[64] *Guttmacher*, S. 11.

a) Vorausgehende Sterilitätsuntersuchung

Zur Klärung der Sterilität erweist sich eine Untersuchung beider Ehepartner als notwendig. Häufig können nebeneinander Mann und Frau an der Unfruchtbarkeit der Ehe beteiligt sein. Diese Annahme wird durch die Statistik einer Großstadtpraxis in der Bundesrepublik bekräftigt: Die Ursache der ehelichen Sterilität lag zu 25 % allein beim Mann, zu 35 % allein bei der Frau, zu 40 % aber bei beiden Ehegatten[65].

Dennoch ist die Vorstellung weit verbreitet, daß die Frau allein für die Kinderlosigkeit verantwortlich sei. Zu dieser Fehlvorstellung tragen sogar die kinderlosen Frauen selbst bei, indem sie die Fähigkeit des Ehemannes, den Geschlechtsverkehr auszuüben, mit Zeugungsfähigkeit identifizieren. Vor allen Dingen aber wird der Mann bei ungestörter Beiwohnungsfähigkeit den Verdacht der Sterilität von sich weisen und eine Behandlung ablehnen. Guttmacher und Kleegman vertreten sogar die Auffassung, daß nur eine Sterilitätsuntersuchung des Mannes vorgenommen werden solle. Erst nach zweimonatigen erfolglosen Versuchen, bei der Ehefrau eine Konzeption durch künstliche Insemination zu erreichen, sei auch eine Sterilitätsuntersuchung der Patientin angebracht. Denn ungefähr 40 % der Patientinnen würden innerhalb der ersten zwei Monate schwanger; ihnen würden durch die unterlassene Sterilitätsuntersuchung $^2/_5$ der Kosten, Verzögerungen und Unbequemlichkeiten erspart[66].

Ehe sich der Arzt auf eine künstliche Insemination, insbesondere auf eine solche mit fremdem Spender einläßt, muß das Sperma des Ehemannes genauestens untersucht werden. Ein Spermiogramm gibt Auskunft über die Menge des Ejakulats, der darin pro ccm enthaltenen Spermien, ihre Beweglichkeit und Lebensdauer sowie über die Anzahl pathologischer Formen[67].

b) Aufklärung und Aussprache mit den Eheleuten

Es ist selbstverständlich, daß der Arzt seinen Befund dem Ehepaar mitteilt, es über die Auswirkungen und die Behandlungsmöglichkeiten genau und sachlich informiert. Er könnte den Eheleuten je nach dem Bildungsstand auch eine angemessene aufklärende Schrift empfehlen.

Unverzichtbar ist die persönliche Aussprache im engsten Kreis. Nach der bisherigen Lage verantwortet der Arzt allein vor seinem Gewissen die Durchführung der künstlichen Insemination. Wenn er die grundsätzlichen sittlichen Vorentscheidungen für sich getroffen hat, verlangt dennoch jeder einzelne Fall wieder eine individuell auf das jeweilige kinderlose Ehepaar bezogene Gewissensentscheidung.

---

[65] *Wittenbeck*, S. 93.

[66] *Guttmacher*, S. 16.

[67] *Anderes*, Schw. med. Wschr. 80. Jg. S. 669.

Deshalb muß sich der Arzt ein Bild über die Ehegatten verschaffen, ob sie der Belastungsprobe gewachsen sein werden. Er sollte sie nicht zuletzt vor den möglichen psychischen Komplikationen warnen. Das gilt in gesteigertem Maß, wenn eine heterologe Insemination ins Auge gefaßt wird. Guttmacher, der auf einen reichen Erfahrungsschatz zurückgreift, fordert, daß sich der Mediziner zuvor von den intellektuellen Fähigkeiten und der gefühlsmäßigen Stetigkeit der Ehepartner und, wenn möglich, auch von der wahrscheinlichen Dauerhaftigkeit der ehelichen Bindung überzeugen solle. Unter diesen Gesichtspunkten eignet sich nach seiner Meinung nur ein geringer Prozentsatz der nachsuchenden Patienten zur Besamung durch einen fremden Spender[68].

Den Ehegatten soll durch die Aussprache ermöglicht werden, einen bestimmten Entschluß zu fassen, ohne daß sie in die eine oder andere Richtung gedrängt werden. Der Arzt sollte sich andererseits mit keinem allzu eilfertigen und oberflächlichen Entschluß zufrieden geben. Allerdings ist es nicht seine Sache, unentschlossenen Ehepartnern die Entscheidung abzunehmen.

Der Arzt muß sich strengstens hüten, eine künstliche Insemination in medizinischer „Fließbandarbeit" zu erledigen. Die Behandlung ist in Relation zu der besonderen Vertrauenssituation stets ganz individuell zu führen. Die ärztliche Schweigepflicht gewinnt bei dem extrem intimen Gegenstand besondere Bedeutung.

c) Die Auswahl des Samenspenders

Meistens fällt dem Arzt bei der heterologen künstlichen Insemination die Aufgabe zu, einen geeigneten Samenspender auszuwählen. In den Vereinigten Staaten wird die anonyme Spenderschaft bevorzugt[69]. Das bedeutet: Allein der Arzt verantwortet die Auswahl. Er hat dabei bestimmte allgemeine Anforderungen und gegebenenfalls besondere Wünsche der Eheleute zu berücksichtigen.

Die Familienanamnese des Spenders darf keine Krankheiten oder pathologische Konstitutionen, deren Erblichkeit naheliegt, aufweisen. Der Spender selbst muß gesund, insbesondere frei von Geschlechtskrankheiten sein. An den gespendeten Samen stellt man hohe Qualitätsanforderungen, d. h. eine Spermiendichte nicht unter 100 Millionen pro ccm, die Beweglichkeit nicht unter 80 v. H., weniger als 20 % anomaler Formen, kein geringeres Volumen des Ejakulats als 2,5 bis 5,0 ccm[70]. Außerdem bedürfen die Rhesusfaktoren sowie die Blutgruppen des Spenders und der Empfängerin einer gegenseitigen Abstimmung[71].

---

[68] *Guttmacher*, S. 12; *Portnoy* und *Salzmann*, S. 165.

[69] *Guttmacher*, S. 12; *Beuerlein*, S. 32 f.

[70] *Guttmacher*, S. 14.

[71] *Guttmacher*, S. 13.

Bevorzugt wählen Ärzte verheiratete Spender mit Kindern aus, da sie bei ihnen eine größere Sicherheit über die Fruchtbarkeit des Samens und die Qualität der Nachkommenschaft erhalten[72 73].

Der Wunsch der Eheleute richtet sich häufig auf eine mögliche Ähnlichkeit zwischen äußerer Erscheinung des biologischen Vaters und des Ehemannes. Es kann für eine Übereinstimmung in Körperlänge, Körperbau, Gesicht-, Augen- und Haarfarbe gesorgt werden. Eine Angleichung der Blutgruppe engt jedoch den Kreis der Spender weitgehend ein.

Problematisch wird die Auswahl im Hinblick auf die geistigen und charakterlichen Eigenschaften des Spenders. In der Regel machen es sich die Ärzte zur Aufgabe, einen Mann mit überdurchschnittlichen geistigen und charakterlichen Fähigkeiten zu finden[74]. Guttmacher bevorzugt aus diesem Grunde Spender aus den Reihen der jungen Ärzte und Medizinstudenten[75]. Diese Übung ist in den Vereinigten Staaten anscheinend bei vielen inseminierenden Ärzten gebräuchlich[76]. Damit betreiben sie — vielleicht ungewollt — schon eine Eugenik. Vor allen Dingen unterliegt die Einschätzung des Spenders ihrer höchstpersönlichen Beurteilungskraft und psychologischen Einfühlungsgabe. Fraglich bleibt auch, an welchen Normen sich die Ärzte ausrichten, wer diese Normen aufstellt, welche Allgemeinverbindlichkeit ihnen zukommt. Vielleicht dienten die Ärzte ihren Patienten mehr, wenn sie die charakterlichen und geistigen Fähigkeiten des Spenders auf diejenigen abstimmen würden, die ihnen in angenehmem Sinn bei den Ehepartnern auffallen.

Es wird an dieser Stelle deutlich sichtbar, welche hohe Verantwortung der einzelne Arzt bei der Auswahl des Samenspenders auf sich lädt. Ein Teil der vom Arzt zu berücksichtigenden Fragen geht über sein eigenes wissenschaftliches Fachgebiet hinaus.

Beuerlein erwägt aus diesen Gründen, ob nicht die Einrichtung einer sogenannten Samenbank, die ein Arzt mit Erfahrungen in der Genetik, Psychiatrie und Hämatologie leiten solle, zweckdienlich sei. Dem verantwortlichen Arzt sollten beratend je ein Urologe, Psychiater, Gynäkologe, Hämatologe und ein im Sozialwesen Tätiger zur Verfügung stehen[77]. An diese Samenbank könnte sich der einzelne Arzt mit seinen Wünschen, die auf der sorgfältigen Beobachtung des Ehepaares beruhen, richten. Die größere Auswahlmöglichkeit und

---

[72] *Guttmacher*, S. 13; *Beuerlein*, S. 33; *Portnoy* und *Salzmann*, S. 163.

[73] *Beuerlein* (S. 33) weist noch speziell Radiologen als Spender zurück, weil sie möglicherweise durch Strahlen Keimschäden erlitten haben.

[74] *Beuerlein*, S. 33 f.

[75] *Guttmacher*, S. 13.

[76] *Portnoy* und *Salzmann*, S. 163.

[77] *Beuerlein*, S. 35.

die wissenschaftlich gesicherte Zuordnung des passenden Samenpartners lassen die im allgemeinen sehr angefeindete Einrichtung einer Samenbank im positiven Lichte erscheinen[78].

d) Die Spermagewinnung

Für die Spermagewinnung nennt die Fachliteratur folgende Möglichkeiten: Hodenpunktion, Punktion der Nebenhoden, Masturbation, coitus interruptus, coitus condomatosus, pollutio nocturna und postcoitale Aspiration aus der Vagina[79].

Gegen die Hodenpunktion spricht, daß relativ wenig Spermatozoen aufgefangen werden und daß diese teilweise die Reifeteilung noch nicht vollzogen haben. Überzeugende Erfolge mit dieser Technik liegen anscheinend nicht vor[80].

Die Punktion des Nebenhodens verspricht bessere Ergebnisse. Der so gewonnene Samen tritt aber hinter dem vollwertigen Sperma des Ejakulats zurück[81]. Davon abgesehen erweist sich die Punktion gegenüber der Masturbation als schmerzhaftes Verfahren.

In der medizinischen Fachwelt hat sich allgemein wegen der Praktikabilität die Spermagewinnung durch Masturbation durchgesetzt[82].

Für die homologe Insemination bestehen die Möglichkeiten, den Samen durch coitus interruptus, coitus condomatosus oder postcoitale Aspiration aus der Vagina zu gewinnen[83].

e) Die Spermabehandlung

Das gewonnene Ejakulat wird normalerweise in einem Behälter bei Zimmertemperatur aufbewahrt und dem Gynäkologen innerhalb kürzester Zeit ausgeliefert. Häufig setzt der inseminierende Arzt dem Sperma ein Antibiotikum zu, um die Samenzellen länger lebensfähig zu erhalten[84] oder um eine Salpingitis zu verhüten[85]. Allerdings

---

78 Ein weiteres Problem, das sich in der Frage stellt, ob und in welcher Höhe der Spermator zu entlohnen sei, wird allerdings durch die Einrichtung einer Samenbank nicht gelöst. Die Problematik besteht in gleicher Weise fort, sei es, daß der Samenspender durch den einzelnen Arzt vermittelt oder von einer Samenbank ausgewählt wird. Zu der Frage finden sich Informationen und Stellungnahmen bei den folgenden Autoren: *Guttmacher*, S. 14; *Anderes*, a.a.O., S. 670 ff.; *Mayer*, A., S. 70; *Beuerlein*, S. 35; *Dölle*, S. 241; *Giesen*, S. 37, 57; *Dünnebier*, Prot. Bd. 10, S. 322; *Blei*, FamRZ 1961, 139 f.

79 *Giesen*, S. 20; *Anderes*, Schw. med. Wschr. 80. Jg. S. 669; *Beuerlein*, S. 9.

80 *Anderes*, a.a.O., S. 669; *Guttmacher*, S. 6 unter Berufung auf *Schultze*, Zbl. f. Gyn. Bd. 65 (1941) S. 988 ff.

81 *Anderes*, a.a.O., S. 669.

82 *Guttmacher*, S. 14.

83 *Beuerlein*, S. 9.

84 *Beuerlein*, S. 10.

85 *Guttmacher*, S. 8.

wird vereinzelt befürchtet, daß die Zusätze nachteilige Wirkungen auf den Foetus haben könnten[86].

Eine angestrebte homologe Insemination erfordert manchmal noch ein besonderes Verfahren, das zur Aufbesserung des Spermas dient. Dem Arzt sollte es selbstverständlich sein, alle Aussicht versprechenden technischen Mittel einzusetzen, um den Eheleuten durch homologe anstatt durch heterologe Insemination zu helfen.

Bei Gattensamen mit niedriger Spermienzahl empfiehlt sich die Ejakulats-Teilungstechnik. Dieses Verfahren beruht auf der Beobachtung, daß die Konzentration der Spermatozoen im ersten Teil des Ejakulats am stärksten ist. Dieser enthält etwa 75 % der Spermien. Bei der Sammlung zweier Samenproben kann durch die Zusammenführung der beiden ersten Ejakulatsteile insgesamt eine größere Spermiendichte erzielt werden. Die Methode scheidet aus, wenn die gewonnene Konzentration nicht über eine Spermiendichte von 20 Millionen pro ccm gelangt und die Beweglichkeit nicht wenigstens 20 % beträgt[87].

Eine zweite, neuere Therapie beruht auf der Tatsache, daß Samen eingefroren und lange Zeit konserviert werden kann[88]. Menschliche Spermatozoen überleben bei einer Temperatur von minus 79° und maximal minus 265° Celsius. Eine optimale Konservierung ohne nachweisbare Schädigung erreicht man durch Hinzufügen von zehnprozentigem Glyzerin. Die überlebenden Spermatozoen — etwa 64 % — zeigen keine Veränderung hinsichtlich Geschwindigkeit, Dauer der Spermienbewegung und der morphologischen Beschaffenheit. — Einem Zufall war die Beobachtung zu verdanken, daß bei gefrorenem und dann aufgetautem Sperma infolge wiederholter Kühlung auf minus 4 ° Celsius für eine Stunde und anschließender Wiedererwärmung auf Zimmertemperatur die Samenzellen auf dem Boden des Behältnisses absinken. Auf diese Weise kann man eine konzentrierte Samenprobe erhalten. Die Methode ist in Verbindung mit der Konservierungsmöglichkeit mehrerer Ejakulate geeignet, eine unbegrenzt hohe Verdichtung der Spermienanzahl zu erreichen[89].

Bei zu geringer Beweglichkeit der Spermatozoen versprechen nach neuesten Forschungen andere Verfahren Erfolg. Man hat festgestellt, daß sich dieselben Spermien, in verschiedenen Samenflüssigkeiten ausgesetzt, unterschiedlich beweglich verhalten. Anscheinend nimmt also das Samenplasma wesentlichen Einfluß auf die Beweglichkeit. Diese Erfahrung macht man sich wie folgt zunutze: Man trennt

---

[86] *Beuerlein*, S. 10.

[87] *Guttmacher*, S. 7 f.

[88] Diese Möglichkeit ist übrigens auch das Fundament für die Haltung der sog. Samenbanken.

[89] *Guttmacher*, S. 9 f.

durch ein Zentrifugalverfahren Spermatozoen und Samenplasma. Die aus dem Ejakulat des Ehegatten gewonnenen Spermien werden dann in fremder, bewegungsfördernder Samenflüssigkeit aufgeschwemmt und in dieser Zusammensetzung inseminiert[90]. Eine Befruchtung wird dann nur mit Samenzellen des Ehemannes bewirkt, so daß man eindeutig von einer homologen Insemination sprechen kann.

f) Der Eingriff der künstlichen Insemination

Die Patientin muß zur Zeit der Insemination frei von akuten Krankheiten sein, die einer Konzeption nachteilig sind.

Ein medizinisches Problem bildet die genaue Bestimmung des Zeitpunktes, an dem eine Befruchtung möglich ist. Um annähernde Werte zu erhalten, empfehlen die Ärzte die unterschiedlichsten Methoden, zum Teil auch die kombinierte Anwendung mehrerer[91]. Da der Ovulationstermin im voraus nicht genau bekannt ist, führen die Mediziner zumeist die Insemination mehrfach während eines Menstruationszyklus aus[92]. Die Anzahl der Inseminationen pro Zyklus soll sogar wichtiger sein als der Ort und die Methode der Samenablagerung[93].

Ehe der Behandlung Erfolg beschieden wird, vergeht oft eine geraume Zeit. Die Patientin muß von Anbeginn die Bereitschaft zum Ausharren haben. Besonders die homologe Insemination stellt hohe Anforderungen an die Ausdauer. Aus 299 Besamungen, die rückblickend genau zum Ovulationstermin vorgenommen wurden, gingen nur 7 Schwangerschaften hervor[94]. Der Grund für den verhältnismäßig geringen Erfolgsanteil liegt einmal darin, daß die Fruchtbarkeit der Patientin schwanken kann. Bei natürlicher Insemination tritt, selbst wenn sie am Ovulationstag erfolgt, auch nicht stets eine Schwangerschaft ein. Zum anderen gelangt im Gegensatz zur heterologen Insemination nicht nur qualitativ hochwertiger Samen zur Anwendung. Deshalb bleibt die homologe Insemination in ihrer biologischen Wirksamkeit noch erheblich hinter einer natürlichen Sameneinbringung, die bei normalen Voraussetzungen mit gesundem Samen vorgenommen wird, zurück[95].

Bei einem Vergleich der natürlichen und der heterologen künstlichen Insemination stellt man in etwa die gleiche biologische Wirksamkeit fest. Vielleicht hat die künstliche heterologe sogar einen geringen Vorrang[96]. Von 476 Schwangerschaften traten 31 bis 46 %

---

[90] *Guttmacher*, S. 9.
[91] *Guttmacher*, S. 17 f.
[92] *Guttmacher*, S. 18.
[93] *Guttmacher*, S. 18.
[94] *Beuerlein*, S. 16.
[95] *Beuerlein*, S. 16.
[96] *Beuerlein*, S. 17.

schon während des ersten Monats der Behandlung ein. Durchschnittlich kann zu 37 % mit einer Konzeption im ersten Monat gerechnet werden[97]. Amerikanische Autoren kamen übereinstimmend zu dem Ergebnis, daß sich bei mindestens 75 % aller Patientinnen die Befruchtung jedenfalls in den ersten drei Monaten einstellte. Guttmacher erzielte 80 % seiner Erfolge schon nach zwei Monaten. Portnoy beobachtete nach einem Monat 31 % aller Schwangerschaften, nach zwei Monaten 56 %, nach drei Monaten 71 %[98]. Innerhalb von sechs Monaten konnte Kleegman 90,2 % Schwangerschaften verzeichnen[99]. Das bedeutet, daß eine Frau, die diese Behandlungsmethode gewählt hat, mit 75 %iger Wahrscheinlichkeit nach drei Monaten einen Erfolg sieht. Nach sechs Monaten längstens wird in aller Regel eine Schwangerschaft eingetreten sein. 45 % aller Patientinnen brauchen nur mit 1 bis 12 Inseminationen zu rechnen. In einigen Fällen trat die Schwangerschaft aber auch erst nach 72 Inseminationen ein[100].

g) Der Schwangerschaftsverlauf

Bei der Schwangerschaft durch künstliche Insemination treten die normalen Komplikationen auf, etwa placenta previa, Schwangerschaftstoxikose und Abort. Vor diesen bei jeder Schwangerschaft drohenden Gefahren und Unfällen kann selbstverständlich auch die künstliche Samenübertragung nicht schützen. Möglicherweise wirken sich aber wegen der besonderen Ausgangssituation der Frau die Rückschläge psychologisch heftiger aus[101].

Einige Autoren meinen beobachtet zu haben, daß — im Gegensatz zu normal erzeugten Schwangerschaften — Aborte vermehrt auftreten. Andere Autoren berichten speziell von einer Erhöhung der spontanen Aborte. Sie geben Prozentzahlen von 18, 19 und 24 % an[102]. Bei einer Norm von 10 spontanen Aborten auf 100 Schwangerschaften[103] zeigt sich hier eine beträchtliche Differenz. Die Beobachtung vermehrter spontaner Aborte erklärt im übrigen auch die erste Behauptung, daß insgesamt die Anzahl der Aborte höher liege. Die meisten der Aborte, von denen berichtet wird, erfolgten im ersten Monat[104]. Die Erhöhung liegt also speziell bei den spontanen Aborten.

Allerdings findet man auch eine einleuchtende Erklärung für die beobachtete Differenz: Die durch künstliche Insemination geschwän-

---

97 *Guttmacher*, S. 18.
98 Vgl. *Guttmacher*, S. 18.
99 Vgl. *Guttmacher*, S. 18.
100 *Beuerlein*, S. 16.
101 *Portnoy* und *Salzmann*, S. 163.
102 *Guttmacher*, S. 19.
103 Vgl. *Guttmacher*, S. 19.
104 *Beuerlein*, S. 18.

gerte Frau untersteht von Anfang an der Kontrolle des Arztes. Ein spontaner Abort wird also mit Sicherheit registriert. Bei einer normalen Schwangerschaft befindet sich die Frau dagegen in der Regel während des ersten Monats noch in völliger Unwissenheit über ihren Zustand. Sie steht insofern auch kaum unter ärztlicher Kontrolle. Ein spontaner Abort wird deshalb möglicherweise häufig nicht als solcher erkannt. In laienhafter Betrachtungsweise vermeint die Frau fälschlich, die Regelblutung sei eingetreten. Aus diesen Gründen werden möglicherweise eine größere Anzahl spontaner Aborte bei normal erzeugter Schwangerschaft gar nicht erfaßt. Die aufgestellte Norm von 10 % kann deshalb untersetzt sein[105].

Außer ganz vereinzelt auftretenden Infektionen[106] stellte man keine Abweichungen im Schwangerschaftsverlauf fest.

5. Die ärztliche Standesethik

Die Darstellung über die medizinische Durchführung der künstlichen Insemination zeigt, daß das Problem sich nicht in naturwissenschaftlichen Fragen erschöpft, sondern insbesondere auch die Standespflichten des behandelnden Arztes berührt. Die deutsche Ärzteschaft wurde mit der Thematik von offizieller Seite konfrontiert, als der Bundesjustizminister im Rahmen einer Änderung der geltenden deutschen Strafrechtsbestimmungen eine Stellungnahme darüber erbat, ob der Gesetzgeber die künstliche Insemination unter Strafandrohung stellen, schlechthin verbieten oder unter gewissen Voraussetzungen zulassen und gesetzlich regeln solle.

Die Frage hatte man zuvor schon 1955 im deutschen Ärztinnenbund diskutiert. Die Ärztinnen forderten in einer abschließenden Stellungnahme, die heterologe künstliche Insemination unter Androhung von Strafe zu verbieten. Als Beweggründe wurden das Auftreten rechtlicher Schwierigkeiten, dann das Gebot der Rücksichtnahme auf Kind und Ehemann genannt.

Die homologe künstliche Insemination bedarf nach Meinung des Ärztinnenbundes dagegen nur der Strafe, wenn sie von Laien sowie ohne Wissen und Willen der Frau vorgenommen worden sei. Eine darüber hinausgehende Einwirkung lehnte man in diesem Fall als Einmischung in eine Privatsache ab[107].

Die Deutsche Gesellschaft für gerichtliche und soziale Medizin äußerte sich ebenfalls entschieden gegen eine Ausführung der künstlichen Insemination durch Laien, ohne Kenntnis der Frau oder mittels Gewaltanwendung. Im allgemeinen erachtete man jedoch eine gesetzliche Regelung eher als schädlich. Es handele sich um eine reine

---

[105] *Beuerlein*, S. 18; *Guttmacher*, S. 19.

[106] Vgl. *Giesen*, S. 25.

[107] Gutachten und Stellungnahmen zu Fragen der Strafrechtsreform mit ärztlichem Einschlag, S. 132.

Weltanschauungsfrage. Zudem sei die Angelegenheit äußerst heikel und werde besser in ihrem Intimbereich belassen. Wenn man sich aber zu einer gesetzlichen Regelung entschließe, müsse jede künstliche Insemination verboten werden. Als Grund gibt man unübersehbare Rechtsunsicherheit an. Ärztlicherseits finde sich auch speziell für die heterologe künstliche Insemination kein rechtfertigender Grund, weil die sittlich-ethischen Folgen außerordentlich belastend seien[108].

Die Fragwürdigkeit einer gesetzlichen Regelung hob auch die Gesellschaft für Psychiatrie und Nervenheilkunde hervor. Man hält allerdings den schon vorhandenen Schutz durch das Strafrecht und die gegebene Zivilrechtslage für eine hinreichende Abwehr[109].

Die deutsche Gesellschaft für Psychotherapie und Tiefenpsychologie hat sich für die Zulassung der im Einverständnis beider Ehegatten vorgenommenen homologen Insemination ausgesprochen. Die heterologe Samenübertragung berge dagegen erfahrungsgemäß zu schwerwiegende psychische Gefahrenmomente. Ein Verbot empfiehlt die Gesellschaft für eine Insemination bei nicht verheirateten Frauen, die nur infolge einer psychischen Fehlentwicklung ein Kind durch künstliche Samenübertragung wünschen könnten[110].

Bevor die höchste beschlußfassende Instanz der deutschen Ärzteschaft zu der Frage Stellung bezog, erging zunächst eine Entschließung des wissenschaftlichen Beirats der Bundesärztekammer vom 25. Februar 1959. Grundsätzlich kam man zur Ablehnung der künstlichen Insemination. Sie sei nicht mit der heutigen Sitte und Kulturgesinnung in Einklang zu bringen. Der einzelne Arzt könne die unübersehbaren medizinischen, rechtlichen und psychologisch-ethischen Folgen nicht verantworten. Man unterließ es aber ausdrücklich, gegen eine homologe Insemination, die ein Arzt im Einverständnis beider Ehegatten durchführe, Bedenken anzumelden. Abschließend beschloß der Beirat, einer speziellen Regelung der Insemination durch strafrechtliche Bestimmungen zu widersprechen[111].

Der 62. Ärztetag beschäftigte sich im Jahre 1960 in Lübeck mit dem Problem. Die Diskussion ergab, daß die Mehrheit der Ärzte gegen die homologe Insemination keine gravierenden Bedenken äußerte. Die heterologe Insemination lehnte die deutsche Ärzteschaft aber mit großer Mehrheit ab. Man berief sich in der Entschließung auf sittliche Gründe, insbesondere auf die Ordnung der Ehe. Ein Arzt könne nicht die Verantwortung für ihm unübersehbare Folgen überneh-

---

[108] Gutachten und Stellungnahmen zu Fragen der Strafrechtsreform mit ärztlichem Einschlag, S. 70 f.

[109] a.a.O., S. 57.

[110] Gutachten und Stellungnahmen . . ., S. 89 und 114.

[111] *Fromm*, S. 25.

men. Damit war aber nicht gleichzeitig die Befürwortung einer Strafvorschrift für die heterologe künstliche Insemination ausgesprochen. Vielmehr faßte der Deutsche Ärztetag zu diesem Punkt mit knapper Mehrheit den folgenden Beschluß: Der Deutsche Ärztetag hält die Aufnahme der heterologen Insemination als Straftatbestand in der großen Strafrechtsreform nicht für gerechtfertigt[112].

Der berufsethische Standpunkt der deutschen Ärzteschaft ist in seiner ablehnenden Haltung zur künstlichen heterologen Insemination eindeutig fixiert. Die mit großer Mehrheit gefaßte Entschließung hat zwar keine juristisch bindende Kraft, sie bedeutet jedoch dem einzelnen Arztes eine standesethische Norm. Die deutsche Ärzteschaft hat allerdings durch die Ablehnung einer Regelung durch den Strafgesetzgeber auch erkennen lassen, daß sie die Frage in Selbstverantwortung zu lösen wünscht. Sie befürwortet in diesem Punkt weiterhin die persönliche Gewissensentscheidung des einzelnen Arztes. Richtungsweisend gibt sie ihm lediglich mit der Entschließung die Stellungnahme der Ärztekollegen an die Hand.

Der Präsident der deutschen Ärzteschaft, Fromm, fühlt sich zu dem Hinweis verpflichtet, daß das In- und Ausland die die heterologe Insemination ablehnende Entschließung nicht etwa als Ausdruck selbstgerechter Überheblichkeit deuten möchten. In ihr zeigt sich vielmehr seiner Meinung nach eine Reaktion, die von dem Erleben und dem Wissen über die Entgleisungen einzelner Ärzte im nationalsozialistischen Reich gekennzeichnet ist. Das Ausland solle der Haltung der deutschen Mediziner Verständnis bezeugen, da sie in bitterer Lehre und Erfahrung wurzele[113].

II. Sozialbiologische und humangenetische Gesichtspunkte der künstlichen Insemination

1. Auswirkungen für den Ehegatten

In sozialbiologischer Hinsicht erwächst kinderlosen Ehepartnern aus der Technik der homologen künstlichen Insemination gegebenenfalls die Möglichkeit, trotz Hindernissen, die einer natürlichen Fortpflanzung entgegenstehen, ein gemeinsames Kind zu zeugen. Die Chance eigener Nachkommenschaft wird durch die in jüngster Zeit entwickelten Verfahren der Spermaaufbesserung noch vergrößert[114].

Der heterologen Insemination kommt abgesehen von der Tatsache, daß sie Eheleuten ein Kind verschafft, das wenigstens das Erbgut der Mutter in sich trägt, der Vorteil zu, daß sie zur Verhütung erbkranken Nachwuchses beiträgt. Das gilt zum Beispiel, wenn die Blutgruppenunverträglichkeit der Ehepartner mit aller Wahrschein-

---

[112] *Fromm,* S. 30 f.

[113] *Fromm,* S. 31.

[114] Vgl. oben S. 16 ff.

lichkeit zu hydropischen Kindern führt. Die heterologe Insemination erweist sich hier allerdings nur solange als günstig, bis die Medizin durch verbesserte Behandlungsmethoden die Einschaltung eines fremden Samenspenders überflüssig macht. Es bleiben dann die Fälle, in denen der Ehemann eine schwere erbliche Krankheit mit seinem Erbgut weitergeben würde, so zum Beispiel die Huntingtonsche Chorea, die Glykogenspeicherkrankheit, schwere Diabetes, Taubheit oder Geisteskrankheit durch mehrere Generationen. Manche Krankheiten entstehen auch erst dadurch, daß die Kombination bestimmter Ehepartner ein rezessiv rassenbedingtes Krankheitsmerkmal bei der Nachkommenschaft in Erscheinung treten läßt[115]. Durch die heterologe Samenübertragung wäre auch die Ausschaltung sexueller Anomalien wie Homosexualität, Fetischismus und Sadismus möglich. Ebenfalls könnte die erbliche Veranlagung zum Alkoholismus und Morphinismus vermieden werden. Ethische Einwände gegen diese Vorteile sollen zunächst zurückgestellt werden[116].

Die heterologe künstliche Insemination bietet durch die technisierte Auswahl des Samenpartners in Zukunft auch Chancen für die Befruchtung einer Frau, deren Konzeptionsfähigkeit stark herabgesetzt ist. In diesem Bereich beginnt die Wissenschaft erst mit Forschungen. Bei Tierversuchen hat man jedoch schon entdeckt, daß die Bedingungen der Zuordnung der zur Befruchtung gelangenden Gameten nicht nur den Gesetzen des Zufalls unterliegen.

Es gibt anscheinend eine ganze Skala verschiedener Eikategorien, die sich in ihren Ansprüchen an ihre Partner unterschiedlich verhalten. Dementsprechend weisen die Spermatozoen eine bestimmte Variationsbreite darin auf, wie sie diese Ansprüche befriedigen können[117]. Bei genauer Kenntnis dieser Zusammenhänge wäre eine Steigerung der Anwendungsfälle für die heterologe künstliche Insemination nicht ausgeschlossen.

Allerdings wird man zubilligen müssen, daß im Regelfall der natürlichen Partnerwahl der Vorzug zu geben ist. Denn hier schafft die Natur durch die Sympathie ein eigenes Reglement. Die charakterliche und körperliche Entsprechung zweier Partner, die durch Zuneigung zusammenfinden, ist oft auch eine gute Gewähr für die Harmonie des beiderseitigen Erbgutes.

Einige Tierversuche lassen erkennen, daß durch die künstliche Sameneinbringung möglicherweise auch die Aussicht eröffnet wird, auf die Vererbungsvalenz zugunsten der mütterlichen oder väterlichen

---

[115] *Guttmacher*, S. 11.

[116] Doch ist an dieser Stelle zu bedenken, welchen Belastungen Familien mit gesundheitlich und geistig geschädigter Nachkommenschaft ausgesetzt sind.

[117] *Elster*, Umschau 50. Jg. S. 381.

Seite einzuwirken. Und zwar wurde beobachtet, daß die Verschiebung der Vererbungsvalenz eine Abhängigkeit vom Alter der Gameten zeigte. Bei Bastardierungen übte ferner die Jahreszeit und der Reifegrad der Samenzellen einen Einfluß auf die Vererbungsrichtung aus[118]. Wenn diese Forschungsergebnisse eines Tages auf die künstliche Samenübertragung beim Menschen Anwendung finden würden, so wäre damit zum Beispiel bei einer Befruchtung durch Samen eines fremden Spenders sogar die Chance gegeben, den Durchbruch des mütterlichen Erbguts gezielt zu begünstigen.

Wendet man den Blick von den noch in der Zukunft liegenden Möglichkeiten wieder den schon der Gegenwart angehörenden zu, so fällt noch ein weiterer Fortschritt auf sozialbiologischem Gebiet auf. Er beruht auf dem Verfahren der Spermakonservierung. Diese technische Errungenschaft ermöglicht es, daß eine Frau noch nach dem Tode ihres Gatten mit ihm gemeinsame Nachkommen zeugen kann. Einem glaubwürdigen Bericht zufolge inseminierte sich eine Wissenschaftlerin konserviertes Sperma ihres Ehemannes, der kurz zuvor durch einen Verkehrsunfall den Tod gefunden hatte. Sie brachte auf diese Weise noch zwei Kinder ihres verstorbenen Gatten zur Welt[119].

2. Auswirkungen für die durch künstliche Insemination gezeugte Nachkommenschaft

Bei den aus künstlicher Insemination hervorgegangenen Kindern hat man feststellen müssen, daß der künstlich eingeleitete Zeugungsvorgang das natürliche Geschlechtsverhältnis, das zwischen männlichen und weiblichen Geburten besteht, beeinflußt. Statistisch auffällig ist der Überschuß *männlicher* Geburten. Während das natürliche Geschlechtsverhältnis bei ca. 106 Knaben zu 100 Mädchen liegt[120], ergab sich nach homologen Inseminationen ein Verhältnis von durchschnittlich 8 männlichen zu 5 weiblichen Geburten (160 : 100); nach heterologen Samenübertragungen entfielen auf 7 Knaben 5 Mädchen (140 : 100)[121]. Das Geschlechtsverhältnis wird von einzelnen insemierenden Ärzten, die in den Vereinigten Staaten ihre Beobachtungen veröffentlicht haben, zwar recht unterschiedlich angegeben, stets überwiegen jedoch auffallend die Geburten männlicher Kinder[122].

Dieses Ergebnis müßte man als nachteilig kennzeichnen, wenn ihm ein Phänomen zugrunde läge, das die Wissenschaft nicht deuten

---

118 *Elster*, Umschau 50. Jg. S. 381 f.

119 Vgl. *Schwalm* in GA 1 (1959) S. 8; *Geiger*, S. 61.

120 Vgl. Statistisches Jahrbuch 1967 S. 50 letzte Spalte.

121 Ergebnis einer 1941 veröffentlichten Umfrage unter amerikanischen Ärzten, vgl. *Beuerlein*, S. 18; *Dünnebier*, Prot. Bd. 10 S. 322.

122 *Guttmacher*, S. 19; *Giesen*, S. 32 f.

und dessen sie nicht Herr werden könnte, denn bei vermehrter Anwendung der künstlichen Insemination würde sich der Männerüberschuß bevölkerungsmäßig bemerkbar machen und hätte möglicherweise sogar eine Umstrukturierung soziologischer Gepflogenheiten zur Folge.

Der männliche Geburtenüberschuß auf Grund künstlicher Samenübertragung ist aber für die Wissenschaft kein unauflösbares Rätsel. Einen Hinweis auf die wahrscheinlich richtige Lösung des Problems geben schon die unterschiedlichen Beobachtungen inseminierender Ärzte. Die Abweichungen ihrer Angaben lassen sich vermutlich durch die unterschiedliche Verfahrenstechnik bei der künstlichen Sameneinbringung erklären. Denn von entscheidender Bedeutung ist, welchen Weg und welches Milieu die Spermien bis zum Zusammentreffen mit der Eizelle zu überwinden haben. Das ergibt sich aus der wahrscheinlich anmutenden These, daß die männlich determinierten Samenzellen normalerweise nicht sehr widerstandsfähig und auf Grund eines schnelleren Stoffwechselvorganges kurzlebiger als die weiblich bestimmten Spermien sind. Durch einen künstlich abgekürzten Weg zum Uterus bleibt den männlich determinierten Samenfäden das säurehaltige Klima der Vagina erspart, außerdem wird ihre Überlebenschance durch den einhergehenden Zeitgewinn erhöht. Die männlichen Sanenzellen behalten bei diesen günstigeren Voraussetzungen die ihnen eigentümliche erhöhte Beweglichkeit bis zum Zusammentreffen mit der Eizelle. Dank der größeren Aktivität bewirkt dann beim Befruchtungsvorgang weit häufiger ein männlich als ein weiblich determinierten Spermatozoon die Befruchtung[123].

Männliche Geburten werden demnach besonders durch die intrauterine und die parazervikale Inseminationsmethode begünstigt. Bei der vaginalen Methode wirkt sich fördernd aus, wenn — wie vereinzelt empfohlen wird — zuvor die vorhandenen Sekrete entfernt werden.

Abgesehen von dem bisher dargestellten Grund trägt aber auch ein weiterer Umstand zu dem männlichen Geburtenüberschuß nach künstlicher Insemination bei. Der amerikanische Gynäkologe Kleegman teilt mit, daß um so häufiger Knaben geboren wurden, desto kürzere Zeit zwischen der zur Konzeption führenden Insemination und dem nachträglich festgestellten Ovulationstermin lag[124]. Durch die hormonalen Vorgänge ist die Viskosität des Cervixschleims in diesem Zeitabschnitt günstig verändert, so daß die Spermien in wesentlich kürzerer Zeit und unter weniger Energieaufwand zum Uterus gelangen[125]. Diese Beschleunigung fördert wiederum die aktiveren,

---

[123] *Weidhas,* S. 25 unter Berufung auf *A. v. Borosoni,* Junge oder Mädel?; *Sieber,* Zbl. f. Gyn. Bd. 77 S. 497 ff.; *Joel,* Schw. med. Wschr. Bd. 78 S. 203.

[124] *Beuerlein,* S. 19.

[125] *Wittenbeck,* S. 39.

aber kurzlebigeren männlich determinierten Spermien. Die Praxis der künstlichen Insemination bringt es nun mit sich, daß auf Grund genauer Beobachtungen und Berechnungen der ärztliche Eingriff oft in die unmittelbare Nähe des Ovulationstermins rückt. Diese Tatsache trägt deshalb ebenfalls zur Förderung der männlichen Geburten bei.

Nach diesen Ausführungen kann es Erstaunen hervorrufen, wenn man bei einem Seitenblick auf die Tierzucht erfährt, daß bei den Besamungen innerhalb der Tierzucht — im Gegensatz zu den Beobachtungen beim Menschen — oft ein Überschuß an *weiblichem* Nachwuchs erzielt wird. Dieses widersprüchlich erscheinende Ergebnis ist nicht durch die andersartige tierische Natur bedingt. Man könnte auch beim Menschen mittels der künstlichen Insemination die weibliche Nachkommenschaft begünstigen. Das ergibt sich ebenfalls aus der Feststellung von der geringeren Widerstandsfähigkeit und der Kurzlebigkeit der männlich determinierten Spermien. Beobachtungen bei der Rinderzucht zeigten, daß sich mit zunehmendem Alter des (nicht konservierten) Samens das Geschlechtsverhältnis von dem anfänglichen Überschuß männlicher Kälber wesentlich zugunsten der weiblichen Nachkommenschaft veränderte. Bei der Verwendung von Samen, der 0 bis 12 Stunden alt war, betrug das Geschlechtsverhältnis noch 106 männliche zu 100 weiblichen Geburten[126]. Dann verschob sich das Verhältnis mit zunehmendem Samenalter zugunsten der Kuhkälber. Wenn der Samen 48 Stunden und mehr alt war, verhielten sich die männlichen zu den weiblichen Nachkommen wie 50,21 : 100[127].

Die Untersuchungsreihen lassen erkennen, daß die weiblich determinierten Zellen die Fähigkeit besitzen, den dauernden Stoffwechselvorgängen mehr Widerstand entgegenzusetzen als die männlichen Spermien. Ähnliche Beobachtungen konnten bisher bei der künstlichen Insemination beim Menschen nicht gemacht werden, weil die Ärzte aus Vorsicht stets Wert auf die Verwendung von ganz frischem Sperma legten[128]. Die Forschungen in der Tierzucht ermöglichen aber eine bessere Durchdringung der Problematik. So bestätigen die Beobachtungen die These von der größeren Anfälligkeit und der Kurzlebigkeit der männlich determinierten Spermien und sie widerlegen gleichzeitig die Annahme des Mediziners August Mayer, daß der

---

[126] Das natürliche Geschlechtsverhältnis bei Rindern wird mit 107 : 100 angegeben. (*Weidhas*, S. 18). — Da der unnatürliche Überschuß männlichen Nachwuchses hier nicht verzeichnet werden kann, muß angenommen werden, daß die vaginale Inseminationsmethode, die physiologisch der natürlichen Paarung am ähnlichsten ist, angewendet wurde.

[127] *Weidhas*, S. 26, 19.

[128] *Guttmacher*, S. 14; *Anderes*, Schw. med. Wschr. 80. Jg. S. 670; *Weidhas*, S. 26.

künstliche Samentransport als solcher sich gerade auf die weiblichen Spermien schädigend auswirkt[129].

Abschließend kann man zu den Auswirkungen, die die künstliche Insemination auf das Geschlechtsverhältnis nimmt, feststellen, daß sie keineswegs einseitig die Geburten männlicher oder weiblicher Nachkommenschaft begünstigen muß. Bei einer Anpassung an den natürlichen Zeugungsvorgang kann man eine Übereinstimmung mit dem normalen Geschlechtsverhältnis erreichen. Es empfiehlt sich dazu die vaginale Methode ohne Entfernung der in der Scheide vorhandenen Sekrete. Dieses Verfahren nähert sich dem physiologischen Zeugungsvorgang am stärksten an. Die Verwendung alten Samens zum Ausgleich der sonst unnatürlich begünstigten männlich determinierten Samen ist zu vermeiden. In der Botanik konnte nämlich beobachtet werden, daß Sprößlinge, die aus Samen, der sich an der Grenze der Keimfähigkeit befand, gewonnen wurden, eine weit höhere Mutationsrate aufwiesen als solche, die man aus frischem Samen zog[130].

Es wäre verfehlt, die künstliche Insemination im Hinblick auf das behandelte Problem noch als Gefahrenmoment anzusehen. Die Wissenschaft steht dem Phänomen anscheinend nicht hilflos gegenüber. Die Möglichkeit des gelenkten Eingriffs in die Geschlechtsbestimmung könnte nun sogar als wissenschaftlicher Fortschritt gewertet werden. Zwar sind die Versuche, durch Zentrifugieren aus der Samenflüssigkeit die männlich oder weiblich determinierten Spermien auszusondern, um eine willkürliche Geschlechtsbestimmung zu erreichen, bisher nicht erfolgreich verlaufen, das Ziel ist aber dadurch näher gerückt, daß durch Beachtung bestimmter Voraussetzungen bei der künstlichen Insemination die Chance je nachdem für männlichen oder weiblichen Nachwuchs erhöht werden kann. Allerdings stellen sich diesem wissenschaftlichen Fortschritt ethische Bedenken entgegen. Fragwürdig erscheint insbesondere die in Frankreich zeitweilig gepflegte Praxis, bei der Eheleute, die ihre natürliche Zeugungsfähigkeit besaßen, die künstliche Samenübertragung bevorzugten, um auf diese Weise Einfluß auf die Geschlechtsbestimmung zu nehmen[131].

Nachdem die vorhergehenden Ausführungen gezeigt haben, daß die Abweichungen vom natürlichen Geschlechtsverhältnis nicht auf eine *Schädigung* des Spermas durch den künstlichen Transport zurückgeführt werden können, stellt sich anschließend die Frage, ob nicht

---

[129] *A. Mayer,* S. 72, im Anschluß daran auch *Schafheutle,* Prot. Bd. 10 S. 318.

[130] *Oehlkers,* Sitzungsbericht der Heidelberger Akademie der Wissenschaften, 1949 S. 408.

[131] *A. Mayer,* S. 72.

sonstige Schäden des auf künstliche Weise erzeugten Nachwuchses bemerkt worden sind.

Die Gefahr der Mißbildung durch mechanische Spermaschädigung ist nach zahlreichen Beobachtungen am Tier nicht gegeben[132]. Die inseminierenden amerikanischen Ärzte, die über zahlreiche Erfahrungen in der künstlichen Samenübertragung beim Menschen verfügen, stellten ebenfalls keine Erhöhung mißgebildeter Geburten fest[133]. Über die unmittelbar bei der Geburt erkennbaren Schäden herrscht demnach Klarheit.

Fraglich und wissenschaftlich ungesichert sind Auswirkungen, die erst später erkennbar würden. Untersuchungen fehlen auf diesem Gebiet sowohl in der Tierzucht wie in der Praxis der künstlichen Insemination beim Menschen. Eine offizielle Überprüfung der Inseminationskinder hat bisher noch nirgends stattgefunden, denn das Verfahren spielt sich stets unter dem Mantel größter Diskretion ab. Es obliegt also der Privatinitiative der einzelnen Ärzte, Beobachtungen zu sammeln. Verständlicherweise besteht jedoch zwischen ihnen und der betreffenden Familie nur noch kurze Zeit nach der Geburt Kontakt, so daß später eintretende Folgen nicht registriert werden konnten. Innerhalb der Tierzucht wäre allerdings eine Überprüfung des künstlich erzeugten Nachwuchses möglich. Die dort gewonnenen Ergebnisse wären gegebenenfalls auch für die künstliche Insemination beim Menschen aufschlußreich. Aber derartige Untersuchungen sind zumindest in der deutschsprachigen Fachliteratur — soweit ersichtlich — nicht vorgenommen worden[134]. Das mangelnde wissenschaftliche Interesse an dieser Frage deutet darauf hin, daß jedenfalls nach Ansicht der medizinischen und zoologischen Wissenschaftler eine große Gefahr wegen des Fehlens auffälliger Mißentwicklungen von der künstlichen Sameneinbringung nicht zu befürchten ist. Es wäre allerdings wünschenswert, daß diese Annahme durch statistische Erhebungen Bestätigung fände.

Es fehlen zwar wissenschaftliche Untersuchungen über erst später erkennbare Schäden, die der Nachkommenschaft durch den künstlichen Samentransport erwachsen könnten, dennoch existieren Behauptungen, die der künstlichen Insemination eine schädliche Auswirkung nachsagen.

Wenig stichhaltig ist in diesem Zusammenhang der Einwand, daß das Kind mit ungünstigem Erbgut belastet werde, weil der biologische Vater durch die Samenspende mangelnde charakterliche Fähigkeiten unter Beweis gestellt habe und die Bezahlung des Spermators

---

[132] *A. Mayer*, S. 72.

[133] Vgl. *Beuerlein*, S. 18.

[134] Nach Auskunft des Kölner Zoos sind dort keine Mißentwicklungen des künstlich erzeugten Nachwuchses beobachtet worden.

zudem noch die Auswahl von Männern mit minderwertigen Charakteren begünstige[135]. Gegen diese Argumentation spricht die Tatsache, daß die Samenspende ebensogut als Zeichen für ein aufgeschlossenes, wissenschaftliches Denken gegenüber der Medizin und ihren Möglichkeiten gewertet werden kann. Abgesehen davon erscheint es aber auch sehr fraglich, ob die kritisch vermerkten Charakterfehler eines Spermators wirklich die Ausprägung minderwertiger Erbanlagen sind. Ein Mangel an Verantwortungsbewußtsein, der diesen Männern vorgeworfen wird, stellt sich vielmehr in den meisten Fällen als Produkt von Erziehung und sonstigen Umwelteinflüssen dar. Eine erbliche Belastung des Kindes braucht deshalb in der Regel nicht befürchtet zu werden.

Weitere nachteilige Auswirkungen deutet der Mediziner August Mayer an, indem er sich auf „unkontrollierbare" Berichte aus Amerika bezieht. Diese handeln von dem „Mangel an Frohmut und Heiterkeit", den man angeblich bei künstlich erzeugten Menschen festgestellt haben will[136]. Eine gleichermaßen ungesicherte Behauptung stellte Schafheutle auf, indem er den Verdacht äußerte, durch die künstliche Insemination würden Triebe weggezüchtet, auf denen der Familiensinn aufbaue[137]. Eine wissenschaftliche Erklärung und ein statistischer Nachweis für die wiedergegebenen Behauptungen fehlen. A. Mayer, der selbst eingesteht, daß mit den fragwürdigen amerikanischen Berichten nichts anzufangen sei, versucht dennoch eine Erklärung zu finden.

Er gibt zu bedenken, daß bei der Hühnerzucht seit der Ära der Kunstbrut die Bruthenne selten geworden sei. Züchter erklären das als Folge einer systematischen Wegzüchtung des Bruttriebes, indem im Interesse der Eierproduktion zur Kunstbrut immer nur Eier von brutunlustigen Hühnerrassen verwendet werden[138]. Diese auf die Besonderheiten der Hühnerzucht zugeschnittene Erklärung läßt sich offensichtlich nicht auf die künstliche Insemination beim Menschen übertragen. Bei einer künstlichen Samenübertragung wird keine vergleichbar negative Auswahl getroffen. Der Arzt August Mayer hält jedoch darüber hinaus für erwägenswert, ob nicht auf bioelektrischem Wege zwischen einer brütenden Henne und dem Ei ein Keim zur späteren Brutlust mobilisiert werde; dieser Kontakt ermangele dem Ei bei der Kunstbrut. — Diese These ist für die künstliche Insemination beim Menschen unbrauchbar. Abgesehen davon, daß sie keine fundierte wissenschaftliche Grundlage aufweist, scheitert ein Ver-

---

135 *Dölle*, S. 241; *Dünnebier*, Prot. Bd. 10 S. 322; *Anderes*, a.a.O., S. 670 f.; *Beuerlein*, S. 38, 43.

136 *A. Mayer*, S. 72.

137 *Schafheutle*, Prot. Bd. 10 S. 318.

138 *A. Mayer*, S. 72.

gleich zur künstlichen Insemination, weil die Schwangerschaft, die das Äquivalent zur Brut bildet, ganz natürlich abläuft, so daß ein Kontakt zwischen Mutter und Kind vom frühesten Stadium an besteht.

Weder der „Mangel an Frohmut und Heiterkeit" noch die Verkümmerung des Familieninstinktes lassen sich nachweislich auf biologischer Schädigung der künstlich gezeugten Nachkommenschaft zurückführen. Es könnte sich bei den behaupteten Auswirkungen möglicherweise nur um psychologische Folgeerscheinungen einer durch die künstliche Insemination ungünstig beeinflußten Familienentwicklung handeln.

Wenn auch bisher keine konkreten Beobachtungen dazu Anlaß geben, soll doch noch auf eine ernst zu nehmende Gefahr, die der Nachkommenschaft in Verbindung mit dem künstlichen Samentransport drohen kann, hingewiesen werden. Dem Sperma dürfen nicht ohne weiteres chemische Substanzen beigefügt werden. Manche Mediziner befürchten, daß die nicht selten verwendeten Zusätze von Antibiotika dem Foetus Schaden zufügen könnten[139]. Die Warnung zu besonderer Vorsicht auf diesem Gebiet ist nicht ganz unberechtigt, weil jüngste Forschungen bestätigt haben, daß gewisse chemische Substanzen ebenso wie Röntgenstrahlen stark mutationsauslösend wirken. Bestimmte anorganische Stoffe, Narkotika und Alkaloide übersteigen das Maximum spontaner Mutabilität um ein Vielfaches[140]. Die Chemikalieneinwirkung ist genau so unspezifisch wie die Einwirkung von Röntgenstrahlen, d. h., es finden keine bestimmten Mutationen oder an bestimmten Stellen lokalisierte Chromosomenaberrationen statt[141]. Wenngleich die der Samenflüssigkeit häufig zugesetzten Antibiotika bisher keinen sichtbaren Schaden angerichtet haben, so wäre doch aus Vorsicht geboten, die Zusätze zunächst einmal auf mutationsauslösende Wirkungen zu untersuchen. Das empfiehlt sich vordringlich bei Verwendung von neuen, noch unerprobten Substanzen, die man dem Sperma aus besonderen Gründen zufügen könnte. Da der Schaden möglicherweise sehr groß wäre, ist es eine Pflicht, alle erkennbaren Risiken auszuschalten.

3. Auswirkungen für die Population

Der schwerwiegendste Einwand, der gegen die künstliche heterologe Insemination erhoben wird, besteht in den nachteiligen popula-

---

[139] *Beuerlein*, S. 10.

[140] *Oehlkers*, Sitzungsberichte der Heidelberger Akademie der Wissenschaften 1949 S. 373.

[141] so *Oehlkers*, a.a.O., S. 400, der die Ergebnisse aus Untersuchungsreihen mit in der Meiosis befindlichen Pflanzenzellen gewonnen hat; vgl. auch *Marquardt*, S. 92—95.

tions-genetischen Auswirkungen, die erst durch die gehäufte Menge von Fällen künstlicher Befruchtung hervorgerufen werden könnten. Man befürchtet, daß wegen der geringen Anzahl von Samenspendern und ihrer großen biologischen Leistungsfähigkeit eine Population auf die Dauer mit bestimmten Genen angereichert wird. Um die Gefahr zu verdeutlichen, sei bemerkt, daß theoretisch mit dem Sperma eines einzigen Mannes wöchentlich ca. 400 Kinder gezeugt werden könnten[142]. Die Anhäufung bestimmter Gene verändert den durchschnittlichen Genbestand. Marquardt ist der Meinung, daß mit einer Veränderung des durchschnittlichen Genbestandes auch eine Veränderung der natürlichen Mutationsrate einhergehen werde. Diese Entwicklung bewirke wahrscheinlich eine Verschlechterung des Gesamtzustandes und der Gesamtvitalität einer Population. Nach Marquardts Auffassung könnte dadurch sogar ein anderes soziologisches System bedingt werden, da das zur Zeit geltende speziell dem heutigen durchschnittlichen Genbestand angepaßt sei[143].

Während Marquardt seine Gedankengänge unabhängig von der Problematik der künstlichen Insemination entwickelt, macht Loeffler gerade im Hinblick auf die künstliche Samenübertragung beim Menschen auf die populationsgenetischen Gefahren aufmerksam. Auch er bezeichnet die Anreicherung einer Population mit bestimmten Genen als unvorteilhaft. Das gelte besonders bei einer Anhäufung rezessiver, d. h. zunächst nicht dominierender, unterliegender Gene. Dieser Mutationen begünstigende Zustand werde durch Verwandtenehen herbeigeführt, die infolge zahlreicher anonymer Inseminationen um sich greifen könnten. Berücksichtige man den soziologisch eingeengten Heiratskreis, aus dem sich die Jugend einer Kleinstadt ihre Partner wähle, so sei die aufgezeigte Gefahr nicht von der Hand zu weisen[144].

Einige in der Fachliteratur bekannt gewordene Beispiele veranschaulichen die drohende Gefahr sehr eindringlich. In einem kleinen Städtchen bei Johannisburg wurde ein Samenspender Erzeuger von 90 Kindern[145]. Es leben also 90 Halbgeschwister relativ nah beieinander, ohne über ihre verwandtschaftlichen Beziehungen informiert zu sein. Daß unter diesen Bedingungen die eine oder andere Verwandtenehe geschlossen wird, kann nicht ausgeschlossen werden. In Melbourne soll ein Arzt in seinem Einzugsgebiet sogar in 1 200 Fällen sein eigenes Sperma erfolgreich inseminiert haben[146]. Es handelt sich zwar um herausragende Einzelfälle, aber diese zeigen deut-

---

[142] Öffentlicher Gesundheitsdienst 13. Jg. Heft 2 S. 55 f.
[143] *Marquardt*, S. 151, 152, 153.
[144] *Loeffler*, S. 31 f.
[145] *Giesen*, S. 252.
[146] *A. Mayer*, S. 61.

lich, daß die Verantwortlichkeit des einzelnen keinen ausreichenden Schutz vor den drohenden Gefahren bietet. Es ist für die Gesellschaft nicht tragbar, daß ein Spermator unbegrenzt zur Samenspende zugelassen ist wie zum Beispiel in den Vereinigten Staaten. Auch die in England übliche Begrenzung, einen Donor nur bis zu 100-mal zuzulassen, übersteigt ein vertretbares Maß[147]. Mangels einer angemessenen Beschränkung wurde in den Vereinigten Staaten ein Samenspender Vater von 35 Kindern, ein Mann aus Großbritannien erzeugte durch künstliche Insemination 17 Abkömmlinge[148].

Den aufgeführten Beispielen steht eine Wahrscheinlichkeitsrechnung der Autorin Beuerlein gegenüber, die das Problem der anonymen heterologen Insemination in abgeschwächtem Licht erscheinen läßt. Beuerlein geht von der Annahme aus, daß 10 % aller amerikanischen Ehen steril seien. Erfahrungsgemäß bestehe aber nur bei 470 von 1 000 Ehepaaren der Wunsch nach einem Kind. Berücksichtigt man, daß nur bei 10 % dieser Fälle die Voraussetzungen für eine heterologe Insemination gegeben seien, so entfielen auf 1 000 kinderlose Ehen 47 Ehen, in denen Samenübertragungen mit fremdem Donor vorgenommen würden. Wenn jeder Spender durchschnittlich 12 Nachkommen zeuge, könnten bei einer durchschnittlichen Kinderzahl von 2,5 in der Bevölkerung innerhalb von 100 Jahren nur 4mal Kinder desselben Donors heiraten. Bei der als Ersatz für eine künstliche Insemination so oft empfohlenen anonymen Adoption wäre die Anzahl von Geschwisterehen doppelt so hoch, weil in diesen Fällen dem Kind auch die Herkunft mütterlicherseits unbekannt sei[149]. Eine im Verhältnis weit größere Gefahr geht nach Beuerlein von der Vielzahl der illegitimen Kinder aus, die ihren Erzeuger nicht kennen. Sie teilt mit, daß zum Beispiel in Großbritannien auf ca. 350 registrierte unehelich Geborene nur eine Geburt durch künstliche Insemination entfalle[150].

Der von Beuerlein herangezogene Vergleich gibt jedoch ein falsches Bild, wenn man nicht berücksichtigt, daß ein Samenspender öfter ein Kind erzeugt, als ein und derselbe Mann durch Beiwohnung zum unehelichen Vater wird. — Abgesehen davon darf nicht übersehen werden, daß Beuerlein ihre Berechnung auf die Verhältnisse in den Vereinigten Staaten stützt. Die Anzahl der sterilen Ehen ist dort insgesamt geringer als bei uns[151]. Außerdem muß beachtet werden, daß die Fruchtbarkeitsziffer allgemein großen Schwankungen unterliegt[152],

---

[147] *Giesen,* S. 37.
[148] *Giesen,* S. 37.
[149] So *Beuerlein,* S. 42 f. in Verbindung mit S. 36/37.
[150] *Beuerlein,* S. 42.
[151] Vgl. oben S. 3 ff.
[152] Vgl. oben S. 3, Anm. 19.

so daß der Berechnung kein absoluter Wert zugemessen werden kann. Der größte Unsicherheitsfaktor besteht aber darin, daß Beuerlein in ihren Rechnungsansatz aufnimmt, wie viele Ehepaare erfahrungsgemäß ohnehin kein Kind wünschen. Diese bei ihr sehr hoch angesetzte Ziffer ist kein konstanter Wert, denn er unterliegt vielen Einflüssen und hat nicht gleichermaßen für andere Staaten Gültigkeit. Die Wahrscheinlichkeitsrechnung von Beuerlein kann deshalb nur ein sehr ungenaues Bild vermitteln. Es zeigt aber dennoch, daß die Anzahl von Geschwisterehen sich in Grenzen hält, sofern mißbräuchliche Handlungsweisen der inseminierenden und samenspendenden Personen ausgeschaltet sind.

Anschließend ist noch auf einen Nachteil hinzuweisen, der der Wissenschaft durch die heterologe anonyme Insemination entsteht. Die anonyme Befruchtung trägt einen zusätzlichen Unsicherheitsfaktor in die Mutationsforschung hinein. Ohne daß es kontrolliert werden könnte, bewirkt sie gegebenenfalls neben ionisierenden Strahlen und chemischen Mutagenen eine Veränderung der durchschnittlichen Mutationsrate. Es kann aber für die Existenz der Menschheit einmal sehr entscheidend sein, die Ursache zunehmender Mutationen schnell und sicher zu erkennen[153].

Die anonyme Insemination beeinträchtigt ferner die Sippenüberprüfung, stellt Sippenbefunde in Frage, vereitelt erbklinische und erbbiologische Forschungen[154]. Auch die Genealogie erhält einen neuen Unsicherheitsfaktor. Im Vergleich zur außerehelichen Empfängnis tritt bei der künstlichen Insemination erschwerend hinzu, daß eine Aufhellung der Abstammungsverhältnisse wegen der Anonymität des Spenders und der Schweigepflicht des Arztes meistens aussichtslos ist[155].

Bei den sozialbiologischen und humangenetischen Auswirkungen, die von der künstlichen Insemination in Hinsicht auf die Gesamtbevölkerung ausgehen, wird der Blick auch auf das umstrittene Gebiet der Eugenik gelenkt. Die Zielsetzung eugenischer Bestrebungen ist die Qualitätsverbesserung einer Population. In der künstlichen Insemination bietet sich nach Vorstellung mancher Wissenschaftler das geeignete Mittel zur Durchführung eugenischer Maßnahmen.

So hat man zum Beispiel in den Vereinigten Staaten erwogen, ob man sich die Möglichkeit der künstlichen Insemination in Verbindung mit der Spermakonservierung nicht für den Katastrophenfall eines Atomkrieges oder sonstiger Atomverseuchungen zunutze machen sollte. Es wurde offiziell vorgeschlagen, ein großes Reservoir von einge-

---

153 *Loeffler*, S. 32.
154 *Loeffler*, S. 32.
155 *Plöhn*, Familie und Volk, 1. und 2. Jg. S. 347 f.

frorenem Sperma strahlengeschützt aufzubewahren. Falls infolge eines Katastrophenfalles große Bevölkerungsteile strahlenverseucht wären, könnte den Frauen ungeschädigtes Sperma inseminiert werden. Wenngleich die Erbmasse der Mütter geschädigt sei, so würde doch der Nachkommenschaft wenigstens zu 50 % gesundes Erbgut vermittelt[156]. Während diesen in Aussicht genommenen eugenischen Vorsichtsmaßnahmen noch ein gewisses Verständnis entgegengebracht werden kann, weil sie letzten Endes von dem kreatürlichen Selbsterhaltungstrieb diktiert sind, muß den folgenden eugenischen Bestrebungen die Billigung versagt werden.

So verficht zum Beispiel H. Brewer die Idee der „Telegenesis". Er versteht unter diesem Begriff die Verschmelzung der Keimzellen zweier Menschen, die räumlich und zeitlich voneinander getrennt hervorgebracht sind. In der Jugend solle vom Mann Sperma gewonnen und für später konserviert werden, damit es dann innerhalb einer Ehe der ausgewählten Gattin inseminiert werden könne. Dem Mann wird nach der Spermagewinnung die Sterilisation empfohlen. Dieses Verfahren dient nach der Auffassung Brewers zur Lenkung der qualitativen und quantitativen Entwicklung der Menschheit[157].

Einen anderen Vorschlag macht C. Kline. Er befürwortet den Weg der „Eutelegenesis". Unterstützung findet er mit seiner Idee bei einem Nobelpreisträger, dem Genetiker H. J. Muller, der die biologische Evolution mittels der künstlichen heterologen Insemination zu beschleunigen gedenkt, damit die biologische Entwicklung mit der kulturellen Schritt halte[158].

Die Eutelegenesis setzt nach Kline voraus, daß jeder Ehemann prüfen müsse, ob er selbst hervorragend genug sei, sein Erbgut weiterzugeben. Entscheide er sich für einen anderen Erbgutvermittler, der seine Ideale besser verkörpere, so begebe er sich deshalb nicht der Vaterschaft, denn er erfahre vielmehr als *geistiger* Vater seine Wiedergeburt im Kinde, da dieses in seinen Erbanlagen das Abbild des väterlichen Ideals enthalte. Die gleiche Möglichkeit eröffne sich in Zukunft auch den Ehefrauen. Durch Überpflanzung einer fremden Eizelle wären auch sie in der Lage, ausgewähltes Erbgut, das ihren Idealvorstellungen entspreche, an die Nachkommenschaft weiterzuvermitteln. Die Auswahl solle stets den Eltern selbst überlassen sein, so daß die Lenkung der Menschheitsentfaltung in die Hände der Familie gelegt werde[159].

Gegen die vorgeschlagenen eugenischen Maßnahmen spricht rein biologisch, daß sie die erwartete Qualitätsverbesserung gar nicht mit

---

[156] *Loeffler*, S. 37.
[157] Vgl. *Beuerlein*, S. 24.
[158] Vgl. *Beuerlein*, S. 56.
[159] Vgl. *Beuerlein*, S. 38.

Sicherheit gewährleisten können. Denn jeder Mensch — auch das genial begabte Individuum — weist ein bestimmtes System funktionell schwacher Stellen auf. In den Erbanlagen befindet sich in der Regel eine feststehende Anzahl „schädigender mutierter Gene"[160]. Ein bestimmter Prozentsatz von Mißerfolgen kann also bei noch so sorgfältiger Auswahl der zu kombinierenden Erbgutmassen nicht ausgeschlossen werden. Er wäre nicht minder groß wie bei der Nachkommenschaft, die aus einer natürlichen Partnerschaft hervorgeht.

Gegen jede Eugenik bestehen aber außerdem ganz erhebliche ethische Bedenken. Nur eine völlig einseitige Betrachtungsweise führt zu dem Schluß — der noch dazu ein Trugschluß ist —, daß eugenische Maßnahmen der rechte Weg zur Qualitätsverbesserung der Menschheit sind. Der Qualitätsbegriff beruht nicht ausschließlich auf der Voraussetzung eines gesunden Erbguts. Wenn andererseits fundamentale Bestandteile der Kultur zur Pflege einer hochwertigen Erbmasse skrupellos über Bord geworfen werden sollen, kann auch ein gesundes Erbgut keine qualitativ hochstehende Menschheit mehr hervorbringen.

Zu welchem Niveauverlust und welcher Werteinbuße die Idee der Eugenik führen kann, zeigen die folgenden Beispiele: In Virginia sollen Versuche unternommen worden sein, einer Schimpansenäffin menschliches Sperma zu injizieren, um minderwertige Lebewesen zu produzieren, die als Arbeitskulis simple, aber schwere Arbeit verrichten[161]. Bei ähnlichen Versuchsreihen sei, so wird von anderer Seite berichtet[162], das Sperma eines Mannes auf drei Affenweibchen und der Samen eines Affenmännchens auf drei Frauen übertragen worden. Ein derartiges Vorgehen der Wissenschaft ist in keiner Hinsicht mehr zu rechtfertigen. Diese Auswüchse zeigen deutlich, daß die Durchführung eugenischer Zielsetzungen in letzter Konsequenz den Menschen auf Irrwege führt. Mag man auch die Idee einer Eugenik vom Standpunkt der Sozialbiologie positiv bewerten, den Durchführungsformen ist eine entschiedene Absage zu erteilen.

4. Auswertung

Bei einer Abwägung der Vor- und Nachteile, die sich aus sozialbiologischer und humangenetischer Sicht ergeben, fällt auf, daß zwar oft Auswirkungen der künstlichen Insemination ethisch angreifbar sind, daß aber davon abgesehen keinem der aufgeführten Argumente eine entscheidende Durchschlagskraft zukommt. Ein sichtbares Schwergewicht auf der Seite der günstigen oder der ungünstigen Auswirkungen entsteht nicht. Erhebliche Gefahren drohen allerdings von

---

160 *Loeffler*, S. 36.
161 *A. Mayer*, S. 77.
162 *Geiger*, S. 64.

der heterologen Insemination, falls nicht durch eine wirksame Kontrolle Auswüchse verhindert werden, die aus verantwortungslosem Vorgehen einzelner entstehen können. Der Sachverhalt der künstlichen Samenübertragung als solcher rechtfertigt aber aus der Sicht der Sozialbiologie und Humangenetik weder eine positive noch eine negative Stellungnahme.

III. Psychologische Gesichtspunkte zur künstlichen Insemination

1. Die homologe künstliche Insemination in psychologischer Sicht

Die sexualpsychologischen Grundgesetze erfahren auch durch die homologe künstliche Insemination eine Störung. Sie beruhen nämlich auf einer unzertrennbaren Einheit von Organfunktion, Trieb, Sexualität und Liebe[163]. Die Fortpflanzung im besonderen bildet mit der ehelichen Einswerdung einen ungeteilten naturhaften Akt. Das Eindringen der Spermien beim Koitus bedeutet für den männlichen Partner die Durchdringung des weiblichen Organismus, und die Schwangerschaft bildet geradezu die Verlängerung des Zusammenseins. Gezeugtzuhaben vertieft insofern die Bedeutung des sich Angehörens[164]. Für die Frau ist an den Funktionskreis der Hingabe an den Mann der Funktionskreis der Mutterschaft gekoppelt. Die Mutterschaft bedeutet für sie ein Ereignis biologischer Notwendigkeit und die Erfüllung eines natürlichen, personalen Bedürfnisses. Das Liebeserlebnis mit dem Mann und der Muttertrieb bilden deshalb für die Frau eine psychophysiologische Einheit[165].

Bei jeder artifiziellen Insemination wird die naturgegebene Funktionskette durchbrochen, einzelne Glieder werden herausgelöst. Die künstliche Zergliederung spaltet den ganzheitlichen schöpferischen Akt. Die Defekte in der Funktionskette können nach Schirmacher pathologische Folgen bei den Partnern hervorrufen. Schwerwiegender ist nach Meinung dieses Autors aber, daß die Aufspaltung und Verabsolutierung der menschlichen Teilkräfte eine Depersonalisierung bedeute und die Vermassung des Menschen fördere[166].

Die vorgetragene Argumentation trifft sowohl die homologe als auch die heterologe Insemination. Zwischen beiden besteht insoweit kein spezifischer, sondern nur ein gradueller Unterschied.

---

[163] *Schirmacher,* ZBl f. Gyn. 1954, 434.
[164] *Schirmacher,* a.a.O., S. 433.
[165] *Schirmacher,* a.a.O., S. 433.
[166] *Schirmacher,* a.a.O., S. 434.

Noch ein weiterer sexualpsychologischer Nachteil gilt für jede Art der Insemination. Er besteht in dem Fehlen des Orgasmus bei der Empfängnis. Dem Orgasmus kommt nicht nur eine sexuelle Bedeutung zu, sondern er begünstigt die innere, seelische Bindung der Frau an ihren männlichen Partner[167]. Das Geschehnis der Empfängnis, erhöht durch den Orgasmus, begünstigt demnach eine stärkere Hinneigung der Frau zu dem Vater ihres Kindes. Die durch künstliche Insemination schwanger gewordene Frau dagegen vermißt dieses bindende Erlebnis. Der Einwand wird aber sofort abgeschwächt, wenn man erfährt, daß etwa 30 % aller Frauen ohnehin nicht in der Lage sein sollen, einen echten Orgasmus zu erleben[168]. Außerdem haben für die innere Bindung der Ehepartner andere Faktoren weit entscheidendere Bedeutung, die vom Orgasmus weder abhängig sind noch durch ihn ersetzt werden können.

Für das schwerwiegendere geltend gemachte sexualpsychologische Bedenken — die Unterbrechung einer naturhaft gegebenen Funktionskette — muß folgendes berücksichtigt werden: Wenn ein Ehepaar vor der Tatsache der Kinderlosigkeit steht, sind die natürlichen Verhältnisse schon von Grund auf gestört. Der psycho-physiologische Zusammenhang von ehelicher Einswerdung und Fortpflanzungstrieb kann sich bei ihnen ohnehin nicht verwirklichen. Wenn trotzdem der Wunsch nach einem Kind so dringend auftaucht, daß der beschwerliche Weg der künstlichen Insemination von den Eheleuten beschritten wird, so zeigt sich darin eine betont seelische gegenseitige Bezogenheit. Nur diese allein kann den Mangel der physischen Unvollkommenheit aufwiegen. Es ist aber hervorzuheben, daß die psycho-physiologische Funktionskette nicht erst durch die artifizielle Insemination gestört wird, sondern daß die Störung durch die Kinderlosigkeit vorgegeben ist. — Die weitergehenden Bedenken, die in der künstlichen Insemination ein Mittel der Depersonalisierung und der Vermassung sehen, können nicht geteilt werden. Der bewußt gefaßte Entschluß, ein Kind zu zeugen, geht jeder künstlichen Insemination voraus. Am Anfang steht also ein höchst individueller Willensakt. Er beherrscht die Technik, die lediglich als Mittel eine dienende Rolle übernimmt. Von einer Tendenz zur Depersonalisierung kann man unter diesen Umständen nicht sprechen.

Man darf sogar behaupten, daß sich die homologe Insemination für die Ehe und Familie psychologisch vorteilhaft auswirkt. Es sind zum Beispiel Fälle bekannt, in denen das erzeugte Kind auf den Elternteil, bei dem ein psychologisch bedingtes Kohabitationshindernis vorlag, einen psychotherapeutischen Effekt ausübte. Die heilsame Wirkung kann beim Vaginismus, der Impotentia coeundi und dem

---

[167] *Groeger*, S. 142 f.
[168] *Dahm*, S. 41.

Onanismus eintreten[169]. Die einschlägige Fachliteratur hält denn auch bis auf wenige Ausnahmen die homologe künstliche Insemination für psychologisch ungefährlich[170].

2. Die heterologe künstliche Insemination in psychologischer Sicht

a) Bedeutung für die Ehefrau

Die Ehefrau erfährt zunächst schon einmal durch die ärztliche Behandlung eine starke psychische Belastung. Sie ist einem angespannten, hoffnungsvollen Warten ausgesetzt und erlebt häufig die Enttäuschung eines nicht geglückten Versuchs. Aus dieser psychologischen Spannungssituation entstanden oft depressive Reaktionen, Störungen der Ovulation und verspätetes Einsetzen der Regelblutung[171]. Diese Belastungsprobe muß allerdings auch die Frau überstehen, die sich einer homologen Insemination unterzieht. Für sie kann das Verfahren sogar noch enttäuschender sein.

Aber schon in der Schwangerschaft zeigen sich Unterschiede. Während die Frau nach einer homologen Samenübertragung mit einem natürlichen Schwangerschaftsverlauf rechnen kann, beginnt für die Ehefrau, die durch fremdes Sperma befruchtet ist, die eigentliche psychische Gefährdung. Die ersten Regungen des Kindes sind ihr Zeichen für etwas Fremdes, das über sie Macht gewinnt. Sie hat nicht die Möglichkeit, eine Verbindung zwischen dem noch unbekannten neuen Leben und ihrem Ehegatten zu ziehen wie andere Frauen, denen sich dadurch ein besonderes Zugehörigkeitsgefühl zum ehelichen Partner mitteilt. Die Frau, die die Regungen eines fremden Kindes spürt, die mit dem frühesten Beginn der Schwangerschaft seinem Einfluß unterliegt, wird aber immer versuchen, das Kind zu „personalisieren".

Wenn die Frau den Donor kennt, wird sie durch die fremden Bewegungen, die in ihr vorgehen, unwillkürlich an diesen denken müssen. Das neue Wesen, das selbst noch keine Eigenständigkeit besitzt und deshalb noch nicht fähig ist, die ungeteilte Aufmerksamkeit der Mutter in Anspruch zu nehmen, schafft während der Schwangerschaft leichter eine Verbindung der Frau zu dem ihr bekannten biologischen Vater des Kindes als zu dem angetrauten Gatten. Anselmino und Friedrichs meinen, daß man trotz der allgemeinen Instinktverkümmerung die bindende Kraft, die aus fundamentalen biologischen Tatsachen erwachse, nicht unterschätzen dürfe. Je stärker der Wunsch nach einem Kind von der Frau als instinktives, biologisches Bedürfnis empfunden werde, desto begründeter sei auch die

---

[169] *Beuerlein,* S. 21; *Anderes,* Schw. med. Wschr. 80. Jg. S. 669.
[170] *Anselmino* und *Friedrichs,* Med. Klinik 1949 S. 1621.
[171] *Beuerlein,* S. 41.

Gefahr einer instinktiven Gefühlsbindung zum Erzeuger des Kindes[172]. Sollte die Ehe der Frau darüber hinaus nur mangelnde Befriedigung gewährt haben, könnten sich alle unerfüllten Wünsche und Hoffnungen im Bilde des anderen Mannes verdichten. Eine derartige Idealisierung oder Imago-Bildung führt zur Erweiterung der einfachen, biologischen Bindung[173]. Unbewußte oder bewußte Abneigung zum Ehemann einerseits und Erwiderung der Zuwendung von seiten des Erzeugers, könnten die Situation verschärfen. — In der amerikanischen Praxis ist zwar beobachtet worden, daß sich das Interesse der Mutter an dem anonymen Donor nach der Geburt verliert[174]. Bei der Frau, die den Donor kennt, wird das Interesse sicher auch ein wenig nachlassen, sobald das Kind als eigenständiges Lebewesen sein Recht verlangt. Aber schon wenn sich in dem Kind charakteristische Eigenschaften zu entwickeln beginnen, wird die Mutter den wirklichen Erzeuger in ihnen suchen und finden. Über die beim Kind liebgewonnenen Ähnlichkeiten kann sich die Zuneigung der Mutter schnell auf den Mann ausdehnen. Sollte der Dritte zudem als naher Verwandter des Ehemannes, als Freund oder guter Bekannter oft in den Lebenskreis der Frau treten, kann eine starke gefühlsmäßige Bindung die Folge sein. Erlebt die sensible Ehefrau diese Vorgänge bewußt, kann sie sich aus der Vorstellung von ihrer Ungesetzlichkeit oder Unmoral in einen Schuldkomplex gegenüber dem Ehemann hineinsteigern. Ernsthafte psychische Erkrankungen können sich als Folge einstellen.

Bei einer *anonymen* heterologen Insemination scheiden die vorgenannten Schwierigkeiten, die durch die Bekanntschaft des Samenspenders bedingt sind, aus. Die Komplikationen erwachsen hier aber gerade aus der Anonymität des Erzeugers. Die Schwangerschaft, bei der das Kind selbst zunächst nur einen geringen Eigenwert hat und der werdenden Mutter als etwas Unbegreifliches, Schattenhaftes erscheint, wird mangels einer Beziehung zu dem konkreten Erzeuger zu einem Ausgeliefertsein an etwas völlig Unbekanntes[175]. Dieses Erlebnis kann möglicherweise eine Steigerung durch das Wissen erfahren, daß das Kind aus einem Samengemisch mehrerer unbekannter Männer hervorgegangen ist. Das Gefühl, ein namenloses Fremdes habe mit seiner unbekannten, unberechenbaren Eigengesetzlichkeit über sie Gewalt gewonnen, kann bei der werdenden Mutter die Ursache von Schwangerschaftspsychosen sein. Während Guttmacher in den Vereinigten Staaten nur gute Erfahrungen auf diesem Gebiet gemacht hat, konnte er dennoch von einem Kollegen be-

---

[172] *Anselmino* und *Friedrichs*, a.a.O., S. 1622.
[173] *Anselmino* und *Friedrichs*, a.a.O., S. 1623 f.
[174] *Beuerlein*, S. 40.
[175] *A. Mayer*, S. 67 f.

richten, der bei insgesamt 340 Frauen zwei Patientinnen mit akuter Schwangerschaftspsychose verzeichnete; die Frauen mußten sich einer Krankenhausbehandlung unterziehen. Bei vier weiteren Patientinnen war eine ambulante Psychotherapie notwendig[176].

Bei vielen Frauen wird mit der Geburt des Kindes die unbekannte Person des Donors in den Hintergrund gedrängt, denn nun steht das neue Lebewesen als etwas Bekanntes, Begreifbares im Mittelpunkt. Die Schwangerschaft als vollständige körperliche Inbesitznahme durch die namenlose fremde Person des Erzeugers ist beendet, die passive Rolle der Frau, die das Gefühl des Ausgeliefertseins wesentlich begünstigte, weicht nach der Geburt einem höchst aktiven Verhalten, die Mutter kann eine eigene individuelle Beziehung zu dem Kind anknüpfen. Auch das während der Wartezeit empfundene Unbehagen oder Grauen, ein „Schicksal von fremder Determination" übernommen zu haben[177], wird sich angesichts des kleinen, hilflosen Menschen verflüchtigen. Wenn allerdings an dem Kind weiter ein Rest der Fremdheit erlebt wird, so entstände durch die vormals so dringend gewünschte Existenz des Abkömmlings eine neue Belastungsprobe[178].

Manchen Frauen, die von ihrer Ehe nicht ausgefüllt sind, läßt auch nach der Geburt des Kindes die Suche nach dem biologischen Vater des Kindes keine Ruhe. Die Anonymität wird dann zu einer starken seelischen Belastung, sie bildet den Ansatzpunkt neurotischer Projektionen, in denen sich Sehnsucht, Hoffnung, Befürchtung und Mißtrauen vereinigen[179]. Sensible Mütter fühlen sich auch durch die Tatsache allein beunruhigt, daß sie dem Kind seine Abstammung schuldig bleiben müssen. So kann es aus vielerlei Gründen zu einer Irritation im Gefühlsleben der Frau kommen. Meistens werden die Konflikte nicht bewußt erlebt, aber gerade das mangelnde Bewußtsein führt zu Verdrängungen, die vom Unterbewußten her störend und neurosebildend wirken[180].

Einige Beispiele sollen die komplizierte Situation der Frau verdeutlichen: Eine junge Ehefrau, die mit einem älteren Mann verheiratet war, bestürmte den inseminierenden Arzt schon während der Schwangerschaft, den Namen des Donors preiszugeben[181]. Eine

---

[176] *Guttmacher,* S. 21.

[177] *Anselmino* und *Friedrichs,* a.a.O., S. 1623.

[178] *Anselmino* und *Friedrichs,* a.a.O., S. 1623. — Andererseits ist es auch nicht wünschenswert, daß die Mutter gegenüber dem Kind ein übersteigertes Zugehörigkeitsgefühl entwickelt, das den Scheinvater in egoistischem Bestreben von einer Teilnahme an der Verbindung ausstößt.

[179] *Anselmino* und *Friedrichs,* a.a.O., S. 1623.

[180] *Anselmino* und *Friedrichs,* a.a.O., S. 1623.

[181] *Anselmino* und *Friedrichs,* a.a.O., S. 1623.

andere Frau stahl dem Arzt die Akten, um aus ihnen den Namen des Erzeugers ihres Kindes zu erfahren. Sie wandte sich diesem Manne zu, ließ sich scheiden und heiratete ihn[182]. Eine weitere Ehefrau distanzierte sich so stark von ihrem Mann, daß sie die gerichtliche Feststellung der Unehelichkeit des Kindes anstrebte, um dem Partner das Erziehungsrecht zu nehmen[183]. Wieder eine andere Mutter gab den Arzt als Vater ihres Kindes aus. In einem Fall beging eine im sechsten Monat schwangere Frau Selbstmord[184]. In einem Brief an ihren Arzt berichtet eine Ehefrau sehr offen über die Gefühle, die sie bewegen. Ihre Antwort auf die Frage des Arztes, welche Einstellung sie gegenüber dem ihr unbekannten Vater des Kindes eingenommen habe, läßt — ohne von dramatischen Übertreibungen verfälscht zu sein — erkennen, welchen Gefühlen die Mutter eines heterolog inseminierten Kindes ausgesetzt sein kann: „Es muß Ihnen genügen, wenn ich Ihnen sage, daß ich voll Dankbarkeit und ganz ohne Belastung und Neugier an ihn denke. Manchmal glaube ich auch, ich brauchte nur ein bißchen mehr die Augen aufzumachen, dann müßte ich ihn im Antlitz meines Kindes sehen. Ich hüte mich aber sehr, diese Gedanken weiter zu verfolgen. Denn es würde unsere Ehe doch irgendwie verändern, so ganz unberührt ist sie sowieso nicht geblieben, von meiner Seite aus, aber das sage ich nur Ihnen. Es hat sich alles etwas verschoben."[185].

b) Bedeutung für den Ehemann

Der Wunsch nach einem Kind ist beim Mann naturbedingt weniger stark ausgeprägt. Häufig wird jedoch der zeugungsunfähige Ehemann gegenüber seiner Frau unter einem Gefühl der Minderwertigkeit und Schuld leiden. Er sucht bei sich die Verantwortung für ein Unerfülltsein der Ehe. Ihn quält der Gedanke, die Frau um ein ihr gebührendes Mutterglück zu bringen. Während zunächst beim Mann nur ein instinkthaft begründetes Erlebnis biologischer Minderwertigkeit am Anfang steht — als solches noch frei von moralischen Wertungen —, kann dieses unter dem Einfluß des weiblichen Ehepartners zu einem Minderwertigkeitskomplex gesteigert werden[186].

Der Grund, der den Mann in eine heterologe Insemination einwilligen läßt, ist oft der Wunsch, die Folgen des eigenen Unvermögens wenigstens für den anderen Partner zu verringern, und vielleicht auch das Bedürfnis, vor der Umwelt die eigene biologische Minderwertigkeit zu verbergen. Oft wird der Ehemann vordringlich von dem Wunsch der Frau nach einem Kind zum Einverständnis bestimmt. In der Frau ist das Bedürfnis nach einer Mutterschaft natur-

---

[182] *Giesen,* a.a.O., S. 51.
[183] *Loeffler,* S. 31.
[184] *Giesen,* S. 51.

gemäß angelegt. Darüber hinaus will sie aber auch die Sonderstellung, in die sie durch Kinderlosigkeit gedrängt wird, meiden. Sie ist bestrebt, die Sterilität ihrer Ehe vor der Außenwelt zu verbergen[187]. Wegen des Drängens der Frau kommt mancher Ehemann vielleicht gar nicht zu einer eigenen überlegten Entscheidung. Darin liegt eine große Gefahr, weil ein späterer Gesinnungswandel beim Manne möglich ist.

Gerade beim männlichen Partner wird also die Ausgangsposition selten frei von Komplikationen sein. Das gilt besonders, wenn die Kohabitation wegen psychisch bedingter Mängel unmöglich ist, wie zum Beispiel im Falle des Onanismus oder der Homosexualität.

Für jeden Mann dürfte die Situation wesentlich erschwert werden, wenn der Donor bekannt ist, weil er aus dem Verwandten-, Freundes- oder Bekanntenkreis von den Eheleuten selbst ausgesucht wurde. Das Eindringen des anderen Mannes stellt dann deutlich einen Einbruch in das auf Zweisamkeit gegründete eheliche Ausschließlichkeitsverhältnis dar. Die Person des wissenden Dritten bedeutet für den Ehemann einen ständigen Vorwurf der eigenen biologischen Minderwertigkeit[188]. Auch geht von dem anderen eine Gefährdung aus, weil der Ehemann seinen und den Spott der hellhörigen Verwandtschaft oder Bekanntschaft fürchten muß. Eine instinktive Eifersucht kann sich außerdem noch einstellen. Der Mann wird in dem Dritten dann stets den Rivalen sehen[189].

Bei der *anonymen* heterologen Insemination tauchen ähnliche Gefühle auf, nur die Angriffsrichtung ist unbestimmt, das Angriffsobjekt muß erst gesucht werden. In dem schon erwähnten Fall kam nicht nur die junge Ehefrau, um den Donor in Erfahrung zu bringen, sondern unabhängig davon bestürmte der ältere Gatte, von Eifersucht gequält, ebenfalls den Arzt, um die Bekanntgabe des Dritten zu erreichen. Nach zwei Jahren fiel er sogar über den Arzt mit einem Dolch her, weil er ihn für die Zerstörung seiner Ehe verantwortlich machte. Er äußerte, man solle „Mutter, Tochter und Arzt aufhängen“[190]. Ein anderer Ehemann, der erst so dringend den Arzt um die Vornahme einer künstlichen Insemination gebeten hatte, gab sich schon während der Schwangerschaft dem Alkohol hin. Er sprach bald die Vermutung aus, seine Frau habe ihn mit dem inseminierenden Arzt hintergangen. Als nach der Geburt eine Säuglingsschwester

---

[185] *Loeffler*, S. 30.

[186] *Anselmino* und *Friedrichs*, a.a.O., S. 1622; dieselben in Ärztl. SamBl. 1950, 99.

[187] *Beuerlein*, S. 40.

[188] *Anselmino* und *Friedrichs*, a.a.O., S. 1622.

[189] *Beuerlein*, S. 41; *Anselmino* und *Friedrichs*, Ärztl. SamBl. 1950, 99.

[190] *Anselmino* und *Friedrichs*, Med. Klinik 1949, 1623/1624.

in Gegenwart des eifersüchtigen Mannes feststellte, das Kind sehe dem Doktor ähnlich, kam es zur Katastrophe. Der Mann erschoß Mutter, Kind und sich selbst[191].

An den Beispielen zeigt sich, daß die psychologische Belastung für den zeugungsunfähigen Ehemann nach einer künstlichen heterologen Insemination nicht gering einzuschätzen ist. Einschränkend ist aber darauf hinzuweisen, daß die beiden Beispiele nicht als repräsentativ angesehen werden dürfen. Sie sind Ausnahmefälle, die aus einer komplizierten, krisenhaften Ausgangsposition entstanden sind.

Für den Ehemann, der oft allein der Frau zuliebe in die heterologe Insemination eingewilligt hat, beginnt die eigentliche Bewährungsprobe jedoch erst mit dem Eintreten des Kindes in den Lebenskreis der Ehe. In manchen Fällen kann schon ein normal empfangenes Kind eine Belastung der Beziehungen zwischen den Eheleuten sein. Ein Kind kann Aufgaben stellen, an denen sich die Eltern erst bewähren müssen. Das gilt um so mehr bei der heterologen Insemination. Hier kann sich der Ehemann stets leicht von dem Kind distanzieren, wenn es Schwierigkeiten verursacht. Entwickelt sich das Kind ungünstig, wird er seine Fremdheit betonen und den Kontakt erschweren. Bei einem gut gearteten Kind, das auch als solches von seiner Mutter geliebt und umhegt wird, könnte andererseits wieder Eifersucht aufflammen. Dann wird der Mann das Kind argwöhnisch als Abkömmling eines Rivalen empfinden, es als Eindringling betrachten, der ihn selbst um einen Teil der Liebe und Aufmerksamkeit seiner Frau bringt. Gerade das gut entwickelte Kind bestätigt dem Ehemann als ständig mahnender Vorwurf sein biologisches Versagen, es wird ihm zur Versinnbildlichung seiner Minderwertigkeit. In diesen Fällen bezieht der Scheinvater möglicherweise eine Haßstellung zum Kind[192]. Nach einigen Beobachtungen soll sogar in 50 Prozent der Fälle beim Mann der Umschlag zur negativen Seite erfolgen[193]. Wenn sich die Situation durch die Existenz eines Kindes derart zuspitzen sollte, kann die heterologe Insemination im Einzelfall nicht mehr als geglückter Erfolg betrachtet werden.

c) Bedeutung für die Ehe

Sehr oft wird in der deutschsprachigen Literatur bezweifelt, daß die heterologe Samenübertragung der Eheharmonie dienlich sei[194]. Anselmino und Friedrichs behaupten, daß der übersteigerte Kinderwunsch an sich schon Ausdruck einer latent vorhandenen Ehekrise sei. Es entspreche zwar einer natürlichen Erlebnisweise, wenn die Kinder-

---

[191] *Giesen,* a.a.O., S. 51.

[192] *A. Mayer,* S. 64.

[193] *A. Mayer,* S. 64.

[194] U. a. *Anselmino* und *Friedrichs,* Med. Klinik 1949, 1621—1624; *A. Mayer,* S. 64 f.; *Giesen,* S. 50 ff.

losigkeit als Mangel empfunden werde, eine echte Kompensation bestehe aber nur in der Aktivierung der besonderen Werte der ehelichen Gemeinschaft. Die künstliche Insemination sei dagegen keine echte Kompensation, sondern eine Ersatzvornahme. Man müsse vermuten, daß immer zu der Ersatzvornahme gegriffen werde, wenn die Möglichkeit einer Kompensation fehle. Dann aber erweise sich die Ehe als solche schon problematisch, und zwar nicht erst wegen der Kinderlosigkeit. Der übersteigerte Kinderwunsch stelle sich als konkretisierte Projektion des unbestimmten Erlebnisses einer unzulänglichen Ehe dar. Die Ehepartner beabsichtigten im Grunde nicht die Behebung eines Mangels durch Beseitigung seiner Ursache, sondern sie erstrebten Ausgleich und Überwindung anderer ehelicher Unzulänglichkeiten durch Einbeziehung weiterer Faktoren und Veränderung der ehelichen Situation[195]. Selbst wenn aber die Kinderlosigkeit die originäre Ursache für den Wunsch einer heterologen Insemination sei, so erwachse gerade dem Mann daraus eine psychologische Gefährdung. Je stärker nämlich die Kinderlosigkeit als entscheidende Beeinträchtigung empfunden werde, um so sicherer entstehe daraus dem Mann ein Minderwertigkeitserlebnis, das leicht zu einem System schiefer Kompensationen und Ersatzbildungen führe. Man erkenne diesen Sachverhalt deutlich, wenn besonders der Mann dringend die heterologe Insemination wünsche[196]. Die beiden im vorhergehenden Kapitel aufgeführten Beispiele stellen diese Annahme unter Beweis. Sie zeigen weiter, daß gerade in derartigen Fällen die komplizierte Ausgangsposition keine gesunde Grundlage für eine heterologe Insemination ist; eine einfache Spannungssituation wird nur durch kompliziertere Verhältnisse abgelöst[197].

Nach Anselmino und Friedrichs weist sich schon jede kinderlose Ehe, die den Mangel nicht durch Aktivierung der gegenseitigen Persönlichkeitswerte kompensiert, als latent krisenhaft und deshalb zur heterologen Insemination ungeeignet aus. Dagegen kann man aber einwenden, daß wohl jede Ehe den Gefahren verschiedener Krisen ausgesetzt ist, diese werden aber durch das Vorhandensein von Kindern leichter überwunden. Dem entspricht auch eine Entgegnung der Autoren Bürger-Prinz und Rüdt auf die Ausführungen von Anselmino und Friedrichs. Sie wenden ein, daß „die nur auf vier Augen gestellte Ehe" ein „hoch differenziertes Zuchtprodukt" und immer als solches schon problematisch sei. Das Kind sei eben keine Kompensationsmöglichkeit in der Ehe, sondern das tragende Element überhaupt[198]. Statistisches Material bestätigt dieses Gegenargument: Von

---

[195] *Anselmino* und *Friedrichs,* a.a.O., S. 1622.
[196] *Anselmino* und *Friedrichs,* a.a.O., S. 1622.
[197] *Anselmino* und *Friedrichs,* a.a.O., S. 1623.
[198] *Bürger-Prinz* und *Rüdt* in Med. Klinik 1950, 1219.

kinderlosen Ehen werden nach einer von Schellen mitgeteilten Statistik 71 % geschieden, unter 100 Ehen mit Kindern enden dagegen nur 8 mit einer Scheidung[199]. Schellen gibt noch eine weitere Statistik aus den Vereinigten Staaten wieder: 1948 entfielen von 421 000 Scheidungen in den USA 60 % auf kinderlose Ehepaare[200]. Auch soll die Selbstmordrate bei Ehegatten ohne Kinder doppelt so hoch sein wie bei denen mit Kindern[201].
Anselmino und Friedrichs gestehen selbst zu, daß es einem natürlichen Empfinden entspreche, nach einem Ausgleich und einer Überwindung des unerfüllten Kinderwunsches zu suchen[202]. Wenn die Wahl der Ehepartner auf die heterologe Insemination fällt, so wird der Entschluß in der Regel wohl reiflich überlegt sein, da zunächst einmal bei jedem eine gefühlsmäßige Abneigung zu überwinden ist. Dieses innere Widerstreben gegen eine „instinktwidrige Zweckhandlung"[203] schützt das Ehepaar vor übereilten Schritten. Wenn der Arzt ein Übriges tut, indem er besonders die psychologischen Gefahren eingehend schildert, müßte eine rationale Grundlage für die heterologe Insemination geschaffen sein. Entscheidend für die zukünftige Eheharmonie ist nämlich, daß die Ehegatten offen einander ihre Gefühle mitteilen. Dann können selbst krisenhafte Situationen die Eheharmonie noch fördern. Ohne Zweifel sehen sich kinderlose Paare einer komplizierteren Ausgangsposition gegenübergestellt. Aber größere gemeinsame Schwierigkeiten stärken oft das Ehebündnis, wenn sie eben als *gemeinsames* Schicksal betrachtet werden. Ein Arzt konnte zum Beispiel berichten, daß von sechs Ehepaaren, bei denen der männliche Partner seine eigene Zeugungsunfähigkeit kannte, in fünf Fällen die Situation schon vor der Eheschließung besprochen wurde und in diesen fünf Fällen beide Gatten entschlossen waren, dennoch eine Familie durch heterologe Insemination zu gründen. Diese Ausgangsposition, die auf gegenseitiges Vertrauen aufbaut, verspricht einen guten Verlauf. Man kann zum anderen nicht übersehen, daß auch in der Absage, das Kind in einem außerehelichen Verkehr der Frau zeugen zu lassen, ein Bekenntnis zur Ausschließlichkeit der Ehe liegt. Im Vergleich zu diesem anderen Weg, der im übrigen von Martin Luther empfohlen wird[204], bedeutet die heterologe Insemination die Wahrung der gegenseitigen Persönlichkeitswerte füreinander.

Aber selbst wenn der Wunsch nach einem Kind durch einen fremden Samenspender schon aus einer latenten Krisenstimmung er-

---

[199] *Schellen*, S. 269.
[200] *Schellen*, S. 269.
[201] *Schellen*, S. 269.
[202] *Anselmino* und *Friedrichs*, a.a.O., S. 1622.
[203] *Anselmino* und *Friedrichs*, a.a.O., S. 1621.
[204] Vgl. *Anderes*, Schw. med. Wschr. 80. Jg. S. 671 f.

wächst, ist keineswegs ein katastrophaler Ausgang vorgezeichnet. Immerhin bekunden die Ehepartner durch die heterologe Insemination die Absicht, unbedingt an der Ehe festzuhalten. Schon dieses Zeichen ist positiv. Ein starkes Zusammengehörigkeitsgefühl der Ehegatten darf also unterstellt werden. Die Wahrscheinlichkeit spricht für die bindende Wirkung des Kindes. Die gemeinsame Fürsorge, die ein Säugling von den Eltern durch seine Existenz verlangt, wird sich selten als Keil in die Ehe drängen, sondern die Ehepartner zusammenhalten. Nicht die biologische Tatsache der Zeugung bestimmt entscheidend die Elternschaft, sondern die dem Kind zu gewährende Pflege und Erziehung. Deshalb sind auch bei der heterologen Insemination die Voraussetzungen für ein harmonisches Familienleben gegeben.

Die amerikanischen Ärzte, die auf dem Gebiet der heterologen (anonymen) Insemination über die größten Erfahrungen verfügen, äußern sich auch fast ausschließlich positiv. Guttmacher berichtet von einer — abgebrochenen — Untersuchungsreihe des Psychiaters Dr. Mark Gerstle. Dieser befragte alle Ehepaare, die Guttmacher wegen einer künstlichen Insemination konsultiert hatten; er wiederholte eine Unterredung, wenn das Kind sechs Wochen und nochmals, wenn es ein Jahr alt war. Insgesamt waren zehn Befragungen sechs Wochen nach der Entbindung und fünf nach einem Jahr durchgeführt worden. Aus dieser unvollständigen Untersuchung ging hervor, daß sich die Schwangerschaften durch heterologe Insemination auf die Beziehung der Eheleute untereinander und der Eltern zum Kind ausgesprochen heilsam ausgewirkt hatten[205]. Guttmacher teilt weiter mit, daß ihm zum Beispiel in keinem Falle eine spätere Scheidung der von ihm behandelten Ehepaare bekannt geworden sei[206]. Nach der Auskunft eines anderen Arztes ergab sich nach fortlaufender Beobachtung der heterolog inseminierten Patientinnen, daß nur 1 % von diesen später geschieden wurde, während sonst in demselben Staat die Ehescheidungen im Verhältnis 1 : 20 standen. Andere amerikanische Mediziner berichten von vielen Dankesbezeugungen ihrer Patienten, die sie als Beweis eines psychologisch glücklichen Verlaufs der Therapie nahmen[207]. In der anglo-amerikanischen Literatur wird allgemein fast nur Gutes über die weitere Entwicklung der auf heterologer Insemination gegründeten Familien berichtet[208]. Oft drückt sich der psychologisch geglückte Erfolg sogar darin aus, daß weitere Kinder gewünscht werden[209]. Von 200 Ehepaaren verlangten

---

205 *Guttmacher,* S. 20.
206 *Guttmacher,* S. 20.
207 *Beuerlein,* a.a.O., S. 44.
208 *Beuerlein,* S. 40; *Guttmacher,* S. 20.
209 *Guttmacher,* S. 20.

72 nach einem zweiten Kind, 10 bekamen sogar noch ein drittes auf diese Weise[210]. Fast ausnahmslos bevorzugen die Eltern in solchen Fällen wieder denselben Samenspender[211].

Die überwiegenden Darstellungen zeigen demnach ein durchaus gutes Ergebnis der heterologen Insemination. Zwar dürfen die zuvor beschriebenen Geschehnisse, die einen katastrophalen Ausgang der Ehe herbeiführten, nicht unbeachtet bleiben. Es handelt sich hier jedoch um Ausnahmefälle, die natürlich leicht bekannt und durch die Publikationsorgane verbreitet werden. Prozentual bilden sie einen geringen Anteil. Man darf auch ziemlich sicher sein, daß eine Dunkelziffer kaum besteht, weil die Presse dem erfolgreich entgegenwirkt. Näher liegt es sogar, daß gewisse Fälle nachträglich einer dramatischen Übertreibung zum Opfer fielen[212].

Allerdings weisen inseminierende amerikanische Ärzte oft auf die Notwendigkeit hin, die Eheleute zuvor auf ihre psychologische Stabilität zu prüfen. Es sei eine Gewissensfrage, bei bestimmten psychologischen Konstellationen die gewünschte Behandlung zu versagen[213]. Anselmino und Friedrichs geben dem Arzt als Mahnung folgende Worte mit auf den Weg: „Wer seinen Handlungsbereich in fremde Bezirke ausdehnt, muß deren Eigengesetzlichkeit voll Rechnung tragen"[214].

d) Bedeutung für das Kind

Die psychologischen Auswirkungen, die die heterologe Insemination auf das Kind nimmt, hängen weitgehend davon ab, wie sich die Ehe durch die Veränderung ihrer Grundlage entwickelt. Es ist eine Erkenntnis der jüngsten psycho-therapeutischen Forschungen, daß sich oft psychische Störungen des Individuums als Teil eines Gruppenprozesses darstellen. Fälle, in denen zwei oder mehrere Menschen in einem neurotischen Abhängigkeitsverhältnis leben, können durch krankhafte psychische Symptome einen Konflikt ausdrücken, der die Gesamtgruppe betrifft. Man kennt sogar den Begriff der Familienneurose. Bei dem VII. Internationalen Kongreß für Psychotherapie in Wiesbaden im August 1967 wurde gerade der psychotherapeutischen Behandlung von gestörten Gesamtgruppen besondere Bedeutung beigemessen. Es handelt sich hier noch um wissenschaftliches Neuland; man entwickelte unter anderem eine Ehepaar- und Eltern-Kind-Therapie[215].

---

[210] Beuerlein, S. 40.

[211] *Guttmacher*, S. 20.

[212] *Anselmino* und *Friedrichs*, a.a.O., S. 1623/1624.

[213] *Guttmacher*, S. 12.

[214] *Anselmino* und *Friedrichs*, a.a.O., S. 1623.

[215] Vgl. den Bericht „Die arrivierte Psychotherapie" in FAZ, 23. August 1967 (Nr. 194) S. 18.

Das Kind ist also maßgeblich von der psychischen Gesundheit seiner Eltern abhängig. Seine Erziehung steht unter unglücklichem Vorzeichen, wenn einerseits die Mutter den Ehemann nicht am Kind teilhaben lassen will oder wenn andererseits dieser eine Haßeinstellung zum Kind bezieht und es als lästigen Eindringling betrachtet. Wächst dagegen ein Kind unter der gemeinsamen Fürsorge der Eltern auf, besteht eine hohe Wahrscheinlichkeit, daß es eine gesunde und harmonische Entwicklung nimmt. Dabei ist es gleichgültig, ob es vom Scheinvater oder vom abstammungsmäßigen Erzeuger erzogen wird. Das Bild des Vaters, das in der Kinderpsychologie einen großen Raum einnimmt, richtet sich an dem männlichen Teil der Familie aus, der die Erziehung übernimmt. Das Band der Abstammung ist keine notwendige Voraussetzung für die Einflußnahme. Die Entwicklung des Kindes wird wesentlich davon abhängen, ob der Scheinvater die Vaterstelle gut ausfüllt. Wenn er familiäre Schwierigkeiten heraufbeschwört, besteht allerdings die Gefahr, daß der Familiensinn des Kindes unterentwickelt bleibt, daß es die notwendige Nestwärme vermißt. Diese Gefahren treten jedoch nicht zwangsläufig mit der heterologen Insemination auf, wie die geringe Scheidungsquote in amerikanischen Statistiken zeigt. Von einer systematischen Wegzüchtung des Familiensinns kann deshalb keinesfalls gesprochen werden[216].

Benachteiligt ist das durch heterologe Insemination empfangene Kind jedoch auch dadurch, daß es i. d. R. Einzelkind bleibt. Es vermißt in seiner Entwicklung einemal den Kontakt zu Geschwistern und zieht andererseits die gesamte Konzentration der Eltern auf seine Person. Diese Situation wirkt sich häufig psychologisch ungünstig aus. Als klassischen Typus des Einzelkindes betrachtet die Wissenschaft einen Menschen mit „narzistischer Ichhaftigkeit, Introversionen in Form von Tagträumereien, erschwerter sozialer Anpassung, eventuell weichlicher Hypochondrie“[217]. Diese Gefahren können aber durch eine aufmerksame Erziehung gebannt werden.

Außerdem schwebt über dem Kind immer die Gefahr, plötzlich und unvorbereitet die Tatsache seiner künstlichen Zeugung zu erfahren. Wenn das durch Dritte geschieht, verliert das Kind möglicherweise den Glauben an die Aufrichtigkeit der Eltern. Rückwirkend kann auch das Leitbild des Vaters erschüttert werden. Die Erfahrung bei anonym adoptierten Kindern lehrt, daß der Verlust des Glaubens an die natürliche Elternschaft der Pflegeeltern oft zu einer nachfolgenden Straffälligkeit der Jugendlichen führte[218]. Der Schock ist bei heterolog inseminierten Kindern aber wohl nicht ganz so

---

[216] *Richter*, S. 79.
[217] *Haffter*, S. 89.
[218] *Sieverts*, Prot. Bd. 10 S. 324 f.

schwer, weil wenigstens die natürliche Verbindung zur Mutter erhalten bleibt. Gerade in der Beziehung Mutter — Kind dürfte das biologische Band eine wesentlich stärkere Rolle spielen als im Verhältnis Vater — Kind. Das drückt auch schon der mythologische Phänotypus von der Urmutter aus.

Grundsätzlich empfiehlt es sich, die Kinder nicht über ihre Herkunft aufzuklären, denn zweifellos könnten Konflikte auftreten[219]. Ein Kind, dem auf die Dauer das Geheimnis nicht verborgen bleiben kann, weil zu viele Mitwisser in seiner Umgebung sind, sollte allerdings nach guter Vorbereitung von seinen Eltern über die Anfänge seiner Existenz unterrichtet werden. Das gebietet die Vorsicht zur Abwendung schlimmeren Übels. Wenn in der Familie des Scheinvaters schwere Erbleiden verfolgt werden können, bedeutet dem Kind manchmal die Aufklärung sogar eine Beruhigung. Man sollte den Zeitpunkt eines derart zukunftsbestimmenden Gesprächs möglichst weit — etwa in das jüngere Erwachsenenalter — hinausschieben, damit die Enthüllung des Geheimnisses nicht auf einen noch ungesicherten, innerlich ungefestigten Menschen trifft. Bei diesem bestände die Gefahr, daß seine geistig-seelische Einstellung ins Wanken geriete und die Persönlichkeitsentwicklung unter ungünstigen Bedingungen wieder ansetzte. Wenn sich dann ein psychisches Trauma herausbildet, ist dies ein sicheres Zeichen für die Verdichtung eines inneren ungelösten Konfliktes. So kann zum Beispiel bei dem Kind, das seine Abstammung von einem anonymen Samengeber erfahren hat, ein sogenanntes „phylogenetisches Heimweh" entstehen[220]. Traumatische Erlebnisse haben allerdings stets nur repräsentative Bedeutung, sie sind nicht ursächlich. Die Auflösung der Anonymität des Spenders könnte infolgedessen nicht die Heilung des suchenden Kindes bewirken, vielmehr würde sich die Krise nur umstrukturieren[221].

In der Fachliteratur wird lediglich von einer einzigen Befragung berichtet, die bei Personen, die aus heterologer Insemination stammen, durchgeführt wurde. Diese hatten die Tatsache ihrer Herkunft mit Gleichmut aufgenommen, zu Vorwürfen gegenüber den Müttern war es nicht gekommen. Die Aufklärung erfolgte allerdings verhältnismäßig spät. Daneben sollen auch Fälle vorgekommen sein, in denen die Reaktion negativ ausfiel[222].

Ob das Kind psychische Schäden durch die Mitteilung seiner Herkunft erleidet, hängt von der bisherigen Erziehung, der Art und Weise, wie es die Nachricht erfährt und wie ihm seine Eltern und

---

[219] *Beuerlein,* S. 43.
[220] *Dünnebier,* Prot. Bd. 10 S. 322; A. *Mayer,* S. 68.
[221] *Anselmino* und *Friedrichs,* Med. Klinik 1949, 1623.
[222] *Dölle,* S. 238 Fn. 169.

die Umwelt über das Erlebnis hinweghelfen, ab. Die wenig schönen Namen „Kunst-“ oder „Retortenkind“, mit denen die Öffentlichkeit ein durch künstliche Insemination empfangenes Kind tituliert, erleichtern natürlich nicht die Situation der Betroffenen. Allzu schnell kann sich der junge Mensch, der sich derart unschön „etikettiert“ sieht, in eine gesellschaftliche Sonderstellung gedrängt fühlen, die seiner Entwicklung unzuträglich ist. Die Eltern müssen diese Gefahren von Anfang an ausschalten, indem sie das Geheimnis, an dem nur der zum Schweigen verpflichtete Arzt teilnimmt, streng hüten. Sie erweisen ihrem Kind in der Regel einen Dienst, wenn sie es nicht in das Wissen einbeziehen. Bei der unkontrollierten Haltung der Gesellschaft scheint dieser Weg der bessere zu sein.

e) Bedeutung für den Donor

Man sollte nicht vergessen, auch die psychologischen Gefahren, die dem Donor aus seiner Beteiligung an dem Geschehen erwachsen können, zu berücksichtigen. Gerade weil an ihn Anforderungen gestellt werden, deren sittliche Bedeutung immer wieder zum Angriffsobjekt wurden, darf auch seine Person nicht im Hintergrund bleiben. Die *persönliche* Situation des Samenspenders wurde jedoch in der Literatur bisher weniger diskutiert. August Mayer weist auf die dadurch zum Ausdruck gebrachte Mißachtung dieser Männer und ihrer Degradierung zur Sache hin. Der eingenommene allgemeine Standpunkt führe dazu, den ganzheitlichen Vorgang der künstlichen Insemination als Versachlichung der Fortpflanzungsaufgabe anstatt als Persönlichkeitsangelegenheit zu betrachten[223].

Die Situation des Donors wird durch die Forderung bestimmt, daß er nur zum Zwecke der Samenspende hervortreten darf und danach völlig zurücktreten muß. Eine Zumutung stellt die „Masturbation auf Bestellung“[224] dar. Bei einer homologen Insemination kann der Ehemann diesen Vorgang vor sich rechtfertigen, weil das Ziel ein eheliches Kind ist. Bei der heterologen Samenübertragung wird aber gerade die innere Beziehung des Donors zum Kind nicht erwünscht, damit er die fremde Ehe nicht zerstört. Eine innere Rechtfertigung vor seinem Gewissen kann der Spender deshalb wesentlich schwerer finden[225]. Die Haltung der Umwelt ist ihm nicht verborgen, er weiß, daß sie — besonders in Anbetracht einer Bezahlung — sein Tun als unsauberes Geschäft ansieht. Er muß also seine sittliche Persönlichkeit in Frage stellen. Wenn er als Samenspender bekannt wird, verliert er sein Ansehen in der Gesellschaft. Seine Situation wird noch erschwert, wenn eine eigene Familie vorhanden ist. Nachträglich könnten in seinem Unterbewußtsein Schuldgefühle

---

[223] *A. Mayer,* S. 69.
[224] *A. Mayer,* S. 69.
[225] *Beuerlein,* S. 43/44.

keimen, es sei denn, er handelte tatsächlich aus dem guten Willen, einem kinderlosen Ehepaar Hilfe zu bringen[226].

Es ist auch nicht ganz unwahrscheinlich, daß ein Donor, selbst wenn er verheiratet ist und in seiner Familie Kinder hat, das Verlangen verspürt, Verbindung mit dem von seinem Samen künstlich gezeugten Kind aufzunehmen. Denn auf Grund eines intellektuellen Bedürfnisses des Individuums, sich selbst zu erforschen, kann der Samenspender den Wunsch haben, sich in dem Kind zu suchen und wiederzufinden. Der Gedanke, daß irgendwo ein Abkömmling mit dem eigenen Erbgut existiert, dessen Schicksal aber dem persönlichen Einflußbereich völlig entzogen ist, kann unerträglich werden. Auch können Gedanken über die Auswirkungen, die dieses Kind innerhalb der fremden Ehe herbeiführt, dem Samenspender später noch Zweifel bereiten.

Die Schwierigkeiten entstehen kaum bei leichtfertigen, skrupellosen Menschen. Aber diese schließen die Ärzte gerade als Samenspender aus. Vielleicht ist die Übung, junge, angehende Mediziner heranzuziehen, die sich zur Samenspende bereitfinden, gar nicht so ablehnenswert, wie sie oft hingestellt wird[227]. Bei diesen Männern steht eine wissenschaftliche Haltung im Vordergrund, die gegen die psychischen Gefahren einen guten Schutz bietet.

3. Die künstliche Insemination bei Unverheirateten in psychologischer Sicht

a) Bedeutung für die unverheiratete Frau

Die Situation, daß eine unverehelichte Frau unbedingt ein Kind wünscht, ohne die Verbindung mit dem Vater zu suchen, widerspricht dem natürlichen weiblichen Gefühlsleben. Die Ausgangsposition der unehelichen Mutter unterscheidet sich davon — trotz äußerlicher Ähnlichkeiten — erheblich. Die unverheiratete Frau, die ein Kind außerhalb der Ehe gebären und aufziehen will, erfüllt sich einen Wunsch in bewußter Kontrastellung zu den Sitten der Gesellschaft. Sie setzt sich auch über den Kindesanspruch auf einen Vater hinweg, stellt es vielmehr unter die ungünstigen Aufwuchsbedingungen einer rudimentären Familie zu Zweit.

Welche Frauen sind es, die dieses extreme Ansinnen durchsetzen wollen? Meistens werden nicht mehr ganz junge, reifere Frauen den Wunsch äußern, wenn sie die Chance einer Ehe für sich endgültig verneinen. Entweder sind sie von den Männern nicht beachtet worden, oder sie waren zu wählerisch. Möglicherweise haben sie eine Haßeinstellung zum anderen Geschlecht eingenommen, von dem sie mehr erwartet haben. Zu diesem Typ gesellt sich im modernen Industriezeitalter die erfolgreiche berufstätige Frau, die ihre Unabhän-

---

[226] *Beuerlein,* S. 44.

[227] *A. Mayer,* a.a.O., S. 60.

gigkeit wahren will. Ihr widerstrebt es, sich einer Partnerschaft zu unterwerfen, die zumindest die Duldung einer gleichrangigen Stimme voraussetzt. Neben der eigenwilligen berufstätigen Frau gibt es aber auch jene, die die Partnerschaft eingehen würde, der aber das Berufsleben keine Möglichkeit bot, einen gleichwertigen Mann zu finden, zumal beim männlichen Geschlecht eine besondere Zurückhaltung gegenüber der mit Durchsetzvermögen und Intelligenz begabten berufstätigen Frau bestehen dürfte.

Psychologische Schwierigkeiten ergeben sich nur, wenn aus der besonderen Situation der Frau eine Verbitterung oder ein Haßgefühl gegenüber dem anderen Geschlecht erwachsen ist. Dieser Verdacht liegt nahe, weil gerade eine künstliche Befruchtung anstatt einer natürlichen bevorzugt wird. Eine Abhängigkeit vom Mann wird gerade gemieden. Vielen Frauen mag dieser Weg allerdings auch als der unkompliziertere erscheinen. — Aus dem oft fortgeschrittenen Alter dieser Mütter entsteht keine psychologische Komplikation, weil sie durch das Kind verjüngt werden[228]. Bemerkenswert in psychologischer Hinsicht scheint es aber, daß eine Frau, die normalerweise dem Urteil der Gesellschaft mehr Aufmerksamkeit widmet als ein Mann, die Stirn hat, einen langen Kampf mit ihr aufzunehmen. So gab zum Beispiel eine alleinstehende Lehrerin in der Umgebung von Nizza in der Geburtsanzeige bekannt: „X. Y. teilt mit, daß sie durch künstliche Befruchtung Mutter eines gesunden Mädchens geworden ist“[229]. Dieser Herausforderung kann eine krankhaft gesellschaftsfeindliche Einstellung zugrunde liegen. Es ergäben sich also verschiedene Ansatzpunkte, die die Behauptung der Deutschen Gesellschaft für Psychotherapie und Tiefenpsychologie bestätigen könnten, daß der Wunsch nach heterologer Insemination, von einer ledigen Frau geäußert, im allgemeinen Zeichen für eine „schwere neurotische Persönlichkeitsveränderung“ sei[230].

Von den eigenen Schwierigkeiten einmal abgesehen, sollten sich diese unverehelichten Frauen deutlich bewußt machen, daß nicht nur sie selbst den Kampf gegen die Gesellschaft führen müssen, sondern daß vielmehr das unschuldige Kind von Anfang an in eine psychologische und soziologische Sonderstellung gezwängt wird, die einer normalen Entwicklung hinderlich sein wird. Die Verantwortung gegenüber dem Ungeborenen sollte die Frauen bestimmen, ihren Egoismus zu unterbinden und auf die Mutterschaft zu verzichten.

b) Bedeutung für das Kind

Alle die Nachteile, die einem Kind, das innerhalb einer Ehe durch fremden Samenspender erzeugt wurde, drohen, haben ebenso für

---

[228] *A. Mayer,* S. 74.

[229] *Anderes,* Schw. med. Wschr. 80 Jg. S. 667.

[230] Vgl. in der Wiedergabe von *Dreher,* Prot. Bd. 7 S. 210.

das außerehelich empfangene Kind Gültigkeit. Dieses teilt darüber hinaus das Schicksal eines unehelichen Kindes. In der Regel hat das natürlich gezeugte uneheliche Kind ihm gegenüber sogar einen Vorteil, weil die uneheliche Mutter oft noch heiratet, so daß das Kind schließlich doch in den Genuß kommt, innerhalb eines größeren Familienkreises aufzuwachsen. Das durch künstliche Insemination außerhalb einer Ehe empfangene Kind wird aber meistens in einer unvollständiger Mutter-Kind-Familie aufgezogen. Bestenfalls leben beide bei den Eltern der Frau, so daß der Großvater die Vaterstelle vertreten und die Großmutter bei Berufstätigkeit der Kindesmutter Aufsicht führen und das Kind pflegen kann. Möglicherweise entstehen aber bei dieser Konstellation zwischen der Mutter und ihren Eltern Kämpfe um das Kind, wenn die erzieherische Autorität in die Hände der Großelterngeneration gerät[231]. Das Kind könnte schon dadurch in eine Konfliktsituation hineingerissen werden, die es selbst nicht zu lösen vermag.

Die eigentlichen Schwierigkeiten tauchen aber bei der Familie zu Zweit auf, die nur auf der Mutter-Kind-Beziehung basiert. Diese vaterlosen Kinder leiden Mangel an einem männlichen Erzieher, der ihnen die reale Erfahrung „Vater" vermittelt. Jene Erfahrung bildet neben dem ihr zukommenden Eigenwert den Grundstoff für ein Vaterbild, das nach der psychoanalytischen Lehre aus unbewußtem Material erst geformt wird, indem frühe eigene Erlebnisse mit dem wirklichen Vater, umgestaltet durch libidinöse Wünsche, eine Verwendung finden[232]. Darüber hinaus vollzieht sich eine Besetzung des Vaterbildes mit den Inhalten des sogenannten Über-Ichs. Nach Jung beruht das Vaterbild sogar auf einem Archetypus, d. h., es ist schon vor jeder individuellen Erfahrung in bestimmten Grundzügen vorgeformt[233].

In der vollständigen Familie gleicht sich die psychische Vatergestalt weitgehend der realen Persönlichkeit an, denn diese steht durch die alltägliche Erfahrung im Vordergrund. Eine Diskrepanz zwischen Wirklichkeit und Vaterbild entsteht nur bei Versagen des Erziehers, weil sich dann das Wunschbild in den Vordergrund schiebt. Die psychische Vatergestalt tritt besonders stark hervor, wenn der wirkliche Vater fehlt, sie gewinnt in diesen Fällen eine ungesunde Aktualität[234]. Das Kind bildet sich autonom ein Vaterbild, ohne die Möglichkeit der Korrektur zu haben. Die allgemeine Haltung der Mutter zum Mann bleibt dem Kind wahrscheinlich nicht verborgen. Es verwertet sie deshalb mit bei der Bildung seiner Vater-Imago.

---

231 *Haffter*, S. 94.
232 *Haffter*, S. 78 f.
233 *Haffter*, S. 78 f.
234 *Haffter*, S. 79.

Da die Mutter oft ein gestörtes Verhältnis zum männlichen Geschlecht haben wird, überträgt sich das in irgendeiner negativen Weise auch auf das vom Kind zu entwickelnde Leitbild des Vaters.

Die psychologischen Auswirkungen der autonom entwickelten Vater-Imago sind bei Jungen und Mädchen unterschiedlich. Das ergaben Untersuchungen bei Kindern aus geschiedenen Ehen, die mit der Mutter zusammenlebten. Bei den Mädchen erwachte in der Pubertätszeit eine schwärmerische Sehnsucht nach dem Vater, der stark idealisiert und bewundert wurde. In diesen Jahren ist die Verständigung mit der Mutter erschwert, und es kommt häufig zu tiefgehenden Zerwürfnissen zwischen beiden. Die Töchter glauben dann, der Vater könne ihnen mehr Verständnis entgegenbringen[235]. Die Vatersehnsucht der Pubertätszeit kann auch bei der Heirat noch eine Rolle spielen. Die vaterlos aufgewachsenen Mädchen schließen oft Ehen mit bedeutend älteren Männern. Auffällig soll ferner die frühzeitige Bindung von Töchtern aus unvollständigen Familien sein[236]. Möglicherweise kann aber auch eine gegenteilige Entwicklung eintreten, wenn sich die Tochter mit der Mutter identifiziert und demzufolge ihre Haßgefühle gegen die Männer auf die väterliche Gestalt überträgt[237].

Ein sogenannter „negativer Vaterkomplex“ wirkt sich besonders ungünstig bei Jungen aus, die nur von der Mutter erzogen werden. Typische Zeichen sind die Hemmung des Selbstgefühls, des Geltungsdranges und des Durchsetzvermögens. Bis zum Erwachsenenalter vermißt man bei ihnen die kämpferische Haltung, die Knaben vor Mädchen auszeichnet. Andererseits fällt ihnen dann aber später die Ein- und Unterordnung im öffentlichen Leben schwer, sobald sie einer Instanz gegenüberstehen, die eine Art väterliche Autorität repräsentiert. Sie lehnen sich auf und entwickeln plötzlich ein übertriebenes Bedürfnis nach Unabhängigkeit und Freiheit. „Die Doppelfunktion der väterlichen Erziehung, die Stärkung der Selbstachtung und die Verpflichtung auf überindividuelle Normen zeigt sich gleichsam in ihrer Negation“[238]. Aus dem „negativen Vaterkomplex“ erwachsen dem jungen Mann später oft Konflikte bei der Berufswahl, der Einstellung zur Kirche, zum Militärdienst und zu den allgemeinen staatsbürgerlichen Pflichten und Rechten. — Oft sucht sich der Junge aber auch einen Vaterersatz. Das geschieht vorwiegend in der Pubertätszeit. Vorbedingung ist jedoch, daß kein negatives Vaterbild entwickelt wurde. Die bislang vermißte und nun gefundene väterliche Bindung kann eine sehr günstige Auswirkung haben. Sie bringt

[235] *Haffter*, S. 70, 79.
[236] *Haffter*, S. 84, 140.
[237] *Haffter*, S. 91, 92.
[238] *Haffter*, S. 83.

andererseits aber auch große Gefahren mit sich, wenn die Beziehung einen erotischen oder sexuellen Charakter annimmt. Der Antrieb geht in diesen Fällen meist nicht von den Knaben selbst aus, sie erliegen jedoch leicht der Verführung pädophiler Erwachsener[239].

Die beim männlichen Einzelkind aus dem Fehlen des Vaters entstehenden Gefahren liegen jedoch nicht regelmäßig in den beschriebenen Auswüchsen. Sie sind speziell auf eine problematische Entwicklung des Vater*bildes* zurückzuführen. Dieses kann jedoch auch in vielen Fällen normal verlaufen. Die psychische Vatergestalt spielt nämlich bei den Jungen nicht die zentrale Rolle wie bei den Mädchen. Hier ist es vielmehr das Mutterbild, das den Sohn beschäftigt, und zwar auch in der Mutter-Kind-Familie. Parallel zu den Mädchen geht aus der inneren Auseinandersetzung mit der mütterlichen Gestalt seine Beziehung zum anderen Geschlecht hervor[240]. Der Vater fehlt dem Jungen aber in der Regel als Erzieher[241]. Dem männlichen Kind ist die einseitig mütterliche Erziehung ein Nachteil. Der Junge nimmt deshalb häufig ein etwas mädchenhaftes Wesen an oder wird zum Eigenbrödler[242]. Bei Mädchen konnte hingegen die einseitig mütterliche Erziehung als solche keinen Schaden anrichten. Grundsätzlich macht sich also die Vaterlosigkeit bei Mädchen in inneren, konfliktreichen Auseinandersetzungen mit dem Vaterbild bemerkbar, bei Knaben dagegen in einer unangemessenen Erziehung.

Die psychologische und pädagogische Situation des bei der Mutter allein aufwachsenden Einzelkindes trägt an sich schon viel Konfliktstoff in sich. Die Kinder werden aber psychologisch noch besonders stark durch ihre soziologische Stellung belastet. Sie sind für die Gesellschaft ein „uneheliches Kind“ und ein „Kunstkind“ zugleich. Selbst wenn das zweite nicht ruchbar wird, so leidet das Kind schon unter dem Makel der Unehelichkeit genug. Aus dieser Ansammlung von unglücklichen Aufwuchsbedingungen ist eine normale Entwicklung des Kindes nicht zu erwarten.

4. Verhältnis der künstlichen Insemination zur Adoption

In mancher Stellungnahme zur künstlichen Samenübertragung findet sich der Hinweis, daß bei Kinderlosigkeit der Adoption im Gegensatz zur heterologen Insemination der Vorzug zu geben sei[243]. Beide Wege führen den Eheleuten ein Kind zu. Wenn sie zwischen der einen und der anderen Möglichkeit wählen, müssen sie eine Ent-

---

[239] *Haffler*, S. 83 f.
[240] *Haffler*, S. 92.
[241] *Haffler*, S. 92.
[242] *Haffler*, S. 70.
[243] *A. Mayer*, S. 71; in diesem Sinne sind wohl auch die Ausführungen *Dünnebiers* (Prot. Bd. 10 S. 321 ff.) zu verstehen.

scheidung unter Berücksichtigung der folgenden Vor- und Nachteile suchen:

Bei der künstlichen heterologen Insemination stammt das Kind wenigstens von *einem* Elternteil ab. Die Frau gibt ihr Erbgut im Wege einer natürlichen Fortpflanzung weiter. Ein anderer Vorteil für die Ehefrau liegt in der Schwangerschaft und der Geburt. Beide Erlebnisse vermitteln ihr im biologischen und personalen Sinn das Gefühl, zu einer Erfüllung ihrer weiblichen Existenz gelangt zu sein.

Die Naturvorgänge bewirken körperliche Ausreifung und persönliche Reife der Frau[244]. Durch das enge Band der blutsmäßigen Abstammung gewinnt auch die Mutterschaft im weiteren Sinn eine ausfüllende existentielle Bedeutung für die Frau.

Der Ehemann vermag den Vorteilen, die seiner Frau erwachsen, ebenfalls etwas Positives abzugewinnen. Er kann durch seine Teilnahme an Schwangerschaft und Geburt ein engeres Verhältnis zu dem Kind bekommen, als es durch die Formalitäten der Adoption erreicht würde. Es wird bewirkt, daß auch der Mann den Schritt zur Elternschaft auf dem von der Natur vorgeschriebenen Weg vollzieht. Wenn der Scheinvater die Anfänge des Säuglings intensiv miterlebt, ist das Gefühl der Fremdheit, zunächst wenigstens, verbannt.

Das Risiko, welche physische, geistige und charakterliche Entwicklung das Inseminationskind nehmen wird, erscheint für beide Ehepartner tragbarer als bei einer Adoption, weil das Kind wenigstens ein natürlicher Abkömmling des einen Gatten ist. Dieses müßte auch zur Beruhigung des anderen beitragen. Eine gleichermaßen zuversichtliche Haltung der Ehepartner ist aber bei Adoptivkindern kaum angebracht. Bedenkt man, daß die zur Adoption zur Verfügung stehenden Kinder oft von Eltern aus asozialem Milieu stammen, so tauchen Zweifel an den ererbten charakterlichen und geistigen Eigenschaften des Adoptivkindes auf. Auch eine gute Erziehung ist dagegen oft machtlos. Dieser Nachteil wiegt schwer. — Im übrigen könnte das zur Insemination entschlossene Ehepaar eine Genugtuung darin sehen, daß wenigstens nach außen die Sterilität der Ehe nicht in Erscheinung tritt, wie es bei einer Adoption wahrscheinlich geschähe. Sie haben das Gefühl, daß ihre persönliche Intimsphäre und die zukünftige der neuen Familie gewahrt bleiben.

Für die Adoption spricht dagegen ein wichtiges Argument, das im Hinblick auf die als möglich erkannten psychischen Gefahren Geltung hat. Die psychologische Belastung, daß das Kind blutsmäßig allein der Ehefrau angehört, aber nicht ihrem Mann, tritt beim Adoptivkind nicht auf[245]. Da sich beide Eheleute dem gleichen Verzicht

---

[244] *Schirmacher*, ZBl. f. Gyn. 1954 S. 433.
[245] *A. Mayer*, S. 71.

unterwerfen, ist der Ehefrieden weniger gefährdet, als wenn ein Gatte eine Bevorteilung erhält. Das Kind steht in der Ausgangssituation beiden Ehepartnern gleich nah und gleich fern, sie besitzen also auch beide die gleichen Chancen, eine Bindung zu ihm herzustellen[246]. Gerät das angenommene Kind aber nicht so, wie es die Adoptiveltern wünschen, werden sie sich zum Nachteil für das Kind auch beide leichter von ihm abwenden. Der aufgewiesene Vorteil für die Ehegatten stellt also gegebenenfalls für das Kind einen Nachteil dar. Wenn jedoch ein Ehepaar unter Kinderlosigkeit leidet, andererseits aber befürchtet, den psychischen Belastungen einer künstlichen Insemination nicht gewachsen zu sein, so empfiehlt sich die Adoption zweifellos mehr.

Es mag von Interesse sein, mit welchen Gründen sich Eheleute, die vor der Entscheidung standen, der heterologen Insemination anstatt der Adoption zuwandten. Einen kleinen Einblick vermittelt die in den Vereinigten Staaten durchgeführte Befragung bei 38 Ehepaaren[247]. Der Wunsch, die Schwangerschaft zu erleben, wurde von 23 Frauen und 16 Männern als Begründung genannt. Es erklärten sich ferner 21 Ehefrauen und 25 Ehemänner mit den Adoptionsformalitäten nicht befriedigt. Die Vererbung von Eigenschaften der Frau wurde von 20 Frauen und 22 Männern für ausschlaggebend erachtet. Überraschenderweise äußerten im Gegensatz zu 15 Frauen 32 Ehemänner, daß sie sich an ein inseminiertes Kind enger gebunden fühlten als an ein Adoptivkind. Den Grund, die Infertilität nicht offenkundig werden zu lassen, nannten im Gegensatz zu nur 6 Männern 8 Frauen.

Im Ergebnis erscheint es müßig, die heterologe Insemination oder die Adoption als den besseren Weg zu erklären. Objektiv spricht zwar viel für die künstliche Insemination, entscheidend bleibt aber der jeweilige Einzelfall, für den keine generelle Lösung im voraus getroffen werden kann. Die Ehepaare sollten immer dasjenige wählen, das sie am meisten anspricht. Dort werden sie wahrscheinlich auch für sich die wenigsten Schwierigkeiten finden.

5. Auswertung

Bei einer Auswertung der psychologischen Auswirkungen der künstlichen Insemination muß kritisch vermerkt werden, daß in der deutschen Fachliteratur die Problematik vorwiegend theoretisierend behandelt worden ist. Erfahrungsmaterial scheint den Autoren nicht vorzuliegen, dennoch warnen sie vor erheblichen Gefahren. Soweit statistisches Material und praktische Erfahrungen mitgeteilt werden, handelt es sich um Beobachtungen, die in anderen Ländern gemacht worden sind. So stehen zum Beispiel die guten Er-

---

[246] *A. Mayer,* S. 71.
[247] *Beuerlein,* S. 39.

fahrungen, die amerikanische Ärzte schon seit Jahren mit der heterologen Insemination gemacht haben, im krassen Gegensatz zu den in der deutschsprachigen Fachliteratur vielseitig aufgezeigten psychologischen Gefahren. Zwar scheint die Praxis die Theorie zu widerlegen, dennoch bleibt ein Zweifel, weil die psychologischen Auswirkungen auch von dem Temperament abhängen, das der einzelne durch seine Zugehörigkeit zu einer bestimmten Volksgruppe ererbt. Eine endgültige Aussage über psychologisch günstige oder schädliche Auswirkungen der künstlichen Insemination kann deshalb nicht gemacht werden.

IV. Soziologische und sozialethische Gesichtspunkte

1. Soziologische Gesichtspunkte

In der künstlichen Insemination wird vielerseits eine potentielle Gefahr für die Gesellschaft gesehen, weil sie die Ordnungsprinzipien Ehe und Familie untergrabe[248]. Wenn die Zeugung durch Technik ersetzt werden kann, durch einen fremden Samenspender ein Außenstehender in die auf Ausschließlichkeit begründete Ehe einzudringen vermag, könnte die Allgemeinheit schnell zu Auffassungen gelangen, die Ehe und Familie in ihrem bisherigen Wert nicht mehr anerkennen. Ehebruch, zerrüttete Ehen, mangelnde Verantwortung für die gezeugte Nachkommenschaft wären als Folgen denkbar.

Es stellt sich deshalb die Frage, ob unser soziologisches Verständnis von Ehe und Familie die künstliche, speziell aber die heterologe Insemination ausschließt. Den Überlegungen ist jeder Weg versperrt, wenn man Ehe und Familie in ihrer heutigen Form als unabänderliche biologische Gegebenheiten erfaßt. Es handelt sich aber bei den beiden soziologischen Instituten vielmehr „um Sachverhalte, bei denen sich herausstellt, daß ihre soziologische Bedingtheit oder Wandlungsfähigkeit viel weiter geht, als man zunächst meint“[249]. Die allgemeine Auskunft des Brockhaus' besagt dementsprechend, daß die Form der Familie von der jeweiligen Kulturform und ihren wirtschaftlichen Bedürfnissen abhängt[250]. Der Abstammung wird in dieser Definition keine Bedeutung zugemessen. Manche Kulturformen kennen auch eine „künstliche“ Verwandtschaft im Verhältnis zu der natürlichen, auf blutsmäßige Abstammung begründeten[251]. Diese Verwandtschaftssysteme stellen sich meist nicht als Ergebnis einer überzivilisierten Kultur dar, sie finden sich vielmehr oft bei primiti-

---

[248] Amtliche Begründung zum E 1962 S. 357; *Geiger*, S. 43; *Beuerlein*, S. 37; *Giesen*, S. 176 f.

[249] *Bürger-Prinz* und *Rüdt*, Med. Klinik 1950 S. 1220.

[250] Der Große Brockhaus, Bd. 3 zu Stichwort Familie.

[251] *König*, Fischer Lexikon der Soziologie S. 67 „Familie“.

ven Kulturen, denen eine sogenannte „Instinktverkümmerung" noch nicht nachgesagt werden kann. Bei ihnen gelten teilweise Beziehungen wie Adoption und Blutsbrüderschaft (= wahlweise Blutsverwandtschaft) der verwandtschaftlichen Abstammung völlig gleich[252]. Es verdient ferner Beachtung, daß auch in unserem Kulturkreis die Adoption eine Verwandtschaft außerhalb der natürlichen Abstammung bewirkt. — Die Ausführungen ergeben, daß die Begriffe Familie und Verwandtschaft nicht primär durch das physische Abstammungsverhältnis bestimmt werden können. Begrifflich sind durchaus andere, d. h. im weitesten Sinne „künstliche" Begründungsakte denkbar[253]. Die künstliche Insemination als Akt der Familiengründung scheidet deshalb nicht wegen ihrer „Unnatürlichkeit" aus. Eine Rechtfertigung gewinnen die fraglichen soziologischen Institute allerdings erst durch die Regeln der Sitte und des Rechts, die wiederum selbst stark soziologisch bedingt sind[254].

Für unseren Kulturbereich gilt die Familie als diejenige Institution, in deren Rahmen sich Zeugung und Aufbau der sozialkulturellen Persönlichkeit vollziehen. Die Ehe, in ihrer Form an die Monogamie geknüpft, ist die soziale Organisation, die entscheidet, unter welchen Voraussetzungen sich die Familie aufbaut[255]. In diesem Sinne wirken Ehe und Familie in unserem Kulturbereich als Ordnungsprinzipien. Den Stempel des Negativen trägt alles, was diese Ordnung sprengt. Die künstliche Insemination stellt unser derzeitiges soziologisches Verständnis von Ehe und Familie tatsächlich in fundamentalen Punkten in Frage. Da durch das Kind eines Samenspenders auch ein fremder Mann neben den Ehemann, dem allein die Zeugung der Nachkommenschaft dieser Ehe obliegt, tritt, wird einmal das Prinzip der Monogamie verletzt. Zum anderen ist aber auch die Institution der Familie, die die Bestimmung hat, den einheitlichen Hintergrund für die *Zeugung und den Ausbau* der sozialkulturellen Persönlichkeit zu bilden, gestört. Es tritt eine Dissoziation zwischen physischer Zeugung und der Verantwortung für das Kind auf[256]. Man befürchtet, die Familieneinheit werde am Ende in eine Anzahl von Einzelindividuen aufgelöst[257].

Für die Gesellschaftsordnung sieht man auch eine Gefährdung darin, daß einerseits allgemein die Tatsache der heterologen Insemination bekannt sei, andererseits aber im Einzelfall die Herkunft eines künstlich inseminierten Kindes geheim gehalten werde. Unsicherheit

---

[252] *König*, a.a.O., S. 67; „Familie"; derselbe, Materialien, S. 127.
[253] Vgl. dazu *König*, Materialien, S. 126 ff.
[254] *König*, Fischer Lexikon der Soziologie, S. 67 „Familie".
[255] *König*, a.a.O., S. 135 „Institutionen".
[256] *Beuerlein*, S. 37.
[257] *Dünnebier*, Prot. Bd. 10 S. 322.

und Verdächtigungen könnten sich deshalb auf alle Familien ausdehnen[258]. Dieses Gefahrenmoment hat die Familie in ihrer Funktion als Intimgruppe zum Angriffsziel. Soziologisch erscheint dieses höchst unerwünscht, denn die Familie schöpft im Zeitalter der Industrialisierung in zunehmendem Maß ihre alleinige Existenzberechtigung aus ihrer Funktion als persönlichkeitsaufbauende Intimgruppe.

Die folgenden Ausführungen haben nicht den Sinn zu leugnen, daß die künstliche Insemination dem heutigen Ehe- und Familienbild nicht entspricht. Die im Prinzip gerechtfertigten soziologischen Bedenken erfahren jedoch in der Wirklichkeit eine Relativierung und Abschwächung. Ein Angriff verlangt auch stets eine gewisse Intensität. Die künstliche Insemination kommt nur in quantitativ geringem Maße zur Anwendung, eben nur wenn andere Sterilitätsbehandlungen versagen. Sie wird auch keineswegs zur Weltanschauung erhoben, sondern als durchaus Minderes im Verhältnis zur natürlichen Familiengründung angesehen. Man versucht sogar in der Regel, nach außen den Schein einer natürlichen Zeugung durch beide Ehegatten zu wahren. Der Angriff trägt deshalb keine feindlichen Gesinnungsmomente in sich, sondern bestätigt eine traditionelle Form, indem wenigstens eine äußere Anpassung vorgenommen wird, wenn die vollkommene Verwirklichung nicht gelingt.

Einen anderen Rechtfertigungsgrund der künstlichen Insemination gewinnt man aus der soziologischen Wandlungsfähigkeit von Ehe und Familie. Die allgemein anerkannte These, daß sich die einzelnen Teilsysteme des gesamtgesellschaftlichen Prozesses in verschiedenen Rhythmen wandeln, ergreift auch die Funktionen der Familie[259]. Der Soziologe René König fügt eine weitere These hinzu, die besagt, daß in unserer Gegenwartsgesellschaft der Wandel der materiellen Kultur früher stattfindet als der Wandel der sozial-kulturellen Anpassungsmittel. Danach bildet die Familie erst mit Verspätung die Anpassungsformen heraus, die der modernen Wirtschaftsgesellschaft adäquat sind[260].

Auf dem Gebiet der Familiensoziologie scheint sich nun heute ein Anpassungsprozeß an die wirtschaftliche und soziale Gleichstellung von Mann und Frau anzubahnen[261]. Und zwar nimmt er seinen Ausgang von dem in Bewegung geratenen Bindungsverhältnis, das die Kohabitation zu schaffen pflegte. Während dieses für den Mann stets nur eine geringe Bedeutung besaß, gründete sich die eigentliche Tragfähigkeit dieser Beziehung, die die Grundlage für das soziologische Ehe- und Familienbild abgab, auf die Erlebnisweise der

[258] *Beuerlein*, S. 38.
[259] *König*, Materialien, S. 40.
[260] *König*, Materialien, S. 42.
[261] *Bürger-Prinz* und *Rüdt*, a.a.O., S. 1219.

Frau[262]. Die Erlebnisweisen und psychischen Phänomene sind aber wiederum keine unabänderlichen Tatbestände, sondern sie sind selbst soziologisch, zeitgeschichtlich bedingt[263].

Die Einbeziehung der Frau ins Arbeitsleben bedeutet sowohl für ihre persönliche Entfaltung als auch für die Stellung, die sie innerhalb der Gesellschaftsstruktur einnimmt, eine soziologische, zeitgeschichtliche Umwandlung. Die neue Grundlage bedingt in der Folge auch andere Erlebnisweisen der Frau. Bürger-Prinz und Rüdt erwarten auf Grund der sozialen Angleichung von Mann und Frau durch die Fülle neuer zwischengeschlechtlicher Verhaltens- und Umgangsgebiete eine Neutralisierung der männlichen und weiblichen Differenzierungen. Diese Angleichung würde sich auch auf die geschlechtlichen Verhaltens- und Erlebnisweisen erstrecken[264]. Es erscheint dann keineswegs abwegig, daß das vom Mann her gesehene nur sehr lockere, durch die Kohabitation gegebene Bindungsverhältnis auch von seiten der Frau immer mehr an Tragfähigkeit verliert. Darüber hinaus wird der Mann fortschreitend seiner Rolle als Ernährer und Unterhalter der Familie beraubt. In bezug auf das Kind wird er mehr und mehr in die Rolle des zwar notwendigen Erzeugers, zu dem aber sonst alle Bindungsverhältnisse auf ein Minimum zusammengeschrumpft sind, gedrängt[265].

Insofern muß die von der Soziologie herausgebildete Form der Gattenfamilie als Zeugungsgruppe möglicherweise neuen Inhalten weichen.

Schelsky meint, es kündige sich wieder ein größerer Familienverband an, der unter Zurückstellung der individuellen Entfaltungs- und Differenzierungsmöglichkeiten auf Kategorien gegenseitiger Hilfe und Unterstützung aufbaue. Er kommt zu dieser Annahme auf Grund einer Analyse der familiensoziologischen Entwicklung in anderen Staaten[267]. Der Entwicklungsprozeß wird nach seiner Meinung gefördert durch eine allgemein bei der Jugend zu beobachtende Tendenz, die Geschlechtsbeziehungen zu „entaffektisieren". Es breite sich ein zunehmendes Bedürfnis nach sachlich-zweckmäßiger Gestaltung auch im Bereich der Familie aus[268]. In dem von Schelsky

---

[262] *Bürger-Prinz* und *Rüdt*, a.a.O., S. 1219.

[263] *Bürger-Prinz* und *Rüdt*, a.a.O., S. 1220. — Die Verfasser weisen auf die bekannte Tatsache hin, daß die Pubertät in ihren als charakteristisch geltenden physischen Phänomenen „nicht einen biologischen, unabänderlichen Tatbestand äußere, sondern das Produkt soziologischer und zeitgeschichtlicher Verhaltensweisen darstelle.

[264] *Bürger-Prinz* und *Rüdt*, a.a.O., S. 1219.

[265] *Bürger-Prinz* und *Rüdt*, a.a.O., S. 1219.

[266] Vgl. dazu *König*, Materialien, S. 53, 61, 103, 109, 115, 125, 130.

[267] UdSSR und Schweden.

[268] *Schelsky*, Kölner Ztschr. f. Soz. 2. Jg. Heft 2 (1949/50) S. 244 f.

beschriebenen modernen Familienverband würde sich auch das künstlich inseminierte Kind problemlos eingliedern lassen, ohne daß zwischen den Eltern, dem Donor und dem Kind die oft befürchteten psychologischen Krisensituation hervorgerufen würden. — Die Ausführungen weisen in die Zukunft. Für die Gegenwart haben sie noch keinen unmittelbaren Wert. Sie zeigen aber zumindest dem Gesetzgeber, daß sich auf soziologischem Gebiet die Wandlung zu einem neuen angepaßten Familientyp vollzieht, dem eine verfrühte und konservativ bestimmte Gesetzgebung schädlich entgegengerichtet sein könnte[269].

2. Sozialethische Gesichtspunkte

Die folgenden Argumente geben einen Überblick über die in der Fachliteratur und den Beratungen der Großen Strafrechtskommission vorgebrachten negativen sozialethischen Wertungen der künstlichen Insemination[270].

Im westlichen Kulturbereich gilt die Familie in der gegenwärtigen durch Sitte und Recht bestätigten Form als geistig-biologische Grundeinheit der Gesellschaft und des Staates. Die Ehe wiederum betrachtet man als Keimzelle der Familie. Beiden kommt also die Bedeutung elementarer Ordnungsbilder zu. Der Tatbestand der künstlichen Insemination, mag er auch im Einzelfall frei von feindlichen Gesinnungsmomenten sein, kann schon in seiner objektiven Existenz das Familienbild verzerren und entwürdigen. Die sozialpädagogischen Auswirkungen könnten sich für das gesamte Gesellschaftssystem auflösend bemerkbar machen.

Außerdem fördern die heterologe und die außereheliche Insemination die Untergrabung des Vaterbildes. Die abendländische Welt ist nach Groeger ohnehin im Blick auf den Vater in eine Krise geraten[271]. Die Reihe der Veröffentlichungen der letzten Jahre macht die hier aufgetretene Bewegung deutlich. Titel wie „Psychologie des Mannes“[272], „Der Mann von heute“[273], „Die Welt ohne Väter“[274] zeigen die Aktualität der Problematik. Die Krise des Vaterbildes ist aber zugleich eine Krise der Autorität. Der Mann hat

---

[269] Vgl. über die sozialpolitische Notwendigkeit einer Zusammenarbeit auf den Gebieten der Soziologie und Gesetzgebung *Schelsky*, a.a.O., S. 241 f.

[270] Vgl. u. a. E 1962 S. 357; Gutachten und Stellungnahmen zu Fragen der Strafrechtsreform mit ärztlichen Einschlag, S. 132; *Dünnebier*, Prot. Bd. 10 S. 322; *Eb. Schmidt*, Prot. Bd. 10 S. 323; *R. Lange*, Prot. Bd. 7 S. 205 f.; *Schwarzhaupt*, Prot. Bd. 7 S. 206; Voll, Prot. Bd. 7 S. 207; *Kaiser*, S. 73 ff.; *Loeffler*, S. 34; *Groeger*, S. 138 f., S. 143 ff.; *Geiger*, S. 66 f. und S. 69 f.; *Giesen*, S. 175; *Dünnebier*, Mschr. Krim. 43 S. 133; *Dölle*, S. 240.

[271] *Groeger*, S. 143.

[272] *Graber* (1957).

[273] *Bodamer* (1956).

[274] *Müller-Schwefe* (1957).

die Stellung, die er in der vorindustriellen Gesellschaft innehatte — das Patriarchat — verlassen müssen; parallel vollzogen sich Autoritätsverluste im Bereich des Staates, der Kirche und der Schulen. Die tiefenpsychologisch bedingte Beziehung zwischen Vater und Gottesbild deutet die Auswirkungen an, die auf religiösem Gebiet erfolgen können.

In anderen Argumentationen beruft man sich auf die Bewahrung unseres geistigen Kulturguts in seinen seit Jahrhunderten unangetasteten Grundgedanken. Es geht um die Vorstellung, daß uns Eingriffe in eine schicksalhafte Bestimmung nicht angemessen seien. Die künstliche Insemination bedeutet aber gerade die menschliche Abwendung eines Schicksals mit Mitteln der Technik. Sie greift in natürliche Gegebenheiten ein. Tabuvorgänge werden technisiert. Der Mann erscheint austauschbar, ersetzbar. Man drängt ihn in die Rolle eines Objektes der Technik. Im Hintergrund droht die Aussicht, daß der Mensch selbst produzierbar und manipulierbar wird. Mit der Technik überwindet der Mensch sogar die Generationenfolge, indem er weit über den Tod hinaus aus konserviertem Samen Nachkommen zeugen kann. Der Mensch wird versachlicht, zum Objekt der Technik, Planung und Eugenik.

Die vorgetragenen Argumente spiegeln ein Erschrecken wider, das im Grunde jeden technischen Fortschritt begleitet. Das Unbehagen erweist sich besonders nachhaltig, wenn in biologische, für unabänderlich gehaltene Menschheitsbedingungen eingegriffen wird. Bildet der Mensch selbst in seinen elementarsten Lebensäußerungen den Gegenstand des technischen Fortschritts, scheint das Mißtrauen unüberwindlich zu sein. Die einstimmig negativen Wertungen erklären sich aus tiefverwurzelter Abneigung gegen die Freistellung lang gehüteter Tabuvorstellungen und einem damit verbundenen Beharrungswillen. Der Fortschritt läßt sich jedoch nicht rückgängig machen. Wenn er Fakten geschaffen hat, kann man deren Existenz nicht mehr hinwegleugnen. Sie erfordern ein schnelles Umdenken vom Menschen, damit er Herr der Sache werde. Erst dann vermag er vorurteilslos zu entscheiden, ob die neuen Errungenschaften wert sind, akzeptiert oder abgelehnt zu werden. Die sozialethische Wertung der künstlichen Insemination sollte also möglichst zurückhaltend erfolgen, solange die spontane Abneigung die Oberhand hat. Sie verführt leicht zu einer einseitigen und deshalb ungerechten Beurteilung der Problematik. Der amerikanische Mediziner S. J. Kleegman gibt denen, die sich zu einer Wertung der künstlichen Samenübertragung entschließen, mahnende Worte mit auf den Weg: Sie sollten sich hüten, eigene Hemmungen oder sexuelle Tabus denen aufzuzwingen, deren Glück so weitgehend von ihrer Entscheidung abhängt. Ob die Maßnahme gut oder schlecht ist, sollte auf Grund der

Ergebnisse einer sorgfältigen psychologischen und soziologischen Untersuchung der Kinder und der Familien enschieden werden[275].

Nicht zu Unrecht wird darauf hingewiesen, daß erst die genaueste Kenntnis des Sachverhalts der künstlichen Samenübertragung es rechtfertigt, eine sozialethische Wertung zu treffen. So erweckt manche Argumentation den Verdacht, als habe man übersehen, daß die künstliche Insemination keineswegs mit dem entscheidenden Vorgang der Befruchtung verwechselt werden darf. Die Entstehung des Menschen durch die Verschmelzung des männlichen und weiblichen Zellkerns bleibt weiterhin ein der Natur allein vorbehaltenes Ereignis, in das die Technik nicht hineinwirkt. Die Machbarkeit des Menschen liegt also in weiter Ferne.

Eine sozialethische Wertung der artifiziellen Insemination sollte auch nicht vorgenommen werden, indem man die althergebrachten Anschauungen von Ehe, Familie und Vaterschaft kritiklos zugrunde legt. Die künstliche Zeugungsmöglichkeit sollte ein Anlaß sein, die gewohnten Vorstellungen zu überprüfen. Möglicherweise haben sich Vater-, Ehe- und Familienbild schon gewandelt. Ihr neuer Inhalt wäre zu erforschen. Da man vor dem Faktum steht, daß die bisher für unabänderlich gehaltene biologische Notwendigkeit einer natürlichen partnerschaftlichen Zeugung durch die künstliche Samenübertragung hinfällig geworden ist, erscheint auch die Basis der Ehe und Familie fragwürdig. Die Institute haben ihre Wertung bisher wesentlich aus der Sicht der als unabänderlich geglaubten Tatsache des physiologisch zu vollziehenden Zeugungsaktes erhalten. Die von biologischer Notwendigkeit mitbestimmte Idee des heutigen Ehe- und Familienbildes ist also einer wichtigen Grundlage beraubt. Die Fragwürdigkeit der bisher gewohnten Vorstellungen ergibt sich allein schon aus der *Möglichkeit* der künstlichen Zeugung — nicht erst daraus, ob sie praktiziert wird. Als Weg eines neuen Ehe- und Familienverständnisses bietet sich eine Konzentration auf den *geistigen* Gehalt dieser Grundeinheiten der Gesellschaft an. Ein intellektuelleres Selbstverständnis dieser kleinsten Gruppen wird zwar neben manchen Vorteilen auch Nachteile mit sich bringen. Entscheidend ist jedoch, daß Ehe und Familie sowie das Vaterbild eine Deutung erfahren, die der wissenschaftlichen und zeitgeschichtlichen Entwicklung angemessen ist[276]. Wenn man davon ausgeht, daß „Ehe", „Familie" und „Vater" nicht von der Natur als Werte vorgezeichnet werden, sondern erst durch einen geistigen Prozeß bestimmter Verhaltensweisen zu Werten geformt werden, so kann auch die künstliche Insemination ihren Platz in dem Ordnungsprinzip finden.

---

[275] *Kleegman*, zitiert bei *Beuerlein*, S. 45.

[276] Vgl. hierzu die von *Schelsky* erwartete Entwicklung in Richtung eines neuen angepaßten Familientyps. Oben S. 61

V. *Theologische Stellungnahmen der beiden Konfessionen*

Auch die Vertreter der Kirchen haben sich mit den Problemen der künstlichen Insemination befaßt. Im folgenden kann kein vollständiger Überblick über die Stellungnahmen der beiden Konfessionen gegeben werden, sie sollen aber mit einigen Äußerungen, die ihre Haltung klar charakterisieren, zu Wort kommen.

1. Die katholische Auffassung

Papst Pius XII. sprach 1949 vor den katholischen Ärzten in Rom über das Thema der künstlichen Insemination beim Menschen[277]. Dabei äußerte er sich wie folgt: Die Praxis dieser künstlichen Befruchtung kann, soweit es sich um den Menschen handelt, nicht ausschließlich und nicht einmal in erster Linie vom biologischen und ärztlichen Gesichtspunkt aus unter Nichtachtung der Moral und des Rechts betrachtet werden. — Die künstliche Befruchtung außerhalb der Ehe ist ohne jede Einschränkung als unmoralisch zu verwerfen. Das natürliche Recht, das positive göttliche Recht sagt, daß die Zeugung neuen Lebens nur die Frucht der Ehe sein darf. Nur die Ehe wahrt die Würde der Eheleute (im gegenwärtigen Fall vor allem die der Frau) und ihr persönliches Wohl. Wesensmäßig sorgt nur sie für das Wohl und die Erziehung des Kindes. Folglich ist über die Verurteilung der künstlichen Befruchtung außerhalb der ehelichen Verbindung keine Meinungsverschiedenheit unter Katholiken möglich. Das unter solchen Bedingungen empfangene Kind wäre schon dadurch illegitim.

Auch die künstliche Samenübertragung innerhalb einer Ehe mit Sperma eines fremden Donors fand eindeutige Ablehnung: Die künstliche Befruchtung innerhalb der Ehe, aber mittels des aktiven Zeugungselementes eines Dritten hervorgebracht, ist gleichfalls unmoralisch und als solche unwiderruflich zu verurteilen. — Die Ehegatten allein haben ein gegenseitiges Recht auf ihren Körper, um neues Leben zu zeugen, ein ausschließliches, nicht abtretbares und unveräußerliches Recht. Und das muß auch in Hinsicht auf das Kind festgehalten werden. Wer immer einem Kind das Leben schenkt, dem legt die Natur kraft eben dieser Bindung die Verpflichtung zu dessen Erhaltung und Erziehung auf. Aber zwischen dem rechtmäßigen Gatten und dem Kind, das durch das aktive Zeugungselement eines Dritten gezeugt wird — auch wenn der Gatte damit einverstanden ist —, besteht kein ursprüngliches, kein sittliches und rechtliches Band einer ehelichen Zeugung[278].

---

[277] Pius XII. in: AAS XXXXI/XVI (1949) S. 557—561.

[278] Pius XII. in: AAS XXXXI/XVI (1949) S. 557—561.

Am 19. Mai 1956 richtete Papst Pius XII. eine Ansprache an die Teilnehmer des II. Weltkongresses über Fertilität und Sterilität[279], in der er über die homologe Insemination das folgende sagte: Die künstliche Befruchtung überschreitet die Grenzen des Rechts, das die Ehegatten durch den Ehevertrag erworben haben, des Rechtes nämlich, ihre natürlichen sexuellen Fähigkeiten voll auszuüben im natürlichen Vollzug des ehelichen Aktes. Der genannte Vertrag gibt ihnen kein Recht zu einer künstlichen Befruchtung, denn ein derartiges Recht ist in keiner Weise in dem Recht auf den natürlichen ehelichen Akt ausgedrückt, noch kann es daraus abgeleitet werden. Noch weniger läßt es sich herleiten aus dem Recht auf das „Kind", den ersten „Zweck" der Ehe. Der Ehevertrag gibt dieses Recht nicht, da sein Gegenstand nicht das „Kind", sondern die „natürlichen Akte" sind, die imstande und dazu bestimmt sind, neues Leben zu erzeugen. Darum muß man sagen, daß die künstliche Befruchtung das Naturgesetz verletzt und daß sie dem Recht und der Sittlichkeit zuwiderläuft.

Nachdem durch die Äußerungen Papst Pius XII. die Haltung der katholischen Kirche insoweit wiedergegeben ist, daß sowohl eine heterologe und außereheliche Insemination als auch eine homologe Samenübertragung abzulehnen sind, bleibt noch eine Aussage über die sogenannte Hilfereichung für die Natur. In der Allocutio vom 29. September 1949[280] sagte der Papst zu diesem Thema wörtlich: „Wenn ich so spreche (über die absolute Unsittlichkeit der künstlichen Samenübertragung), so ist nicht notwendig verboten die Anwendung gewisser künstlicher Mittel, welche einzig den Zweck haben, den natürlichen Akt zu erleichtern oder den natürlichen Akt, der normal vollzogen wurde, zu seinem Ziel zu führen". Eine technische Hilfe darf also lediglich nur zur Überwindung von Beiwohnungsschwierigkeiten und zum Weitertransport des auf natürliche Weise in die Scheide gelangten Samens gegeben werden.

Den Ausführungen von Pius XII. hat sich auch sein Nachfolger Johannes XXIII. angeschlossen[281].

Neben die Stellungnahmen der Päpste Pius XII. und Johannes XXIII. sei noch eine Stimme der Moraltheologie gestellt. Johannes Stelzenberger entwickelt in seiner Abhandlung „Die moraltheologische Beurteilung der künstlichen Insemination"[282] das folgende Gedankengebäude:

---

[279] *Pius XII.* in: AAS XXXX VIII/XX III (1956) S. 470—474.

[280] AAS XXXXI/XVI (1949) S. 560.

[281] Vgl. *Johannes XXIII.* inHerderkorrespondenz 15 (1960) S. 120—122, ausdrücklich in Prima Romana Synodus Art. 493 § 2 der constitutiones.

[282] *Stelzenberger,* S. 91 ff.

Im Werk und Willen Gottes sind der menschlichen Natur ganz feste Normen für ihr Verhalten auferlegt[283]. — Gott hat den Menschen mit Leib und Seele gebildet. Von Gott ist also auch der Vereinigungstrieb eingepflanzt und gewollt[284]. — Die geschlechtliche Verschiedenheit der Menschen und ihr Drang zu Vereinigung führen zur Bindung in der Ehe, und zwar der Einehe, die als wesentlicher Bestandteil der ewigen Ordnung gilt. Die Vereinigung der Ehegatten ist die natürliche Funktion der Befruchtung, die von Gott ergänzt und vollendet wird durch das Hinzuschaffen einer Seele — eines Kindes[285]. — Das Fruchtbarwerden der Frau ist unabdingbar an eine personale Vereinigung gekettet. Das heißt, der Akt ehelicher Liebe und Erfüllung des Schöpfungsauftrags ist nach ewiger Ordnung nicht denkbar ohne die ganz persönliche Haltung zweier geschlechtlich verschiedener Menschen in der natürlichen oder sakralen Ehe. Die persönliche Liebesgemeinschaft ist Sinn und Zweck der Ehe[286]. — Das Fazit ist: Die ewige Ordnung fordert den natürlichen Ehevollzug. Gott hat in der ganzen geschlechtlichen Ausstattung der Menschen bestimmte Verhaltensweisen als notwendige Norm gegeben. Die Natur leitet gesetzmäßig zu dem bestimmten vorgezeichneten Modus. Da die Ordnung eng mit der Würde des Menschen verknüpft ist, verbietet menschliche Ehrfurcht einen willkürlichen Eingriff in das von Gott gewollte Geschehen der Natur. Das heißt also, jede Art künstlicher Insemination muß abgelehnt werden, weil sie gegen den natürlichen Ehevollzug verstößt und damit ein unsittlicher, ehrfurchtloser Akt ist[287].

2. Die protestantische Auffassung

Eine einheitliche Linie besteht im protestantischen Bereich nicht. Der verstorbene Ratsvorsitzende der Evangelischen Kirche in Deutschland, Otto Dibelius, sprach sich Ende Dezember 1949 gegen jede Art künstlicher Insemination aus. Er bezeichnete den technischen Eingriff als widernatürlich, weil er eine personale Beziehung entseele und versachliche. Zugleich entwerte er die Stellung der Frau[288].

Es lassen sich in der evangelischen Kirche aber auch Stimmen vernehmen, die für eine einverständliche homologe Insemination ein-

---

[283] *Stelzenberger*, S. 98.

[284] *Stelzenberger*, S. 98.

[285] *Stelzenberger*, S. 99 f.

[286] *Stelzenberger*, S. 101 f.

[287] Im übrigen verweist *Stelzenberger* (S. 114) auf die schon von *Pius XII.* erwähnte Hilfereichung für die Natur, die moraltheologisch vertretbar sei. In Ergebnis und Begründung ebenso *Böckle*, KA Bayern (20), S. 112—117.

[288] *Otto Dibelius*, Christ und Welt vom 5. 1. 1950; derselbe, Herderkorrespondenz 4 (1949/1950) S. 213.

treten[289]. Unumgängliche Voraussetzung ist aber nach den Vertretern dieser Meinung, daß die homologe Insemination nur als Mittel dienen darf, um eine die Ehe belastende *biologische* Unzulänglichkeit zu beheben. Sie kann dann als eine Art Zeugungshilfe in der Not der Kinderlosigkeit anerkannt werden.

Unter anderen hält der holländische Theologe Fedde Bloemhof vom Standpunkt der christlichen Ethik eine homologe Insemination gegebenenfalls für erlaubt[290]. Der technische Eingriff sei zu rechtfertigen, wenn die Ehegatten ihre Gemeinschaft darin zu verwirklichen suchen, daß sie zu Zweit einig werden, ihrer Ehe durch ein Kind zu dienen. Denn die Lebensgemeinschaft selbst sei der eigenste Zweck der Ehe, nicht aber schon das Kind. So ständen den Ehepartnern zwei Entscheidungen offen, sie könnten einmal vorziehen, mittels homologer Insemination ein Kind zu zeugen, weil sie die Kinderlosigkeit als Gefährdung ihrer Ehe empfinden, andererseits könne ihnen aber auch die Vermittlung des Arztes mit seinem technisch-sachlichen Eingriff als größere Gefahr für ihre Lebensgemeinschaft erscheinen, so daß sie lieber die Unmöglichkeit, ein Kind zu bekommen, tragen. Das bedeutet, daß die christliche Ethik dem Menschen seine Freiheit und Verantwortlichkeit nicht abnimmt, indem sie selbst entscheidet, sondern es wird aufs neue betont, daß die Freiheit und Verantwortlichkeit der Menschen auch wirklich die ihrigen seien[291].

VI. Zusammenfassung

Die künstliche Insemination ist im zweiten Teil dieser Abhandlung aus medizinischer, sozialbiologischer, humangenetischer, psychologischer, soziologischer, sozialethischer und theologischer Sicht beleuchtet worden.

Für das Gebiet der Medizin ergab sich insbesondere die Frage nach der richtigen Inseminationstechnik[292]. Ein Gegenstand fortschreitender wissenschaftlicher Entwicklung ist die Spermabehandlung[293], die Spermagewinnung stellt den Mediziner dagegen anscheinend kein technisches Problem[294]. Vereinzelt konnten Ärzte Komplikationen im Schwangerschaftsverlauf nach künstlicher Insemination feststellen. Es handelt sich um einige wenige Fälle von Infektionen[295]. Eine erkennbare Vermehrung der Aborte, insbesondere

---

[289] *Bornikoel,* S. 13; *Bloemhof,* S. 168; derselbe, *Ranke-Dombois,* S. 8 f.; *Thielicke,* S. 14 f.

[290] *Bloemhof,* S. 127—128.

[291] *Bloemhof,* S. 128.

[292] Vgl. oben S. 10 f.

[293] Vgl. oben S. 16 ff.

[294] Vgl. oben S. 16.

[295] Vgl. oben S. 20.

der spontanen Aborte, ließ sich nicht eindeutig nachweisen[296]. Das wesentlichste Problem der Mediziner besteht in der standesethischen Bewertung der künstlichen Insemination. Die heterologe Insemination wurde von der deutschen Ärzteschaft mit großer Mehrheit wegen berufsethischer Bedenken abgelehnt[297].

In der Sicht der Sozialbiologie und Humangenetik zeigten sich die einzelnen Vor- und Nachteile der künstlichen Samenübertragung in ausgewogenem Verhältnis. Keiner der Auswirkungen kam ein so entscheidendes Übergewicht zu, daß man die künstliche Insemination vom Standpunkt dieser Wissenschaftsbereiche eindeutig negativ oder positiv bewerten konnte. Einige Erscheinungen stellten sich jedoch als ethisch angreifbar heraus[298].

Als Ergebnis der psychologischen Ausführungen kann festgehalten werden, daß zwar theoretisch für die beteiligten Personen zahlreiche Gefahren denkbar sind. Statistische Untersuchungsreihen, die die theoretischen Mutmaßungen bestätigen, sind jedoch nicht vorhanden. Dagegen hat man gerade in den Vereinigten Staaten einiges Erfahrungsmaterial gesammelt, aus dem sich schließen läßt, daß sich dort die psychologischen Auswirkungen der künstlichen Insemination als günstig erwiesen haben[299]. Dieser ungeklärte Widerspruch und das völlige Fehlen praktischer Untersuchungen in der Bundesrepublik erlauben keine endgültige Aussage über die tatsächlichen Auswirkungen der künstlichen Insemination im psychologischen Bereich.

Aus der Sicht der Soziologie konnte die künstliche Samenübertragung nicht abschließend gewertet werden. Besondere Aufmerksamkeit verdiente die Feststellung, daß die überlieferten Formen von Ehe und Familie in einem Wandlungsprozeß begriffen sind. Die neuen Inhalte, die diese soziologischen Institutionen in Zukunft möglicherweise bestimmen, könnten an der bereits heute zu beobachtenden Entaffektisierung der Geschlechtsbeziehungen und dem Bedürfnis nach einer sachlich-zweckmäßigen Gestaltung des Familienbereichs ausgerichtet sein. Die künstliche Insemination könnte sich demzufolge einmal ohne besondere Schwierigkeiten in eine neue Familiensoziologie einordnen lassen[300].

Die aufgeführten sozialethischen Bedenken gegen die künstliche Samenübertragung waren einseitig negativ[301]. In einer Gegendarstellung wurde jedoch versucht, in Anlehnung an den Wandlungspro-

---

[296] Vgl. oben S. 20 f.
[297] Vgl. oben S. 20 ff.
[298] Vgl. oben S. 33 ff.
[299] Vgl. oben S. 44 ff.
[300] Vgl. oben S. 61 f.
[301] Vgl. oben S. 62 ff.

zeß, in dem sich die Soziologie der Familie zur Zeit befindet, die künstliche Insemination in sozialethischer Hinsicht zu rechtfertigen[302].

Die abschließenden theologischen Stellungnahmen zeigten, daß die heterologe Insemination von katholischer und von protestantischer Seite abgelehnt wird[303]. Nach katholischer Auffassung findet auch die homologe Insemination keine Billigung[304]. Zulässig erscheint den Vertretern des katholischen Standpunktes lediglich die sogenannte Hilfereichung für die Natur[305]. Weitergehend finden sich dagegen innerhalb der protestantischen Auffassung einige Vertreter, die die homologe Insemination unter bestimmten Voraussetzungen befürworten[306].

Die vorstehende Zusammenfassung gibt einen Übersicht über die Ergebnisse, die aus der Behandlung der Thematik vom Standpunkt der beteiligten nicht-juristischen Wissenschaften gewonnen wurden. In den folgenden juristischen Erörterungen sind die der Rechtswissenschaft eigenen Gesichtspunkte der Problematik zu erarbeiten.

---

302 Vgl. oben S. 64.
303 Vgl. oben S. 65 ff.
304 Vgl. oben S. 65.
305 Vgl. oben S. 66.
306 Vgl. oben S. 67 f.

DRITTER TEIL:

Die künstliche Insemination in juristischer Sicht

A. DIE GELTENDE RECHTSLAGE

I. Zivilrechtliche Problematik

1. Die rechtliche Stellung des Kindes

a) Abstammung

Die rechtliche Stellung des aus einer künstlichen Insemination hervorgegangenen Kindes bietet soweit keine Schwierigkeiten, als die Rechtsnormen an die blutsmäßige Abstammung anknüpfen. Das geschieht eindeutig im Eherecht, das nach § 4 Abs. 1 EheG eine Ehe zwischen Blutsverwandten und Verschwägerten bestimmter Grade verbietet. Verwandten in gerader Linie, voll- und halbbürtigen Geschwistern sowie Verschwägerten in gerader Linie ist die Eheschließung wegen biologisch und sozial unerwünschter Folgen untersagt. Nach der ratio legis des Eheverbotes ist allein die biologische Abstammung entscheidend. Personen, die nachweislich im physiologischen Sinn blutsverwandt sind, werden von dem Verbot betroffen, auch wenn sie im Rechtssinn nicht als Verwandte gelten[307]. Die vorausgeschickten Ausführungen besagen, daß das künstlich inseminierte Kind im Sinne des § 4 Abs. 1 EheG von der Mutter, die es geboren hat, und von dem Mann, durch dessen Sperma es erzeugt wurde, abstammt. Wie die Befruchtung in die Wege geleitet wurde, ist in diesem Zusammenhang ohne Interesse.

Fraglich wird im Rahmen des § 4 Abs. 1 EheG der Fall, daß Personen zu heiraten wünschen, die im Sinne des Gesetzes verwandt, in Wirklichkeit aber nicht blutsverwandt sind. Nach einer Meinung[308] muß hier aus Gründen der Rechtssicherheit das Eheverbot ebenfalls gelten, wenn nicht die Ehelichkeit eines der Heiratswilligen angefochten oder durch die Statusklage eine gerichtliche Klärung herbeigeführt wird[309]. Die wohl herrschende Meinung be-

---

[307] *Dölle*, S. 197, Anm. 32.

[308] *Dölle*, a.a.O., S. 198, Anm. 32; ebenso wohl *Geiger*, S. 45.

[309] Die Statusklage auf Feststellung der blutsmäßigen Vaterschaft ist vom Reichsgericht entwickelt (RGZ 160, 293 ff.) und mit neuer Begründung vom Bundesgerichtshof (BGHZ 5, 385 ff.) bestätigt worden (vgl. auch BVerfGE 8, 210 ff.).

schränkt das Eheverbot auf die Fälle, in denen tatsächlich eine Blutsverwandtschaft, die von Amts wegen festzustellen ist, besteht. Den Rechtsvermutungen der §§ 1717, 1718 und 1591 ff. BGB kommt nach dieser Meinung in Anbetracht des § 4 Abs. 1 EheG keine Wirkung zu[310].

b) Ehelichkeit des Kindes

Das künstlich inseminierte Kind, das von einer unverheirateten Frau geboren wird, ist im Sinne des Gesetzes unehelich. Die Erzeugung durch künstliche Samenübertragung nimmt auf den Kindesstatus keinerlei Einfluß.

Das durch künstliche Insemination empfangene Kind einer verheirateten Frau, die es während der Ehe oder nach aufgelöster oder für nichtig erklärter Ehe zu einem Zeitpunkt geboren hat, der kraft Gesetzes eine Empfängnis während der Ehe vermuten läßt, gilt im Rechtssinn solange als ehelich, bis gegebenenfalls die Unehelichkeit ex tunc auf die Anfechtungsklage des Ehemannes, seiner Eltern oder des Kindes rechtskräftig festgestellt ist (§§ 1593 ff. BGB). Das heißt, vor Rechtskraft eines derartigen Urteils hat auch das offenbar nicht vom Ehemann abstammende Kind dieselbe Rechtsstellung wie ein eheliches Kind. Die künstliche Insemination — gleichgültig, ob es sich um eine homologe oder heterologe handelt — beeinflußt also die Ehelichkeit des Kindes nicht, solange von einer Anfechtungsklage abgesehen wird.

Eine differenziertere Lage ergibt sich, wenn die Ehelichkeit eines künstlich inseminierten Kindes angefochten wird. Zu unterscheiden sind die Empfängnis, bei der Samen des Ehemannes verwendet wurde, und die, bei der ein außenstehender Dritter Erzeuger des Kindes wurde.

aa) Anfechtung der Ehelichkeit nach homologer künstlicher Insemination

Wenn eine homologe Samenübertragung vorgenommen wurde, ist das Kind jedenfalls ehelich, wenn beide Ehegatten ihre Zustimmung zu dem Eingriff erteilt haben. Dem steht nicht entgegen, daß § 1591 BGB eine „Beiwohnung“ des Ehegatten voraussetzt. Der Rechtsbegriff der Beiwohnung ist in materiellrechtlicher Hinsicht nicht mit dem natürlichen Zeugungsakt identisch[311]. Das Gesetz muß so interpretiert werden, daß eine homologe (konsentierte) Samenübertragung der Beiwohnung gleichbedeutend ist. Das erklärt sich daher, daß der Gesetzgeber von 1896 mit dem Tatbestandsmerkmal der Ehegattenbeiwohnung als Voraussetzung der Ehelichkeit nur den

[310] *Palandt-Lauterbach*, Anm. 4 zu § 4 EheG; vgl. auch *v. Godin*, EheG 1950, § 4, Anm. 1.

[311] a. A.: *Klein* in Jugendwohl 1951, S. 154.

Naturvorgang ins Gesetz aufnahm, der ihm damals als einzige Ursache der Erzeugung in Betracht zu kommen schien. Er beabsichtigte aber nicht, die biologische Wirklichkeit zu ignorieren, falls das Kind auf andere Art und Weise erzeugt werde, als es ihm zur damaligen Zeit vorstellbar war. Ziel des Gesetzes sollte es sein, die eheliche Abstammung und rechtliche Verwandtschaft mit der Natur, d. h. mit der blutsmäßigen Abstammung in Einklang zu bringen. Die biologische Abstammung bestimmt sich aber naturwissenschaftlich allein nach den Samenzellen, die zur Befruchtung gelangen. Deshalb bleibt es für die Abstammung unerheblich, ob die Erzeugung durch Beiwohnung oder künstliche Insemination erfolgt. Der Ehemann, der willentlich sein Sperma zu einer künstlichen Samenübertragung bei seiner Ehefrau zur Verfügung stellt, ist also nach § 1591 BGB auch materiellrechtlich ehelicher Vater des Kindes[312]. — Die Rechtslage sieht trotz zweifelnder Stimmen nicht anders aus, wenn die homologe Insemination nicht von der Zustimmung beider Ehegatten gedeckt ist[313]. Auch hier entscheidet die physiologische Wirklichkeit[314]. Der Ehemann kann innerhalb einer Ehe sein eigenes Fleisch und Blut nicht leugnen, er muß die rechtlichen Konsequenzen einer ehelichen Empfängnis tragen. Dieses Ergebnis entspricht der Rechtslage, die entsteht, wenn das Kind der Beiwohnung eines geisteskranken, bewußtlosen Ehegatten entstammt. Die Befruchtung stellt sich hier wie dort als Faktum dar, nicht als eine rechtlich zu wertende Willenshandlung der Beteiligten[315]. Entscheidend bleibt, daß die eheliche Abstammung die biologischen Tatsachen widerspiegeln soll; die durch Rechtsvermutung hervorgerufenen Abweichungen erfolgen nur im Interesse der Rechtssicherheit, ändern aber nichts an dem grundsätzlichen Ziel der Norm. Die homologe Insemination, sowohl mit als auch ohne Zustimmung der Ehegatten, führt also zur Ehelichkeit des Kindes.

Die künstliche homologe Insemination hat im Verhältnis zu einer natürlichen ehelichen Erzeugung allerdings auf zivilprozessualem

---

[312] *Geiger*, S. 48; *Dölle*, a.a.O., S. 191; *Beitzke*, Familienrecht, S. 149; *Kipp*, Familienrecht, S. 293; *Staudinger-Lauterbach*, Rdnr. 61 zu § 1591; *Palandt-Lauterbach*, Anm. 4 zu § 1591; *Olshausen* in Dt. med. Wschr. 1908, 515 noch zweifelnd, S. 1636 zustimmend; OLG Köln in OLGZ 16, 222; RG in JW 1908, 485; im Ergebnis zustimmend, jedoch unter Ablehnung einer unmittelbaren oder analogen Anwendung des § 1591 *W. Weber*, S. 34 f.

[313] So aber RG JW 1908, 486; *Kohler*, § 59 II 2; *Enneccerus-Kipp*, § 75 IV; *Wille*, S. 31; *v. Winkel*, Das Recht 1909 Sp. 168 a. E.; BGB-RGRK, Anm. 18 zu § 1591.

[314] Im Verhältnis zur Mutter ist die Abstammung des Kindes ohnehin offenbar; der Mutter billigt das Gesetz deshalb keine Anfechtungsmöglichkeit zu.

Gebiet nachteilige Folgen, indem die der Ehelichkeit des Kindes günstigen Beweisregelungen des § 1591 Abs. 1 Satz 2 und Abs. 2 Satz 1 BGB nach herrschender Meinung nicht anwendbar sind[316].

Die Vermutung, daß der Ehemann der Frau innerhalb der gesetzlichen Empfängniszeit beigewohnt hat, gilt für die künstliche Insemination nicht, weil man in den Fällen, in denen eine künstliche Zeugung notwendig wird, nicht selbstverständlich von der ehelichen Gemeinschaft auf die Geschlechtsgemeinschaft schließen darf[317]. Die Beiwohnungsvermutung muß durch den Beweis, daß eine künstliche homologe Samenübertragung stattgefunden hat, ersetzt werden. Die Beweislast trägt das Kind, das sich auf seine Ehelichkeit beruft. Ist dieser Beweis gelungen, so ist für die Annahme der Ehelichkeit noch der Beweis der Kausalität zwischen künstlicher Samenübertragung und Befruchtung zu führen. Die Kausalitätsvermutung, die in § 1591 BGB der Beiwohnung für die Befruchtung zukommt, gilt demnach nicht auch für den Fall der künstlichen Zeugung. Das bedeutet: Der Beweis eines Kausalzusammenhangs zwischen künstlicher Samenübertragung und Befruchtung muß dem Kind positiv gelingen, was angesichts der Unsichtbarkeit des Befruchtungsvorganges als solchen — selbst wenn ein hoher Wahrscheinlichkeitsgrad der Beweisanforderung genügt —, schwerlich möglich sein dürfte. Der Ehemann seinerseits erlangt durch die beweisrechtliche Schlechterstellung des Kindes beweisrechtliche Vorteile. Er kann bei einer natürlichen Zeugung nur durch den von ihm zu erbringenden Beweis, daß es den Umständen nach offenbar unmöglich ist, daß die Frau von ihm empfangen hat, die Ehelichkeit des Kindes beseitigen. Während im Falle der Beiwohnung die Beweislast für die Widerlegung der Kausalität zwischen Zeugungsakt und Befruchtung dem Ehemann zufällt, geht es bei der künstlichen homologen Insemination zu Lasten des Kindes, wenn es die Kausalität der künstlichen Samenübertragung nicht beweisen kann. Der Grund für die ungleiche Behandlung in beweisrechtlicher Hinsicht ergibt sich aus dem Sinnzusammenhang des § 1591 BGB. Die Beweisregel der offenbaren Unmöglichkeit der Empfängnis durch den Ehemann (Abs. 1 Satz 2) knüpft nur an die „Beiwohnung" an. Der *natürliche* Zeugungsakt vermag allein die Vermutung der Kausalität der Befruchtung zu begründen[318]. Die

---

[315] *Dölle,* S. 193 f.; *Geiger,* S. 48; *Holfelder,* S. 13; *Heyll,* S. 60 ff.; *Giesen,* S. 181; *Staudinger-Lauterbach,* Rdnr. 61 zu § 1591.

[316] RG JW 1908, 485; *Geiger,* S. 49; *Dünnebier* in *Ranke-Dombois,* S. 41; *Dölle,* zumindest für die nicht konsentierte homologe Insemination, a.a.O., S. 195 f.; *Palandt-Lauterbach,* Anm. 4 zu § 1591; *Beitzke,* Familienrecht, S. 149; *W. Weber,* S. 20.

[317] RG JW 1908, 485.

[318] *Geiger,* a.a.O., S. 49.

naturwissenschaftliche Grundlage dieser Annahme besteht in der Erkenntnis, daß die homologe künstliche Insemination nur in seltenen Fällen zum Erfolg führt, daß dagegen jede Beiwohnung, die die Ehefrau fremden Männern gestattet haben könnte, biologisch weit wirksamer wäre als die homologe Samenübertragung[319]. Eine *selbständige* Beweisregel mit dem Inhalt, jedes in der Ehe gezeugte Kind sei ehelich, wenn nicht der Ehemann die offenbare Unmöglichkeit der Erzeugung durch sein Sperma beweist, ist also in § 1591 BGB nicht enthalten, vielmehr steht diese Beweisregel in Abhängigkeit von dem natürlichen Zeugungsakt, so daß nur das durch Beiwohnung gezeugte Kind die Vermutung der Ehelichkeit für sich hat[320]. Im Vergleich zum natürlich gezeugten Kind fallen dem Inseminationskind deshalb alle Zweifel hinsichtlich seiner Abstammung zur Last, während bei jenem sich alle Zweifel zugunsten seiner Ehelichkeit auswirken.

Dölle vertritt allerdings eine teilweise abweichende Meinung[321]. Wenn die Tatsache der einverständlichen Samenübertragung mit Ehemannsamen bewiesen oder zugestanden ist, brauchte der Nachweis der Kausalität von seiten des Kindes nicht mehr erbracht zu werden. Vielmehr soll der sonst bei künstlicher Insemination ausgeschaltete § 1591 Abs. 2 BGB mit der Folge des § 1591 Abs. 1 Satz 2 BGB eingreifen. Das bedeutet, daß vom Ehemann zur Widerlegung der Kausalitätsvermutung verlangt wird, offenbare Unmöglichkeit einer Empfängnis der Ehefrau durch seinen Samen zu beweisen.

Diese Meinung hat zwar für sich, daß sie für manche Fälle ein billigeres Ergebnis schafft. Die vorgeschlagene beweisrechtliche Sonderstellung der konsentierten homologen Insemination widerspricht aber dogmatischen Erwägungen. Der Sinnzusammenhang der in § 1591 BGB enthaltenen Regelung läßt klar erkennen, daß allein die Tatsache der ehelichen Beiwohnung die günstigen Beweisvermutungen begründet. Der Konsens zur homologen Insemination kann die natürliche Funktion, die der Kohabitation in der Regel beigemessen wird, nicht ersetzen. Deshalb ist eine Gleichstellung der einverständlichen homologen Samenübertragung mit der Beweislage, die bei Geschlechtsgemeinschaft der Ehegatten gilt, nicht gerechtfertigt[322].

bb) Anfechtung der Ehelichkeit nach heterologer künstlicher Insemination

Wird innerhalb einer Ehe ein Kind durch heterologe Insemination gezeugt, so stellt sich die Rechtslage verhältnismäßig einfach dar, falls der Ehemann seiner Frau während der Empfängniszeit nicht bei-

---

[319] Vgl. oben S. 18.

[320] RG JW 1908, 485.

[321] *Dölle,* a.a.O., S. 196.

[322] Im Ergebnis so auch *Geiger,* S. 49; *Giesen,* S. 186, Anm. 1139.

gewohnt hat, d. h. die Vermutung der Beiwohnung widerlegt worden ist. Das Kind ist nach § 1591 Abs. 1 Satz 1 BGB nicht ehelich, wenn seine Erzeugung allein auf die heterologe Insemination zurückzuführen ist. Es bedarf in diesem Fall nicht einmal einer Anwendung des § 1591 Abs. 1 Satz 2 BGB[323]. Die Rechtslage wird komplizierter, wenn ein Beteiligter die wahrheitswidrige Behauptung aufstellen würde, das Kind entstamme einer homologen Samenübertragung. In diesem Falle müßte — wie oben — wegen des Wegfalls der Beiwohnungsvermutung und der — nach herrschender Meinung — darauf gegründeten Kausalitätsvermutung die Zeugung des Kindes durch inseminierten Samen des Ehemannes positiv bewiesen werden. Der Beweis dürfte, da er der Wahrscheinlichkeit zuwiderläuft, nicht gelingen; Zweifel gingen zu Lasten der Ehelichkeit des Kindes.

Die Rechtsstellung des heterolog inseminierten Kindes erweist sich bei anderem Sachverhalt, nämlich bei unwiderlegter Beiwohnungsvermutung, günstiger. Die Situation wird man bei solchen sexuellen Störungen des Ehegatten antreffen können, die ihm trotz Sterilität die Ausübung des Geschlechtsverkehrs gestatten. Die Beiwohnungsvermutung des § 1591 Abs. 2 Satz 1 BGB kann in diesen Fällen nicht entkräftet werden. Die Kausalität der Beiwohnung für die Zeugung kann nunmehr allein durch den Beweis, daß eine Empfängnis durch den Ehemann offenbar unmöglich ist, widerlegt werden. Etwaige Zweifel hinsichtlich der Abstammung, die durch den Beweis nicht ausgeräumt sind, wirken sich nach dem Willen des Gesetzgebers zugunsten der Ehelichkeit des Kindes aus[324].

Es drängt sich bei der konsentierten heterologen Insemination noch ein weiteres Problem auf: Soll man dem Ehemann, der ursprünglich sein Einverständnis zur heterologen Insemination gegeben hatte, überhaupt noch ein Anfechtungsrecht zubilligen?[325] Der Einwand der Verwirkung liegt nahe. § 42 Abs. 2 EheG zum Beispiel spricht aus diesem Gedanken heraus auch dem Ehemann, der dem Ehebruch zugestimmt oder ihn absichtlich gefördert hat, das Recht auf Scheidung ab. Ob er allerdings auch das Recht verliert, die Ehelichkeit eines aus dem konsentierten Ehebruch stammenden Kindes anzufechten, bringt das Gesetz nicht zum Ausdruck. Dieser letzte Sachverhalt aber würde erst dem hier zu entscheidenden Fall gleichen. Man kommt also zu dem Ergebnis, daß das Gesetz keine positive Regelung bereit hält.

---

[323] *Dölle*, S. 200; *Geiger*, S. 50.

[324] *Dölle*, S. 200; *Geiger*, S. 50 f.

[325] Dieselbe Frage stellt sich auch bei der homologen Insemination, nur ist hier eine Anfechtung von vornherein abzulehnen, weil die Befruchtung mit Ehegattensamen — unabhängig, ob ein Einverständnis des Ehemannes vorliegt— jedenfalls zur Ehelichkeit des Kindes führt.

Man könnte nun argumentieren, aus der Entstehungsgeschichte des heute geltenden Anfechtungsrechts der §§ 1594 ff. BGB gehe hervor, daß der Status des Kindes möglichst einem rechtsgeschäftlichen Verhalten des Ehemannes entzogen werden solle, um Abweichungen von der biologischen Wirklichkeit zu verhindern. Schon die alte Gesetzesregelung (§ 1598 a. F. BGB), die dem Ehemann noch das Recht zusprach, das Kind als ehelich anzuerkennen, wurde von der Rechtsprechung einengend ausgelegt: Eine *vor* der Geburt erklärte Anerkennung oder ein vorweggenommener Verzicht auf die Anfechtung der Ehelichkeit des Kindes waren unwirksam[326]. Durch § 6 des Gesetzes über die Änderung und Ergänzung familienrechtlicher Vorschriften und über die Rechtsstellung der Staatenlosen vom 12. April 1938[327] wurde die Möglichkeit, daß der Ehemann durch Verzichtserklärung oder durch Anerkenntnis der Ehelichkeit des Kindes sein Anfechtungsrecht rechtsgeschäftlich ausschließen konnte, vollends abgeschafft. Die amtliche Begründung[328] lautete, die mißbräuchliche Ausübung der Anerkennung der ehelichen Vaterschaft habe die unerwünschte Folge, daß die wirkliche Abstammung des Kindes von den Beteiligten verschleiert werden könne. § 5 des erwähnten Änderungsgesetzes[329] führte zur Unterstützung der neuen rechtspolitischen Zielsetzung noch zusätzlich das Anfechtungsrecht des Staatsanwalts ein, der im öffentlichen Interesse oder im Interesse des Kindes und seiner Nachkommenschaft tätig werden konnte. Inzwischen ist zwar das Anfechtungsrecht des Staatsanwalts rückgängig gemacht worden[330]. Die im Jahre 1938 aufgehobene Möglichkeit eines rechtsgeschäftlichen Ausschlusses der Anfechtung hat der Gesetzgeber jedoch beibehalten. Daraus könnte man ableiten, daß das Anfechtungsrecht — wie nach der bisherigen Rechtslage[331] — grundsätzlich rechtsgeschäftlichen Einwirkungen entzogen sein soll, also das Anfechtungsrecht des Ehemannes nicht durch sein erklärtes Einverständnis in die heterologe Insemination entfällt[332]. Aus dieser Meinung würde folgen, daß der Ehemann sein Anfechtungsrecht nur durch den ungenutzten Ablauf der Anfechtungsfrist von zwei Jahren (§ 1594 Abs. 1 BGB) verlieren kann.

Gegen die vorgetragene Argumentation spricht, daß es bei der Ehelichkeitsanfechtung nach vorhergehender konsentierter heterologer

---

[326] RG JW 1926, 1955 Nr. 7.

[327] RGBl I S. 380.

[328] DJ 1938, 620.

[329] RGBl I S. 380.

[330] Durch Gesetz zur Vereinheitlichung und Änderung familienrechtlicher Vorschriften (Familienrechtsänderungsgesetz) vom 11. 8. 1961 — BGBl I S. 1221 —

[331] *Dölle*, S. 201 f.; *Geiger*, S. 51; *Klein*, S. 154.

[332] Vgl. *Schwoerer*, NJW 1961, 2292 (1. Spalte) und 2293 (1. Spalte).

Insemination *nicht* unmittelbar um eine *rechtsgeschäftliche* Einwirkung des Ehemannes auf das Statusverhältnis geht. Wenn man das Rechtsinstitut des Rechtsmißbrauchs und des venire contra factum proprium durchgreifen läßt, trägt man damit einem allgemeinen Rechtsgedanken Rechnung, der nur *mittelbar* durch rechtsgeschäftliches Verhalten des Ehemannes — durch seine Einwilligung in die heterologe Samenübertragung — ausgelöst wird. — Die Notwendigkeit einer Anwendung des allgemeinen Grundsatzes von Treu und Glauben gebietet sich vordringlich aus der Situation des Kindes. Es darf nicht mit den Nachteilen einer wankelmütigen Einstellung des Ehemannes der Mutter belastet werden. Wenn ein Ehemann ausdrücklich ein Kind für seine Ehe wünscht und deshalb seiner Frau gestattet, sich fremdes Sperma inseminieren zu lassen, trägt er entscheidend zur Entstehung des Kindes bei. Weil er durch seinen Konsens einen maßgeblichen Impuls zur Zeugung des Kindes gegeben hat, darf ihm nicht gestattet werden, sich später nach einem Gesinnungswandel von seiner folgenreichen Entscheidung zu distanzieren. Er hat im voraus die Rechtsfolge der Ehelichkeit in Kauf genommen. Deshalb kann er nicht mehr über die Möglichkeit der Anfechtung verfügen. Der Ehemann hatte bei konsentierter heterologer Insemination Zeit, die Angelegenheit zu durchdenken, er wurde mit der Zeugung des Kindes nicht vor vollendete Tatsachen gestellt. Deshalb verdient er auch in keiner Weise den Schutz, daß ihm das Anfechtungsrecht entgegen seinem vorher geäußerten Willen erhalten wird. Die schutzwürdigen Interessen liegen eindeutig beim Kind.

Man kann auch nicht einwenden, dem öffentlichen Interesse an der Übereinstimmung der Statusverhältnisse mit der Lebenswirklichkeit gebühre uneingeschränkt der Vorrang. Das öffentliche Interesse erscheint schon dadurch geschmälert, daß das Anfechtungsrecht des Staatsanwaltes wieder beseitigt wurde. Außerdem nimmt der Gesetzgeber eine Abweichung von Rechtslage und biologischer Wirklichkeit durch die zweijährige Ausschlußfrist, die für das Anfechtungsrecht des Ehemannes bestimmt ist (§ 1594 BGB), ohnehin in Kauf. Es besteht demnach kein zwingender Grund, einer Verwirkung des Anfechtungsrechts des Ehemannes bei konsentierter heterologer Insemination entgegenzutreten[333]. Dieses Ergebnis gilt natürlich erst recht, wenn eine heterologe Insemination vom Ehemann ohne den Willen oder gegen den Willen der Ehefrau veranlaßt wird.

Im Ergebnis sieht also die Rechtslage zur Ehelichkeit des Kindes wie folgt aus: Gemäß § 1593 BGB kann die möglicherweise bestehende Unehelichkeit eines Inseminationskindes, das innerhalb der Ehe oder innerhalb von 302 Tagen nach der Auflösung der Ehe geboren ist,

---

[333] *Giesen*, S. 188 f.; im Ergebnis auch *Dünnebier*, S. 42.

nur geltend gemacht werden, wenn sie rechtskräftig festgestellt ist. — Das aus einer homologen konsentierten oder nicht konsentierten Insemination stammende Kind gilt im Anfechtungsverfahren nur dann als ehelich, wenn bei widerlegter Beiwohnungsvermutung die Zeugung durch homologe Insemination voll bewiesen wird. Haben die Ehegatten die Beiwohnung zugestanden oder mißlang der Versuch, die Beiwohnungsvermutung des § 1591 Abs. 2 BGB zu widerlegen, so gilt unbestritten für das homolog und heterolog inseminierte Kind gleichermaßen, daß nur die voll bewiesene offenbare Unmöglichkeit der Empfängnis durch den Ehemann die Ehelichkeit beseitigen kann. — Das Anfechtungsrecht des Ehemannes bestimmt sich nach den §§ 1594 f. BGB. Sein Anfechtungsrecht greift nicht mehr durch, wenn die Ausschlußfrist von zwei Jahren abgelaufen ist oder wenn wegen vorheriger Einwilligung in die künstliche Insemination die spätere Ausübung des Anfechtungsrechts mißbräuchlich, d. h. ein venire contra factum proprium ist.

2. Die rechtliche Stellung der Eltern

a) Scheidungsrecht

aa) Bei konsentierter künstlicher Insemination

Die *homologe* einverständliche Insemination gibt keinem der Ehegatten ein Recht auf Scheidung, weil keine schuldhafte Eheverfehlung gegeben ist. Abgesehen davon kann man auch sinngemäß die Vorschrift des § 42 Abs. 2 EheG insofern als Begründung heranziehen, als diese Norm den Scheidungsanspruch des Partners, der seine Zustimmung zum Ehebruch des anderen zum Ausdruck gebracht hat, beseitigt.

Wenn beide Ehegatten einverständlich eine *heterologe* Insemination vornehmen lassen, so kann wiederum keiner der Partner dem anderen den Vorwurf einer schweren schuldhaften Eheverfehlung (§ 43 EheG) machen. Selbst wenn man das Verhalten der Ehefrau als Ehebruch im Sinne des § 42 Abs. 1 EheG qualifizieren würde, wäre eine Scheidung wegen der Zustimmung des Ehemanns nach Abs. 2 derselben Vorschrift ausgeschlossen.

Für jede Art der konsentierten Insemination bietet sich möglicherweise ein Scheidungsgrund nach § 48 EheG, wenn durch vergebliche Bemühung der Ehegatten, auf dem Wege der artifiziellen Insemination ein Kind zu bekommen, die Ehe derart zerrüttet wird, daß eine mehr als dreijährige Aufhebung der häuslichen Gemeinschaft die Folge ist[334]. Die Voraussetzungen des § 48 EheG werden aber in den seltensten Fällen erfüllt sein[335].

---

[334] So *Geiger*, S. 52.
[335] *Giesen*, S. 191.

Denkbar ist aber auch eine Aufhebung der Ehe gemäß den §§ 32, 33 EheG, die derjenige Ehegatte verlangen kann, der sich bei Eingehung der Ehe über die Zeugungsfähigkeit des anderen geirrt hat oder von diesem darüber arglistig getäuscht worden ist. Das spätere Einverständnis des Aufhebungsberechtigten, der Kinderlosigkeit mittels künstlicher Insemination abzuhelfen, kann nicht regelmäßig auch als unbedingte Bereitschaft zur Fortsetzung der Ehe ausgedeutet werden mit der Folge, daß das Aufhebungsrecht hinfällig wäre. Je nach den Umständen des einzelnen Falles kann die Einwilligung in eine künstliche Samenübertragung auch bedeuten, daß die Ehe nur bei einer erfolgreichen Operation fortgesetzt werden soll[336].

bb) Bei nicht konsentierter künstlicher Insemination

Wenn eine *homologe* künstliche Insemination bei einer Ehefrau vorgenommen wird, ohne daß es mit ihrem oder ihres Ehemannes Wissen und Willen geschieht, so hat derjenige Ehegatte, der dem Willen des anderen zuwiderhandelte, eine schuldhafte schwere Eheverfehlung begangen, aus der dem anderen ein Scheidungsanspruch erwächst. Es sind aber auch Fälle denkbar, in denen die Handlung der Frau keinen schweren und böswilligen Vertrauensbruch darstellt, so daß die Scheidung nicht auf diese Verfehlung allein gestützt werden kann[337].

Wird bei der Ehefrau auf Veranlassung ihres Gatten, aber ohne ihre Zustimmung, eine künstliche *heterologe* Insemination vorgenommen, oder läßt umgekehrt die Frau den Eingriff ohne das Einverständnis des Ehemannes ausführen, so entsteht gemäß § 43 EheG demjenigen Ehepartner ein Scheidungsanspruch, gegen dessen Willen die Handlung gerichtet war.

Bei der nicht konsentierten *heterologen* Insemination ist auch die Anwendung des § 42 EheG erwägenswert. Das setzt voraus, daß die künstliche heterologe Insemination einem Ehebruch im Sinne dieser Vorschrift gleichgesetzt werden kann. Nach herrschender Meinung erfordert der Ehebruch die Vollziehung des Beischlafs[338]. Es ist auch nicht etwa Zweck der Vorschrift, die Blutsechtheit der Familie zu schützen, denn der Ehebruch von Mann und Frau wird gleich gewertet. Der Schutz gilt der ehelichen Treue, soweit diese durch bestimmte

---

[336] So *Dölle*, S. 210.

[337] So *Dölle*, S. 210. Denkbar ist z. B. der Fall, daß die Frau ihrem psychologisch schwierigen Ehemann die Illusion eines durch Beiwohnung erzeugten Kindes erhalten will.

[338] *Palandt-Lauterbach*, Anm. 3 zu § 42 EheG; *Beitzke*, FamR S. 122; *Dickertmann*, Statusfragen im Blickfeld künstlicher Befruchtung, NJW 1950, 19.

[339] So *Dölle*, S. 210.

sexuelle Handlungen des Ehegatten mit einem außenstehenden Dritten gebrochen wird[339]. — Dieser Meinung tritt allerdings Geiger[340] entgegen. Die eheliche Treue werde nicht nur durch geschlechtlichen Exzeß gebrochen, sie erfasse vielmehr auch das sexuell neutrale Eindringen eines Dritten in die auf Ausschließlichkeit begründete Geschlechtsgemeinschaft. Es gehe beim Ehebruch im wesentlichen um die Tatsache, daß die Frau oder der Mann die körperliche Potenz und Zeugungskraft, die allein dem anderen Gatten gehöre, einem Dritten zur Verfügung stelle. An diesen Tatbestand knüpfe das Eherecht an; es sei kein Anhaltspunkt oder innerer Grund gegeben, den Begriff des Ehebruchs im Zivilrecht einschränkend im Sinne des normalen Geschlechtsverkehrs auszulegen[341]. Infolge dieser Argumentation kommt Geiger zu dem Ergebnis, daß die heterologe künstliche Insemination ein Scheidungsgrund im Sinne des § 42 EheG ist und für eine nachfolgende Ehe mit dem Ehebrecher ein Ehehindernis darstellt (§§ 6, 22 EheG).

Der Begriff der ehelichen Treue, der der Argumentation Geigers zugrunde liegt, knüpft an die abstrakte Fähigkeit zur Beiwohnung und Fortpflanzung an. Der personelle Bezug zum Ehebrecher — und sei er auch nur sexueller Natur — ist danach unerheblich. Indem auch die künstliche Insemination als Ehebruch gewertet wird, wird die Zeugungskraft lediglich in ihrer physiologischen Wirkung zum Gegenstand der ehelichen Treue gemacht. Eine Kritik hat jedoch daran anzuknüpfen, daß für den hintergangenen Ehegatten in den meisten Fällen gerade in der personalen Beziehung, die sein Partner zu einem Dritten aufnimmt und die er durch den Vollzug des Beischlafs auf das äußerste fördert, das Verletzende, das Ehewidrige liegt. Diese Zuwendung zu dem Dritten bedeutet eine vollkommenere Abwendung gegenüber dem Ehegatten. Die personelle Beziehung, die wesentlichen Anteil am Verhalten der Ehebrecher hat, fehlt aber bei der künstlichen Insemination. Im allgemeinen wird gerade auch deshalb die anonyme Insemination bevorzugt, mit der man von vornherein den Gefahren einer persönlichen Beziehung zu begegnen trachtet. Für die Frau hat die Samenübertragung subjektiv eher den Charakter eines operativen Eingriffs. Eine Gemeinsamkeit mit dem Dritten wird bewußt ausgeschlossen. Die Intention war auch nicht auf eine „Zweckgemeinschaft" zur Zeugung gerichtet, weil dem Samenspender von Anfang an jede Kontaktaufnahme zu dem gezeugten Kind abgeschnitten wird. Es kann also dem Sinn nach nicht davon gesprochen werden, daß die Zeugungskraft und Potenz einem Dritten „zur Verfügung gestellt" worden ist[342].

---

[340] a.a.O., S. 53 ff.

[341] *Geiger*, S. 54.

[342] So aber Geiger, S. 54.

Die tatsächlichen Auswirkungen einer zu eingeschränkten Auslegung des Ehebruchsbegriffs wären ebenfalls in vieler Hinsicht eigentümlich. Die Ehebrecher hätten sich in der Regel nie von Angesicht zu Angesicht gesehen. Der „Ehebruch" könnte nur von der Ehegattin und dem Samenspender begangen werden. Der Ehemann, der ohne Wissen und Willen seiner Frau an ihr eine heterologe Insemination vornehmen ließe, könnte den Tatbestand des Ehebruchs nicht verwirklichen. Ein Samenspender würde durch ein Verhalten (die Samenspende) die eigene Ehe brechen, das zeitlich, örtlich und tatsächlich ohne jede Beziehung zum Verhalten des „Ehebruchspartners" stünde. Es unterliegt auch in der Regel nicht seinem Einfluß, ob und wem das Sperma übertragen wird. Die Ehebrecherin würde ihm von einem Dritten aufgedrängt.

Eine Ungereimtheit entstände auch hinsichtlich des Straftatbestandes des Ehebruchs. Nicht jeder Ehebruch, auf den eine Scheidung gemäß § 42 EheG gestützt worden wäre, könnte zugleich auch das Tatbestandsmerkmal des „Ehebruchs" in § 172 StGB erfüllen. Denn die Strafvorschrift, so vertritt es auch Geiger[343], verlangt den vollzogenen Beischlaf zum Ehebruch[344].

Die Rechtswissenschaft sollte bestrebt sein, Begriffe möglichst identisch zu verwenden. Eine auseinanderfallende Auslegung ist beim Ehebruch nicht zwingend. Wenn das Gesetz einen terminus technicus enthält, der dem normalen Sprachgebrauch entlehnt ist, so stellt der Sprachgebrauch selbst eine Auslegungshilfe dar.

Aus den beschriebenen Abweichungen vom üblichen Ehebruch, der auf Geschlechtsverkehr beruht, aus den befremdenden tatsächlichen Auswirkungen im Scheidungsrecht und aus der offenen Diskrepanz zum strafrechtlichen Tatbestandsmerkmal des Ehebruchs kann insgesamt geschlossen werden, daß der Ehebruch die sexuelle Beziehung, und zwar den Beischlaf, als notwendigen Bestandteil einbezieht. Die künstliche heterologe Insemination kann demnach den Begriff des Ehebruchs auch im Ehe- und Scheidungsrecht nicht erfüllen[345].

Die Situation der Ehegatten im Scheidungsrecht stellt sich zusammengefaßt wie folgt dar: Die konsentierte homologe und heterologe Insemination gibt den Ehegatten kein Scheidungsrecht. Sowohl die homologe als auch die heterologe Samenübertragung ist eine schuldhafte schwere Eheverfehlung im Sinne des § 43 EheG, wenn sie ohne Einverständnis des anderen Ehegatten vorgenommen wird. Eine Anwendung des § 42 EheG ist abzulehnen, weil auch die nicht konsentierte heterologe Insemination nicht unter den Begriff des Ehebruchs

---

[343] a.a.O., S. 53 f.

[344] RGStr 70, 174; *Schönke-Schröder*, Rdnr. 2 zu § 172.

[345] So auch die h. M., vgl. u. a. *Dölle*, S. 210; *W. Weber*, S. 53 ff.; *Dickertmann*, NJW 1950, 19; *Beitzke*, Familienrecht, S. 122; *Becker*, S. 57.

fällt. — Ein Scheidungsgrund kann sich unter Umständen für die konsentierte Samenübertragung aus § 48 EheG ergeben, falls die mißlungenen Versuche einer künstlichen Insemination zu den in dieser Vorschrift genannten Folgen führen. Ferner kann der Ehegatte, der sich über die Zeugungsfähigkeit des anderen bei Eingehung der Ehe geirrt hat oder über sie arglistig getäuscht worden ist, die Aufhebung der Ehe verlangen, es sei denn, seine Einwilligung in eine künstliche Insemination drückt die unbedingte Bereitschaft aus, auch bei einem Mißlingen der Eingriffe die Ehe fortzusetzen.

b) Unterhaltspflicht

In jedem Fall besteht eine gesetzliche Unterhaltsverpflichtung der Mutter eines nach künstlicher Insemination geborenen Kindes.

Für den Muttergatten sieht die Rechtslage differenzierter aus. Solange die Ehelichkeit des Kindes nicht durch eine erfolgreiche Statusklage beseitigt ist, besteht für ihn ebenfalls eine gesetzliche Unterhaltsverpflichtung. Die Pflicht entfällt mit der Rechtskraft des Urteils, in dem das Kind rückwirkend auf den Tag der Geburt für unehelich erklärt wird.

Bei erwiesener homologer Samenübertragung ist das Kind ehelich. Deshalb kann sich der Vater in diesem Fall der gesetzlichen Unterhaltspflicht nicht entziehen. Bei einer heterologen künstlichen Insemination ergibt sich möglicherweise ebenfalls eine Pflicht, für den Lebensunterhalt des Kindes aufzukommen, wenn nämlich der Ehemann in die Vornahme des Eingriffs eingewilligt hatte. Er haftet dann möglicherweise aus vertraglichen Gesichtspunkten. Mit der Zustimmung zur heterologen Samenübertragung übernimmt der Ehemann in der Regel gegenüber seiner Frau die Verpflichtung, für den Unterhalt des Kindes aufzukommen. Das Versprechen begründet gleichzeitig auch gegenüber dem künftigen Kind die Pflicht zur Alimentation. Das Kind erwirbt gemäß § 328 BGB mit seiner Geburt den vertraglichen Anspruch gegen den Scheinvater. Einem wirksamen Vertrag zugunsten Dritter steht nicht entgegen, daß das Kind zur Zeit des Vertragsabschlusses noch nicht gezeugt ist. Das ergibt sich aus § 331 Abs. 2 BGB[346]. Der noch nicht gezeugte Dritte muß lediglich bestimmbar sein[347]. Daran bestehen in diesem Fall keine Zweifel[348].

Das Ergebnis ist also: Die Mutter muß in jedem Fall für den Unterhalt des Kindes sorgen. Der Ehemann ist einer gesetzlichen Un-

---

[346] *Staudinger-Werner*, Anm. 2 zu § 331; *Soergel-Reimer Schmidt*, Anm. 3 zu § 331; RGZ 65, 280.

[347] *Palandt-Danckelmann*, Anm. 2 zu § 331 und Anm. 1 zu § 328; RGZ 106, 126.

[348] So *Dölle*, S. 204.

terhaltsverpflichtung enthoben, wenn er in einer Statusklage erfolgreich die Ehelichkeit des Kindes anficht. Bei einer konsentierten heterologen Insemination hat das Kind gegenüber dem Muttergatten meistens einen vertraglichen Unterhaltsanspruch aus einem echten (berechtigenden) Vertrag zugunsten Dritter. Das Bestehen eines vertraglichen Anspruchs hängt von den Umständen des Einzelfalles ab.

3. Die rechtliche Stellung des Samenspenders

a) Verhältnis zum Kind

Kinder aus heterologer Insemination stammen blutsmäßig von dem Samenspender ab. Diese Abstammung kann für den Spermator unter unterschiedlichen Umständen eine Unterhaltspflicht begründen.

Das Kind einer unverheirateten Frau ist zwar nach der bisherigen Rechtslage nicht mit dem Samenspender verwandt (§ 1589 Abs. 2 BGB), wenn aber feststeht, daß es durch das Sperma eines bestimmten Mannes gezeugt ist und dieser der Samenübertragung zugestimmt hat, kann es von dem Spender Unterhalt gemäß den §§ 1708, 1717 BGB beanspruchen[349]. Dasselbe gilt für das aus heterologer Insemination stammende Kind, das in einer Ehe geboren wurde, dessen Unehelichkeit aber durch Statusklage rechtskräftig festgestellt ist[350].

§ 1717 BGB findet in beiden Fällen Anwendung, obwohl auch diese Gesetzesvorschrift dem Wortlaut nach die Beiwohnung des Zahlvaters voraussetzt. Die ratio legis gestattet aber eine Gleichsetzung der künstlichen Insemination. Allein die natürliche Verwandtschaft ist der innere Grund für die Zahlungspflicht des unehelichen Vaters[351]. Der Gesetzgeber hat auch bei dieser Vorschrift nicht bedacht, daß außer der Beiwohnung auch die künstliche Samenübertragung Ursache für die Abstammung werden kann. Deshalb nahm er lediglich die Beiwohnung in den Gesetzeswortlaut auf. Die Gesetzesvorschrift selbst zeigt aber deutlich, daß allein die Abstammung, nicht die Beiwohnung, die Unterhaltspflicht begründen soll. Im Falle des Mehrverkehrs haften bei ungeklärter Abstammung des Kindes nicht etwa alle Beischläfer, sondern mangels eines eindeutigen Abstammungsverhältnisses keiner der in Betracht kommenden Männer. Der Beiwohnung kommt im Rahmen des § 1717 BGB nur die Bedeutung einer Erzeugungsursache zu. Eine Gleichsetzung der künstlichen Insemination als weitere mögliche Ursache der Zeugung ist deshalb statthaft.

---

[349] *Dölle*, S. 214.

[350] *Dölle*, S. 202.

[351] So auch *W. Weber*, S. 32, 50; *Geiger*, S. 46.

Auch beweisrechtlich erkennt die herrschende Meinung im Rahmen des § 1717 BGB eine Gleichsetzung von natürlichem und künstlichem Zeugungsakt an[352]. Die uneingeschränkte Anwendung der Vorschrift in Hinsicht auf die Beweislast hat ihre naturwissenschaftliche Rechtfertigung in der Feststellung, daß die künstliche heterologe Insemination dem natürlichen Zeugungsakt in keiner Weise nachsteht, sondern in ihrer biologischen Wirksamkeit eventuell noch höher zu bewerten ist[353].

Die beweisrechtliche Gleichstellung der künstlichen Insemination zieht die Konsequenz nach sich, daß der Spermator die Einrede des Mehrverkehrs geltend machen kann. Diese führt für das uneheliche Kind zum Verlust seines Unterhaltsanspruchs, es sei denn, die übrigen Fälle scheiden als Erzeugungsursache wegen offenbarer Unmöglichkeit aus, so daß die Empfängnis allein auf eine bestimmte künstliche Insemination zurückgeführt werden kann. Dem künftigen Kind droht also durch die beweisrechtliche Lage ein erheblicher Nachteil, wenn ein Samengemisch verwendet wird, die Inseminationen mit Sperma verschiedener Männer ausgeführt werden oder außerdem in der gesetzlichen Empfängniszeit eine Beiwohnung stattgefunden hat[354]. Davon abgesehen kennt bei der anonymen Insemination, die die weitverbreiteste Form der Samenübertragung ist, die Mutter den Namen des Samenspenders ohnehin nicht; den Arzt bindet die Schweigepflicht. Ein Unterhaltsanspruch gegen den natürlichen Vater wird deshalb in den meisten Fällen nicht realisierbar sein.

Umstritten ist die Frage, ob auch der Spermator, der der künstlichen Insemination nicht zugestimmt hat, „Zahlvater" werden kann. Es ist nicht der Fall gemeint, in dem der Samenspender seine Einwilligung nicht für den einzelnen konkreten Fall erklärte, aber sein Sperma allgemein für Inseminationen zur Verfügung stellte. Das generelle Einverständnis umfaßt als Klammer die einzelnen in concreto vorgenommenen Samenübertragungen. Ein Konsens des Spermators kann hier nicht in Abrede gestellt werden. Schwierigkeiten bereiten nur die Fälle, bei denen tatsächlich ohne oder gegen den Willen des Samenspenders ein Kind mit seinem Sperma gezeugt wird. Zu denken ist z. B. an den Fall, daß eine zur medizinischen Untersuchung bestimmte Samenprobe mißbräuchlich für eine Insemination verwendet wird.

---

352 *Geiger*, S. 46. *Dölle* kommt auch zu einer Übereinstimmung von materiell- und beweisrechtlicher Lage. Er scheidet aber den mißbrauchten Samenspender aus; anderer Ansicht: *W. Weber*, S. 64, der dem Kind die Beweislast für die Kausalität auferlegen will.

353 Vgl. oben S. 18 f.

354 *Geiger*, S. 46; *Dölle*, S. 214, insbesondere Anm. 89.

Dölle lehnt bei mangelndem Konsens des Spermators dessen Unterhaltspflicht ab[355]. Eine Parallele zur homologen nicht einverständlichen Insemination, bei der gleichwohl der Vater die Ehelichkeit des Kindes und damit die gesetzliche Unterhaltspflicht nicht beseitigen kann, dürfe nicht gezogen werden. Die innere Berechtigung dieses Ergebnisses beruhe auf der Tatsache, daß bei der homologen Samenübertragung zu dem Kriterium der blutsmäßigen Abstammung noch das wesentliche Merkmal hinzutrete, daß die natürlichen Eltern des Kindes durch den gesetzlichen Bund der Ehe zueinander gehören. Die Ehe rechtfertige erst, den abstammungsmäßigen Vater mit den Pflichten des ehelichen Vaters zu belasten, wenn er auch der Zeugung des Kindes aus seinem Samen nicht zugestimmt habe. Bei der sogenannten „Zahlvaterschaft" bestehe lediglich die Voraussetzung der Abstammung. Eine Verantwortung des Spermators für das Kind sei aber weder durch eine eheliche Bindung zur Kindesmutter noch durch den Beiwohnungsakt, noch durch seine Einwilligung in die Insemination begründet. Wenn man einwende, auch die Kindesmutter, der gegen ihren Willen die Empfängnis aufgezwungen sei, werde vom Gesetz ungeachtet ihrer Willensrichtung zur Sorge für das Kind verpflichtet, so berücksichtige man nicht hinreichend, daß die Bindung Mutter — Kind von Natur aus enger sei als die zwischen Vater und Kind[356].

Dieser Meinung kann nicht gefolgt werden. Dem von Natur aus engeren Verhältnis von Mutter und Kind trägt das geltende Recht dadurch Rechnung, daß das Verwandtschaftsverhältnis lediglich auf die mütterliche Seite des Kindes beschränkt ist[357]. Die weniger engen Bande zwischen unehelichem Vater und Kind sollten sich nach dem Willen des Gesetzgebers aber nicht auf die Unterhaltspflicht des Erzeugers auswirken. Die Forderung nach einer zusätzlichen Verantwortlichkeit des Spermators, die neben das Erfordernis des Abstammungsverhältnisses tritt, ist deshalb unbegründet. Die künstliche Insemination muß wie die Beiwohnung, neben die sie in § 1717 BGB als weitere Erzeugungsursache gleichbedeutend tritt, als ein Realakt, nicht als ein Rechtsgeschäft oder eine rechtsgeschäftsähnliche Rechtshandlung angesehen werden. Man ist sich darüber einig, daß die Beiwohnung auch eine Unterhaltspflicht begründet, wenn sie von einem geschäftsunfähigen, geisteskranken, volltrunkenen oder einem Antikonzeptionsmittel verwendenden Beischläfer vorgenom-

---

[355] *Dölle,* S. 203 f.; so auch *Arens,* S. 32 f.; *Köhler,* § 59 II 2; *Erman-Wagner,* Anm. 1 zu § 1591; *W. Weber* — im Anschluß an *Dölle* —, S. 62 ff.

[356] *Dölle,* S. 203.

[357] Das neue Recht der unehelichen Kinder sieht auch hier eine Angleichung vor.

men wird[358]. Es kommt also zur Begründung der Unterhaltspflicht in keiner Weise auf den Willen des natürlichen Vaters an. Ein Willensmoment tritt, wie die erwähnten Beispiele zeigen, auch nicht mittelbar durch die persönliche Nähe des Erzeugers hinzu. Die unterschiedliche Situation der künstlichen Insemination, die in dem Fehlen des unmittelbaren, persönlichen Beteiligtseins des Mannes am Zeugungsakt besteht, ist demnach für den Eintritt der Rechtsfolgen ohne Bedeutung. Diese knüpfen ausschließlich an die blutsmäßige Abstammung an. Auch die konsenslose Samenübertragung verpflichtet den natürlichen Vater nach den §§ 1708, 1717 BGB zur Unterhaltszahlung für das erzeugte Kind[359].

Im Verhältnis des Samenspenders zum Kind kann das Abstammungsverhältnis nur noch Bedeutung im Eherecht gewinnen. Unbestritten gilt zwischen ihnen das Eheverbot der Verwandtschaft gemäß § 4 EheG[360]. Im Ergebnis bleibt festzustellen, daß der Samenspender im Verhältnis zum Kind wie ein unehelicher Vater, der der Kindesmutter beigewohnt hat, behandelt wird — und zwar unabhängig davon, ob er der Samenübertragung zugestimmt hat oder nicht.

b) Verhältnis zur Kindesmutter

Der Spermator, der in die künstliche Insemination eingewilligt hat, könnte gegenüber der Kindesmutter für die Entbindungskosten, die Kosten des Unterhalts der ersten sechs Wochen nach der Entbindung und, falls infolge der Schwangerschaft oder der Entbindung weitere Aufwendungen notwendig werden, auch für die dadurch entstehenden Kosten ersatzverpflichtet sein (§ 1715 BGB). Die Vorschrift des § 1715 BGB setzt schon ihrem Wortlaut nach keine Beiwohnung voraus, so daß der Samenspender als Erzeuger des Kindes sich nicht der Ersatzpflicht entziehen kann.

Wenn die Frau die Insemination selbst verlangt hat, wird man allerdings annehmen müssen, daß sie auf die Geltendmachung dieser Ansprüche verzichten wollte. Da es sich um ihre persönlichen Ansprüche handelt und diese nicht als Unterhaltsanspruch zu qualifizieren sind[361], steht ihr dieser Verzicht frei. Daraus kann selbstverständlich nicht geschlossen werden, daß die Mutter eines heterolog inseminierten Kindes auch auf dessen Unterhaltsanspruch verzichten könnte[362]. Ein einseitiger Unterhaltsverzicht für die Zunkunft ist nach § 1714 Abs. 2 BGB ohnehin nicht zulässig, außerdem bedürfen Unterhaltsverträge, die der Vormund des Kindes

---

[358] *Geiger*, S. 47; *Dölle*, S. 193.

[359] *Geiger*, S. 46 f.; *Klein*, S. 154; *Beitzke*, Familienrecht, S. 190.

[360] Vgl. oben S. 71.

[361] *Palandt-Lauterbach*, Anm. 1 zu § 1715.

[362] So im Ergebnis auch *W. Weber*, S. 51.

mit dem unehelichen Vater abschließt, der Genehmigung des Vormundschaftsgerichts (§ 1714 Abs. 1 BGB).

Hat die Kindesmutter die heterologe Insemination ohne ihren Willen erduldet, so liegt keine Verzichtserklärung hinsichtlich ihrer Ersatzansprüche gegen den Samenspender vor. Wenn der Spermator in diesem Fall — zum Beispiel in einverständlichem Zusammenwirken mit dem Ehemann oder dem Arzt — der Besamung zustimmte, besteht keine Veranlassung, ihn von der Ersatzverpflichtung gegenüber der Mutter zu befreien.

Falls ein Mißbrauch der Samenprobe insofern erfolgt ist, als der betreffende Mann sie gar nicht zum Zweck von Inseminationen Dritten übergab, ist eine abweichende Beurteilung geboten. Dem Wortlaut nach kann zwar auch hier § 1715 BGB eingreifen. Einer Ersatzpflicht des konsenslosen Samenspenders gegenüber der Kindesmutter, die nicht auf die Geltendmachung ihrer Ansprüche verzichtet hat, fehlt es aber an innerer Rechtfertigung. § 1715 BGB gewährt einen gesetzlichen *Schadensersatz*anspruch[363]. Nicht die Abstammung des Kindes begründet also nach der ratio legis die Haftung des Erzeugers gegenüber der Kindesmutter, sondern der Zeugungsakt, für den der uneheliche Vater unter dem Gesichtspunkt der schadenstiftenden Handlung zumindest in einem gewissen Grad verantwortlich sein muß. Die §§ 827, 828 BGB finden entsprechende Anwendung. Für die Beiwohnung ist die Verantwortlichkeit des Beischläfers im allgemeinen zu bejahen. Bei der vom Spermator nicht konsentierten Samenübertragung fehlt aber eine schuldhafte Mitwirkung seiner Person. Eine Schadensersatzpflicht gegenüber der Kindesmutter entsteht deshalb für ihn bei mangelndem Konsens nicht.

Der Samenspender kann möglicherweise nach Deliktsrecht haften, vorausgesetzt, er hat schuldhaft an einer Insemination bei einer Patientin, die dem Eingriff ihr Einverständnis versagt hat, mitgewirkt. Zur Anwendung könnten § 823 Abs. 1 und Abs. 2 BGB in Verbindung mit den §§ 223, 239, 240 StGB, §§ 825 und 826 BGB kommen. Eine wissentliche und willentliche Mitwirkung des Spermators scheidet aber wahrscheinlich in den meisten Fällen aus, weil er seine Samenspende — auch bei generell erklärtem Konsens — in der Regel nicht zur *mißbräuchlichen* Verwendung zur Verfügung stellt. Der Donor darf die Samenspende allerdings nicht leichtfertig Personen überlassen, bei denen er eine mißbräuchliche Verwendung nicht ausschließen kann. Unter Beachtung dieses Erfordernisses kann man ihn mangels eines Verschuldens nicht für eine deliktsrechtliche Haftung heranziehen.

---

[363] *Palandt-Lauterbach,* Anm. 1 zu § 1715.

c) Verhältnis zum Ehemann

aa) Bei heterologer Insemination ohne Einverständnis des Ehemannes

Der Ehemann, der mit einer heterologen Insemination nicht einverstanden war, kann vom Samenspender Ersatz der Aufwendungen verlangen, die er für Mutter und Kind auf Grund des Eingriffs gemacht hat. Die Durchsetzung der Ersatzansprüche kann aber erst nach der rechtskräftigen Feststellung der Unehelichkeit des Kindes erfolgen[364].

Die Sechswochenkosten für die Mutter muß bei konsentierter Samenspende der Spermator tragen, so daß der Ehemann seine Auslagen von ihm zurückverlangen kann. Ebenso verhält es sich mit den Unterhaltsleistungen, die der Scheinvater dem Kind bisher erbracht hat. Der Anspruch stützt sich auf § 1709 Abs. 2 BGB in analoger Anwendung. Ein Anspruch aus Geschäftsführung ohne Auftrag scheitert dagegen zumeist an der Tatsache, daß der Ehemann eine eigene Verpflichtung erfüllen wollte. Auch für § 812 BGB fehlen die Voraussetzungen: Der Unterhalt wird vom ehelichen Vater in natura, von dem unehelichen Vater dagegen in Geld geleistet. Der uneheliche Vater kann aber durch die Leistung des ehelichen Scheinvaters nicht entlastet werden, weil er unabhängig von der Bedürftigkeit des Kindes zahlen muß. Die Unterhaltsleistungen des Scheinvaters haben demnach den unehelichen Vater nicht von seiner Verbindlichkeit befreien können[365]. — Es bleibt also für die Ersatzansprüche des Ehemannes als Anspruchsgrundlage allein § 1709 Abs. 2 BGB in analoger Anwendung.

Weiter ist ein Anspruch des Ehemannes aus unerlaubter Handlung wegen des ihm zugefügten materiellen Schadens erwägenswert. § 823 Abs. 1 BGB ist jedoch nur gegeben, wenn der Ehegatte an dem anderen Gatten ein absolutes, gegen jedermann wirkendes Personenrecht besitzt, mit dem er Ehestörungen eines Dritten abwehren kann. Das ist herrschende Lehre[366]. Uneinigkeit herrscht jedoch darüber, ob dieses Personenrecht ein „sonstiges Recht" im Sinne des § 823 Abs. 1 BGB darstellt. Während sich der Bundesgerichtshof ablehnend geäußert hat[367], weil der hohe sittliche Wert der Ehe ihm ein Hindernis für die Geltendmachung materiellen Schadens zu sein scheint,

---

[364] BGHZ 24, 9; 26, 217; *Beitzke*, Familienrecht, S. 156.

[365] *Beitzke*, Familienrecht, S. 156; *Gernhuber*, S. 629; *Gaul*, FamRZ 1963, 215; BGH NJW 1967, 559; LG Hannover, NJW 1967, 1969; LG Bonn, NJW 1966, 2119 mit Anmerkung von *Beitzke*.

[366] *Geiger*, ÄM 39 (1954) S. 763; *Dölle*, S. 218; M. *Wolff*, S. 103, Anm. 7; *Fabricius*, AcP 160, 328; *Giesen*, S. 205.

[367] BGHZ 23, 215 und 279; 26, 217.

bejaht die überwiegende Meinung der Literatur speziell gegenüber dem außenstehenden Ehestörer die Anwendung des § 823 BGB[368]. Sie hält das Recht am anderen Ehegatten unter Hinweis auf Art. 6 GG für ein schutzwürdiges Personenrecht und befürwortet sogar eine Anwendung des § 823 Abs. 2 BGB in Verbindung mit Art. 6 GG[369].

Der Rechtsprechung des Bundesgerichtshofs kann in der Tat nicht gefolgt werden. Es mag wohl im Verhältnis der Ehegatten zueinander gelten, daß die Ehe gemäß ihrem sittlichen Gehalt nicht im Hinblick auf wirtschaftliche Vorteile geschlossen wird und daß die eheliche Treue nicht Gegenstand vermögensrechtlicher Folgen werden darf. Auf das Verhältnis des schadensersatzbegehrenden Ehegatten zu dem außenstehenden Ehestörer ist dieser Gedanke aber nicht anzuwenden. Für die Schonung des Dritten besteht kein Anlaß. Deshalb ist er aus § 823 BGB zum Ersatz des dem anderen Ehegatten entstandenen materiellen Schadens verpflichtet.

Der Ehemann kann bei nicht konsentierter heterologer Insemination aber auch Genugtuung für den ideellen Schaden verlangen. Ohne Zweifel ist er in seiner Ehre verletzt. Die Verletzung erhält den Schutz der Rechtsordnung durch das Institut des allgemeinen Persönlichkeitsrechts, dem die Anerkennung grundsätzlich nicht versagt wird. Der durch die Art. 1 und 2 GG verfassungsmäßig garantierte Persönlichkeitsschutz bedarf zur wirksamen Durchsetzung der zivilrechtlichen Sanktion, die mit dem allgemeinen Persönlichkeitsrecht als sonstiges Recht im Sinne des § 823 BGB eingeleitet wurde. Die Ehre, die in der Persönlichkeit und der Würde des Menschen verwurzelt ist, verdient den Schutz der Rechtsordnung nicht minder als die von § 823 Abs. 1 BGB erfaßten Sachgüter[370]. Der hintergangene Ehemann kann also aus den §§ 823 Abs. 1, 847 BGB[371] eine materielle Genugtuung für den erlittenen ideellen Schaden verlangen.

Dölle gibt zu Bedenken, daß nicht jedes leicht fahrlässige Handeln des Samenspenders, sondern nur eine sittenwidrige Verhaltensweise die Schadenersatzpflicht aus unerlaubter Handlung herbeiführen dürfe[372]. Das Bedürfnis nach einer Einschränkung der Haftung des

---

[368] *Palandt-Lauterbach*, Einf. 1 vor § 1353; *Dölle*, S. 218; *Beitzke*, Familienrecht, S. 54 f.; *Boehmer*, AcP 155, 181 (187—194); *Fabricius*, AcP 160, 328 und 335; *Heyll*, S. 115; *Giesen*, S. 206; a. A. *Geiger*, S. 57 f.

[369] *Fabricius*, a.a.O., 322 ff.; *Boehmer*, a.a.O., S. 187, 193; *Beitzke*, Familienrecht, S. 54 meint, Art. 6 GG sei wegen seines schwer konkretisierbaren Inhalts nicht unmittelbar Schutzgesetz im Sinne des § 823 Abs. 2 BGB.

[370] *Nipperdey* in Grundrechte II S. 38; *Maunz-Dürig*, Rdnr. 38 zu Art. 1 Abs. 1.

[371] Vgl. *Giesen*, S. 208 f.

[372] a.a.O., S. 220.

Donors besteht aber nicht. Da er nicht unmittelbar selbst die künstliche Insemination ausführt, ist ihm ein schuldhaftes Verhalten ohnehin nur vorzuwerfen, wenn er die Spermaspende Dritten überläßt, von deren integrem Vorgehen er sich nicht ausreichend überzeugt hat. Diese Anforderung ist nicht zu hoch gespannt; falls sie verletzt wird, erscheint eine Haftung des Samenspenders gerechtfertigt.

Für den Samenspender kommt demnach eine Haftung aus § 823 Abs. 1 und § 823 Abs. 2 BGB in Verbindung mit einer entsprechenden Schutzvorschrift in Betracht. Schutznormen können sowohl Art. 6 GG wie die strafrechtlichen Beleidigungstatbestände sein. Hat der Spermator außerdem im Bewußtsein gehandelt, dem Ehemann durch die Mithilfe bei der künstlichen Zeugung des Kindes einen Schaden zuzufügen, könnte eine Schadensersatzpflicht auch nach § 826 BGB begründet sein. Ob der tatbestandsmäßig erforderliche Sittenverstoß gegeben ist, kann nicht generell, sondern nur nach den konkreten Umständen des Einzelfalles beurteilt werden. Im Ergebnis kann man jedoch sagen: Für den Samenspender, der sein Sperma nur integren Personen anvertraut, bei denen er sicher sein darf, daß sie die Insemination nur bei beiderseitigem Einverständnis der Eheleute vornehmen, wird eine Deliktshaftung nicht praktisch werden. Eine Ersatzpflicht analog § 1709 BGB ist allerdings bei der vom Ehemann nicht konsentierten heterologen Insemination nicht auszuschließen. Die Geltendmachung des Anspruchs setzt jedoch regelmäßig die erfolgreiche rechtskräftige Anfechtung der Ehelichkeit des Kindes voraus.

bb) Bei heterologer Insemination mit Einverständnis des Ehemannes

Sollte der Ehemann trotz seines erklärten Einverständnisses die Ehelichkeit des Inseminationskindes erfolgreich angefochten haben[373], so stellt sich die Frage, ob er auch unter den veränderten Umständen Ersatz für den in der Vergangenheit gezahlten Unterhalt verlangen kann.

In der Regel wird man bei erteilter Zustimmung annehmen dürfen, daß der Erklärende zugleich stillschweigend auf die Geltendmachung seiner Ersatzansprüche verzichten wollte.[374] Ehemann und Samenspender könnten auch einen ausdrücklichen Freistellungsvertrag abgeschlossen haben.

Diese vermögensrechtlichen Dispositionen des Ehemannes sind wirksam, denn es ist nicht einzusehen, warum er sich nicht im voraus vertraglich verpflichten können soll, den Erzeuger von seiner gesetzlichen Unterhaltspflicht freizustellen. Obwohl dem Ehemann nach

---

[373] Was nach der herrschenden Meinung möglich ist, vgl. oben S. 77.
[374] So *Geiger* für das Verhältnis Arzt — Ehegatten, S. 57.

der herrschenden Meinung nicht gestattet ist, sich im voraus seines Anfechtungsrechts zu begeben, kann er doch eine rechtsgeschäftliche Verpflichtung vermögensrechtlicher Art im Hinblick auf den Unterhalt des künftigen Kindes treffen[375]. Das Argument, mit dem die herrschende Meinung einen Ausschluß der Anfechtung ablehnt, daß nämlich die *Statusverhältnisse* einer rechtsgeschäftlichen Einflußnahme entzogen sein sollen, trifft nicht gleichermaßen auf *vermögensrechtliche* Dispositionen des Ehemannes zu. Der Samenspender kann sich demnach im Einvernehmen mit dem Ehemann gegen die auf ihn zukommenden gesetzlichen Ansprüche absichern.

In keinem Fall der künstlichen Samenübertragung, auch nicht bei einverständlicher künstlicher Insemination, gewährt die Rechtsordnung dem Spermator einen Honoraranspruch für die Samenspende. Die vertraglichen Abmachungen sind wegen Sittenwidrigkeit nach § 138 BGB nichtig, weil nach der in der Rechtsgemeinschaft herrschenden Durchschnittsanschauung die Potenz nicht zum Gegenstand eines gewinnbringenden Rechtsgeschäfts gemacht werden kann[376].

4. Die rechtliche Stellung des Arztes

a) Das Rechtsverhältnis zwischen dem Arzt und den Ehegatten

Wenn die beiden Ehegatten ihre Zustimmung zur künstlichen Insemination erteilten, entsteht nicht immer ein Vertrag mit dem Arzt. Bedenken sind aus § 138 BGB zu entnehmen. Die sittliche Vertretbarkeit eines Vertragsabschlusses über die Vornahme einer künstlichen Samenübertragung ist zweifelhaft[377].

Für das Kriterium der Sittenwidrigkeit ist nicht zuletzt entscheidend, welche Stellung die Ärzteschaft zur künstlichen Insemination einnimmt, wenn auch nicht sie allein die Stimme der Allgemeinheit repräsentiert. Die Ärzteschaft hat ihre Ablehnung nur gegenüber der heterologen Insemination erklärt, während sie die homologe künstliche Samenübertragung akzeptiert[378]. Das gestattet zumindest den Schluß, daß ein Vertrag der Ehegatten mit dem Arzt über die

---

[375] Zweifelnd *Richter,* S. 86.

[376] *Richter,* S. 87. Man könnte de lege ferenda den Honoraranspruch des Samenspenders auch als Naturalobligation ausgestalten. Der Gesetzgeber kann auf diese Weise die Mißbilligung einer Entgeltlichkeit der Samenspende zum Ausdruck bringen, ohne die Handlung insgesamt als sittenwidrig abzustempeln. Der Vorteil einer solchen Regelung besteht für den Spermator darin, daß das auf eine unvollkommene Verbindlichkeit Geleistete zumindest nicht zurückgefordert werden kann. Auf anderem Weg — nämlich über § 817 Satz 2 BGB — bleibt der Samenspender aber auch bei Unsittlichkeit des Spendervertrages im Besitz des schon geleisteten Honorars.

[377] *Geiger,* S. 59 ablehnend, *Richter,* S. 88 bejahend.

[378] Vgl. oben S. 21 f.

homologe Insemination sittlich zu billigen ist[379]. Auch die heterologe Samenübertragung sollte nur unter Berücksichtigung aller Begleitumstände bewertet und nicht *generell* als unsittlich verdammt werden[380]. Im Einzelfall kann durchaus einmal ein besonderer, ethisch wertvoll zu beurteilender Sachverhalt vorliegen[381].

Wenn der Vertrag nichtig ist, entfallen gegenseitige Ansprüche auf Honorarleistung einerseits und Vornahme des Eingriffs sowie Schadensersatz wegen positiver Vertragsverletzung andererseits.

Unabhängig vom Zustandekommen eines Vertrages können deliktische Schadensersatzansprüche gegeben sein. Der Eingriff als solcher erfüllt keinen Deliktstatbestand, wenn beide Eheleute mit der künstlichen Insemination einverstanden waren. In diesen Fällen ist nur ein unsachgemäßes medizinisches Vorgehen deliktsrechtlich bedeutsam. Es kann zum Beispiel mangelhafter Samen verwendet, ein erbkranker oder kriminell veranlagter Samenspender herangezogen worden oder eine Verwechslung der Samenprobe leichtfertig unterlaufen sein. Trifft den Arzt in derartigen Fällen ein vorsätzliches oder fahrlässiges Verschulden, haftet er für allen weiteren Schaden. Aber selbst wenn es der Arzt lediglich fahrlässig versäumt hat, die Eheleute über die Folgen oder zumindest über die Gefahrenmöglichkeiten, die mit einer künstlichen Insemination in rechtlicher, biologischer, psychologischer Hinsicht verbunden sind, aufzuklären, trifft ihn die Haftung für einen adäquat verursachten Schaden. Für den Arzt ist demnach äußerste Vorsicht geboten[382].

Es liegt nahe, daß unter den beschriebenen Umständen ein stillschweigender Haftungsverzicht oder ein ausdrücklicher Vertrag über den Ausschluß der Haftung (Freizeichnung) von Bedeutung ist. Bei jeder einverständlichen Insemination kann man durchaus den konkludent erklärten Verzicht auf die Geltendmachung von Ansprüchen, die aus der künstlichen Insemination erwachsen, unterstellen. Das hängt nicht von der Gültigkeit des Arztvertrages ab, da die Vorgänge kein einheitliches Rechtsgeschäft bilden mit der Folge, daß durch § 139 BGB auch die Nichtigkeit des Haftungsverzichts herbeigeführt würde. Der Haftungsverzicht ist auch nicht für sich genommen unsittlich, weil er keine sittenwidrige Leistung zum Gegen-

---

379 So im Ergebnis auch *W. Weber*, S. 67—69; zu Recht verneint er jedoch die Sittlichkeit, falls die Zustimmung eines Partners fehlt, S. 70 f.; so auch *Giesen*, S. 200; *Dölle*, S. 224; a. A. *Geiger*, S. 59.

380 So aber die h.M., vgl. *Giesen*, S. 200; *W. Weber*, S. 71; für Ausnahmen *Dölle*, S. 224.

381 *Dölle*, S. 224.

382 *Richter*, S. 88; *Geiger*, S. 57; a.A. *Dölle*, der nur unter den gesteigerten Voraussetzungen des § 826 BGB eine Deliktshaftung eingreifen lassen will.

stand hat. Das gilt natürlich auch in gleicher Weise für den ausdrücklich vereinbarten Freizeichnungsvertrag[383].

Der Unterschied zwischen stillschweigendem Haftungsverzicht und Freizeichnungsvertrag besteht aber in einer verschiedenen Reichweite. Der stillschweigende Verzicht auf die Geltendmachung von Ersatzansprüchen bezieht sich nicht auf Fälle, in denen man dem Arzt ein unsachgemäßes Vorgehen anlasten kann. Wenn ihm ein Fehler hinsichtlich des injizierten Samens unterlaufen ist, ist seine Situation rechtlich nicht günstiger als die eines Kollegen, dem bei einer anderen ärztlichen Dienstleistung ein Kunstfehler passierte. — Die zahlreichen Haftungsmöglichkeiten wegen eines unsachgemäßen Verhaltens, die gerade bei der Auswahl des Samenspenders sehr schwerwiegend sein können, vermag bestenfalls der Freizeichnungsvertrag zu verhindern. Die Grenze der vertraglichen Haftungsmilderung ist aber vorsätzliches Handeln (§ 276 II BGB), das stets eine Schadensersatzpflicht begründet. Im übrigen müssen die Patienten wissen, welche Gefahren bestehen, damit sie erkennen, welcher möglichen Ansprüche sie sich begeben. Verletzt der Arzt hier bereits vorsätzlich seine Aufklärungspflicht, hilft ihm die Freizeichnung nichts[384].

b) Ansprüche der Ehefrau bei mangelndem Einverständnis

Ein Arzt, der ohne das Wissen und den Willen der Frau an ihr eine künstliche Insemination vollzieht, löst seine deliktsrechtliche Haftung aus.

Der ärztliche Eingriff fällt sowohl unter § 823 Abs. 1 BGB als auch unter § 823 Abs. 2 BGB in Verbindung mit den §§ 223, 239, 240 StGB. Oft wird man die Handlung gleichzeitig als vorsätzliche sittenwidrige Schädigung bezeichnen können, so daß auch eine Haftung nach § 826 BGB begründet ist.

Weiterhin kommt eine Haftung gemäß § 825 BGB in Betracht. Der Tatbestand setzt voraus, daß „eine Frauensperson durch Hinterlist, durch Drohung oder unter Mißbrauch eines Abhängigkeitsverhältnisses zur Gestattung der außerehelichen Beiwohnung bestimmt" wurde. Der Begriff der außerehelichen Beiwohnung schließt die analoge Anwendung der Vorschrift auf die heterologe Insemination nicht aus, weil die ratio legis eine Gleichbehandlung zuläßt. Der Gesetzgeber hat die Möglichkeit der künstlichen Sameneinbringung nicht bedacht, er hätte sie aber gegebenenfalls als ähnliche Schadensursache gleichbehandelt wissen wollen[385].

---

383 Im Ergebnis ebenso *Geiger*, S. 57.

384 *Richter*, S. 88.

385 *Geiger*, S. 56 f.; *Dölle*, S. 221; *W. Becker*, S. 58; *W. Weber*, S. 72 ff.; *Giesen*, S. 202; a.A. *Dickertmann*, NJW 1950, 18.

Der Schadensersatzanspruch der Ehefrau umfaßt alle ihr aus dem Eingriff erwachsenden Aufwendungen. Das sind die Kosten der Entbindung, ärztlichen Versorgung, Aufwendungen für Gesundheitsschäden, die bei der Schwangerschaft oder durch die Geburt entstehen. Auch die Unterhaltsleistungen, die die Mutter kraft Gesetzes ihrem Kinde leisten muß, können als adäquater Schaden geltend gemacht werden[386]. Ein Schmerzensgeld ist der Patientin in analoger Anwendung des § 847 Abs. 2, zweite Alternative BGB zu gewähren[387].

c) *Ansprüche des Ehemannes bei mangelndem Einverständnis*

Erfolgt die künstliche Insemination — eine homologe oder auch eine heterologe — ohne Wissen und Willen des Ehemannes, so kann er von dem Arzt, vorausgesetzt daß diesen ein Verschulden trifft, Schadensersatz wegen unerlaubter Handlung verlangen. Der Arzt handelt in diesem Fall als Ehestörer, da er das absolute Recht, das der Ehemann auf die eheliche Treue seiner Frau hat, durch den Eingriff der künstlichen Insemination verletzt (§ 823 Abs. 1 und Abs. 2 BGB in Verbindung mit Art. 6 GG)[388]. Der hintergangene Muttergatte kann deshalb für alle aus der schadenstiftenden Handlung folgenden materiellen Nachteile Entschädigung verlangen.

Auch für den zugefügten ideellen Schaden ist ihm eine Genugtuung zu gewähren. Der Ehemann wird sowohl bei der homologen wie bei der heterologen Insemination, die gegen sein Einverständnis erfolgen, in seiner Ehre gekränkt. Durch die hinter seinem Rücken vorgenommene künstliche Samenübertragung bringt der Arzt zum Ausdruck, daß er dem Ehemann das Recht abspricht, über die Fortpflanzung in seiner Familie selbst zu entscheiden. Für die darin liegende Verletzung seines Persönlichkeitsrechts kann der Ehemann eine materielle Genugtuung gemäß § 847 BGB verlangen[389].

Eine Haftung des Arztes gegenüber dem Ehemann kann auch gemäß § 823 Abs. 2 BGB in Verbindung mit den Beleidigungsstraftatbeständen begründet werden.

Wenn dem Arzt der mangelnde Konsens des Ehegatten bekannt ist, wird auch über § 826 BGB auf Grund der Sittenwidrigkeit der vorsätzlichen Schädigung eine Haftung ausgelöst[390].

---

[386] *Giesen*, S. 202.

[387] *Geiger*, S. 56; *Dölle*, S. 221; *W. Weber*, S. 75; *Giesen*, S. 202.

[388] Vgl. oben S. 90.

[389] Vgl. oben S. 90.

[390] *Geiger*, S. 58; *Dölle*, S. 218, der allerdings jede deliktsrechtliche Haftung nur bei Verstoß gegen die guten Sitten durchgreifen lassen will.

d) Ansprüche des Samenspenders bei mangelndem Einverständnis

Es wurde schon auf die Möglichkeit hingewiesen, daß der Spermator gar nicht wußte oder wollte, daß man seinen Samen zur künstlichen Zeugung verwandte.

Man könnte auf den Gedanken kommen, ob nicht in diesem Fall der Arzt als Erzeuger des Kindes anzusehen sei. Danach entstände die Unterhaltspflicht gemäß den §§ 1717, 1708 BGB in seiner Person. Geiger[391] führt aber gegen diese Erwägung zutreffend aus, daß die Vaterschaft sich nicht als Problem der Kausalität einer bestimmten Handlung darstelle, sondern daß allein die biologische Abstammung die ratio legis des § 1717 BGB ausmache. Wenngleich der Arzt die im Rechtssinn selbständige, letzte Bedingung für die Schwangerschaft setzte, macht ihn diese Handlung dennoch nicht zum biologischen Vater des Kindes[392].

Trifft den Arzt bei der Verwendung von Samen eines nicht konsentierenden Spermators ein Verschuldensvorwurf, so haftet er nach Deliktsrecht. Auch in diesem Fall wird man — vorausgesetzt, man billigt die Rechtsprechung zum Persönlichkeitsrecht — dem Samenspender einen Anspruch aus § 823 Abs. 1 BGB zubilligen müssen[393]. In dem Vorgehen des Arztes kann auch eine Beleidigung des Samenspenders liegen, so daß man § 823 Abs. 2 BGB in Verbindung mit dem entsprechenden Straftatbestand anwenden kann. § 826 BGB kommt bei einem zusätzlichen Sittenverstoß und vorsätzlicher Schädigung als weitere Anspruchsgrundlage in Betracht.

Der mißbrauchte Samenspender kann die gesamten Aufwendungen, die er kraft Gesetzes für Mutter und Kind erbringen muß, als Schaden geltend machen. Wegen der Verletzung des Persönlichkeitsrechts ist ihm ein Schmerzensgeld gemäß § 847 BGB zu gewähren.

e) Ansprüche des Kindes

Dem Kind könnte sowohl ein vertraglicher als auch ein deliktischer Schadensersatzanspruch zustehen, wenn es infolge der Insemination mit einem Gesundheitsschaden zur Welt kommt. — Ein vertraglicher Anspruch ergibt sich nur bei einem von der Rechtsordnung sittlich gebilligten Vertrag zwischen Eltern und Arzt. Die vertragliche Leistungspflicht des Arztes, eine künstliche Insemination vorzunehmen, enthält zugleich Schutzwirkungen für das Kind[394]. Dem steht gemäß § 331 Abs. 2 BGB nicht entgegen, daß das Kind zur Zeit des Vertragsabschlusses noch nicht gezeugt ist. Ein Hindernis kann man auch nicht darin sehen, daß das schadenstiftende Ereignis

---

[391] S. 47 f.

[392] *W. Weber,* S. 72; *Dickertmann,* NJW 1950, 18.

[393] Zweifelnd *Dölle,* S. 220; zustimmend *W. Weber,* S. 40 f.

[394] *Giesen,* S. 201.

schon *vor* der Erzeugung des Kindes liegt. Wenn auch der Fehler eher unterlaufen ist, erstrecken sich doch die schädlichen Folgen erst auf die Zeit nach der Geburt. Sie sind deshalb so zu behandeln, als seien sie mit der Vollendung der Geburt entstanden. Der Bundesgerichtshof hat in diesem Sinne entschieden, daß ein schuldhafter Kausalverlauf schon seinen Anfang nehmen kann, bevor das geschützte Leben angefangen hat zu existieren[395].

Aus der schuldhaften Verletzung der Schutzpflichten erwächst dem Kind demnach ein eigener vertraglicher Schadensersatzanspruch gegenüber dem Arzt.

Dem Kind stehen wegen kausal verursachter Gesundheitsschäden auch deliktische Schadensersatzansprüche gegen den Arzt zu. Wiederum ist die Abweichung vom normalen Kausalverlauf mit den schon oben erwähnten Argumenten zu überbrücken. Man muß sich von der Vorstellung lösen, daß die Existenz des Verletzten zeitlich vor dem Beginn der Kausalkette zu liegen hat. Es genügt zur Begründung eines Schadensersatzanspruchs des später geborenen Kindes, daß „durch die schadenstiftende Handlung unmittelbar oder mittelbar eines der in § 823 Abs. 1 BGB bezeichneten Lebensgüter verletzt wird, sofern nur zwischen der schadenstiftenden Handlung und der eingetretenen Rechtsgutsverletzung ein Kausalzusammenhang im Sinne der Adäquanztheorie besteht“[396].

Der deliktische Schadensersatzanspruch erwächst dem Kind aber nicht schon generell dadurch, daß es infolge der künstlichen Zeugung von Anbeginn mit der Beschwernis einer unsicheren Vermögenslage belastet ist. Der Schaden, der dem Kind durch unzureichenden Unterhalt und Wegfall des väterlichen Erbrechts entsteht, wenn der Scheinvater die Ehelichkeit erfolgreich anficht, ist nicht dem Arzt im Wege der Deliktshaftung anzulasten. Abgesehen davon, daß § 823 Abs. 1 BGB nicht das Vermögen als solches schützt, stellt allein die Tatsache der Illegitimität keine Schädigung dar. Das Kind verdankt dem ärztlichen Eingriff immerhin seine Existenz. Selbst wenn sie unter wirtschaftlich ungünstigen Voraussetzungen steht, bildet sie ein positives Gut. Eine Deliktshaftung des Arztes kommt deshalb nur bei schuldhaft verursachten Gesundheitsschäden des Kindes in Betracht.

f) Zusammenfassung

Der Arzt ist den Ehegatten bei einverständlicher Insemination nicht ersatzpflichtig, vorausgesetzt er führt den Eingriff kunstgerecht durch. Bei unsachgemäßem Vorgehen haftet er für den dadurch ver-

---

[395] BGHZ 8, 243—249 unter Aufgabe der bisher vertretenen anderslautenden Auffassung (vgl. BGH JZ 1952, 167 f.).

[396] BGHZ 8, 246.

ursachten Schaden nach Deliktsrecht, selbst wenn hinsichtlich der normalen Kosten (Unterhalt, Entbindungskosten u. ä.) ein Haftungsverzicht (stillschweigend oder ausdrücklich) erklärt wurde. Der Arzt kann jedoch durch einen sogenannten Freizeichnungsvertrag seine Haftung bis zur Grenze des Vorsatzes ausschließen.

Erfolgt die Insemination ohne Zustimmung der Ehefrau, haftet der Arzt ihr gegenüber gemäß § 823 Abs. 1 und Abs. 2 BGB in Verbindung mit dem entsprechenden Schutzgesetz und gemäß den §§ 825, 826 BGB. — Ist der Ehemann nicht mit der künstlichen Samenübertragung einverstanden gewesen, haftet der Arzt — ausgenommen § 825 BGB — wie im vorhergehenden Fall. — Gleichermaßen wie dem Ehemann haftet der Arzt dem Spermator, der seinen Samen nicht willentlich für die künstliche Insemination zur Verfügung stellte.

Wenn infolge des ärztlichen Eingriffs das Kind mit einem Gesundheitsschaden zur Welt kommt, kann das Kind gegebenenfalls vertragliche und deliktische Schadensersatzansprüche geltend machen.

II. Strafrechtliche Problematik

Schon nach dem geltenden Strafrecht ist die künstliche Insemination unter Umständen strafbar. Im folgenden sollen alle Deliktstatbestände, die im Zusammenhang mit dem künstlichen Eingriff vorkommen können, kurz dargestellt werden.

1. Personenstandsfälschung (§ 169 StGB)

Man könnte annehmen, daß diejenige Person, die ein Kind, das aus einer heterologen Insemination hervorgegangen ist, beim Standesamt als eheliches Kind der Kindesmutter und ihres Ehemannes anmeldet, den Personenstand des Neugeborenen verfälscht. Täter könnten zum Beispiel der Ehemann oder der unter gewissen Umständen meldepflichtige Arzt sein, Personen also, die genau wissen, daß ihre für das Geburtsregister vorgebrachten Angaben nicht dem wahren Abstammungsverhältnis entsprechen.

Der beschriebene Sachverhalt kann jedoch den Straftatbestand des § 169 StGB nicht erfüllen. Das ergibt sich eindeutig aus dem geschützten Rechtsgut: Der objektive bürgerlichrechtliche Status einer Person soll vor Verfälschungen bewahrt werden[397].

Als Sonderfälle der Personenstandsveränderung führt die Gesetzesbestimmung das Unterschieben und die Verwechslung eines Kindes auf. Diese beiden Begehungsarten scheiden schon nach dem Wortlaut aus. Auch die Tatbestandsvoraussetzungen der Veränderung oder Unterdrückung des Personenstandes entfallen, weil das Kind

---

[397] *Schönke-Schröder,* Rdnr. 2 zu § 169; *Maurach,* Besonderer Teil, S. 385/386.

vor Rechtskraft des Statusurteils, das erst auf eine erfolgreiche Ehelichkeitsanfechtung ergeht, im Sinne des Gesetzes ehelich ist (§§ 1591, 1593 BGB). Nach der gesetzlichen Vaterschaftsvermutung gilt der Ehemann der Kindesmutter demnach zur Zeit der Anmeldung beim Standesregister als Vater des aus der heterologen Insemination stammenden Kindes. Der Standesbeamte dürfte, selbst wenn er über die Abstammung des Kindes aufgeklärt würde, nur den Ehemann als Vater des Kindes eintragen. Er darf nicht einmal einen sogenannten Randvermerk aufnehmen, aus dem sich die blutsmäßige Abstammung des Kindes ergibt[398].

Selbst wenn die Person, die das Kind anmeldet, sich vorstellt, einen Straftatbestand zu verwirklichen, sind nicht die Voraussetzungen für einen untauglichen Versuch gegeben (§§ 169 Abs. 2, 43 Abs. 2 StGB). Es handelt sich in diesem Fall vielmehr um ein Wahn- oder Putativdelikt: Der Täter kennt den an sich straflosen Sachverhalt, er nimmt nur irrtümlich an, er sei strafbar. Dieses Verhalten wird unstreitig nicht unter Strafe gestellt[399]. Unter dem Gesichtspunkt der Personenstandsfälschung kommt demnach eine Bestrafung der an der künstlichen Insemination Beteiligten nicht in Betracht.

2. Verletzung der Unterhaltspflicht (§ 170 b StGB)

Nach § 170 b StGB macht sich strafbar, „wer sich einer gesetzlichen Unterhaltspflicht vorsätzlich entzieht, so daß der Lebensbedarf des Unterhaltsberechtigten gefährdet ist oder ohne öffentliche Hilfe oder die Hilfe anderer gefährdet wäre".

Wie aus den zivilrechtlichen Erörterungen hervorgeht, ist jedenfalls die Mutter des aus künstlicher Insemination stammenden Kindes nach §§ 1601 f. BGB unterhaltspflichtig. Die gleiche Unterhaltspflicht trifft den Muttergatten, sofern er die Unehelichkeit des Kindes nicht durch ein rechtskräftiges Statusurteil hat feststellen lassen. Das bedeutet, daß auch der Scheinvater eines aus heterologer Samenübertragung hervorgegangenen Kindes zunächst einmal zu den gesetzlichen Unterhaltsleistungen verpflichtet ist. Aus dem Gesetzestext ergibt sich nämlich kein Anhaltspunkt, der darauf deutet, daß nur die Verletzung einer auf blutsmäßiger Abstammung beruhenden Unterhaltspflicht mit Strafe bedroht wird[400]. Als Täter kommen also sowohl die Mutter des Kindes als auch ihr Ehemann in Betracht.

---

398 *Geiger*, S. 55; *Dölle*, S. 260. Die ledige Frau würde, wenn sie den Samenspender kennt, aber nicht angibt, nicht gegen § 169 StGB verstoßen, *K. Peters*, Studien und Berichte der katholischen Akademie in Bayern, Heft 20 S. 131.

399 *Schwarz-Dreher*, Anm. 2 B, a zu § 43; *Schönke-Schröder*, Rdnr. 125 zu § 59.

400 BGHStr 12, 166 (172).

Nach erfolgreicher Anfechtung der Ehelichkeit entfällt die Unterhaltspflicht des Muttergatten. In diesem Fall trifft gemäß den §§ 1708, 1717 BGB den Samenspender die Verpflichtung, für den Unterhalt des Kindes zu sorgen. Die zivilrechtlichen Ausführungen haben gezeigt, daß der Samenspender auch dann unterhaltspflichtig ist, wenn er nicht mit der Verwendung seines Samens zur künstlichen Insemination einverstanden war[401]. Er macht sich also in jedem Fall strafbar, falls er den Lebensunterhalt des von ihm abstammenden Kindes vorsätzlich gefährdet. Es ist dabei nicht notwendig, daß er aus verwerflicher Gesinnung handelt[402]. In der Praxis wird allerdings wegen der Anonymität des Samenspenders eine Anwendung der Strafnorm auf seine Person kaum realisierbar sein.

Nach der Zivilrechtslage kann es keinen Zweifel darüber geben, daß der Arzt als tauglicher Täter für die Straftat des § 170 b StGB nicht in Betracht kommt[403]. Die gesetzliche Unterhaltspflicht knüpft an die biologische Abstammung und nicht an die Kausalität der Samenübertragung an[404]. Auf Grund der Vornahme der künstlichen Insemination treffen den Arzt also keine gesetzlichen Unterhaltspflichten. Das gilt selbstverständlich nur, wenn der Arzt nicht sein eigenes Sperma benutzte. Ist er selbst als Samenspender aufgetreten, kommt er wie jeder andere Donor als Täter in Betracht.

3. Hilfeversagung gegenüber einer Schwangeren (§ 170 c StGB)

Die Strafnorm bestimmt, daß derjenige, der einer von ihm Geschwängerten gewissenlos die Hilfe versagt, deren sie wegen der Schwangerschaft oder der Niederkunft bedarf, und dadurch Mutter und Kind gefährdet, bestraft wird.

Als Täter kommt nach herrschender Lehre[405] der Spermator in Betracht, da er durch seine Samenspende eine nicht wegzudenkende Ursache für die Schwangerschaft gesetzt hat. Allerdings wird der Samenspender wegen der Anonymität des Inseminationsverfahrens zumeist die hilfefordernden Umstände nicht kennen, so daß eine Strafbarkeit ausscheidet.

Es besteht Uneinigkeit in der Literatur darüber, ob der Arzt neben dem Samenspender Täter im Sinne des § 170 c StGB sein kann. Die Vertreter der einen Meinung[406] stellen sich auf den Standpunkt,

---

[401] Vgl. oben S. 86 f.

[402] Schönke-Schröder, Rdnr. 25 zu § 170 b.

[403] *K. Peters,* a.a.O., S. 132.

[404] Vgl. oben S. 96.

[405] *Wille,* S. 39; *Dölle,* S. 221; *Giesen,* S. 216; *Heyll,* S. 42; *Arens,* S. 38 f.; a.A.: *Kaeuffer,* S. 153.

[406] *Geiger,* S. 55 f.; *Wille,* S. 39; *Dickertmann,* NJW 1955, 18; *Giesen,* S. 214 f.

daß auch der Arzt als Täter in Betracht kommt, weil der Gesetzeswortlaut nicht von einer Schwängerung durch Beiwohnung ausgehe. Der Arzt sei zwar nicht der biologische Erzeuger, aber er habe die Schwangerschaft durch die Insemination kausal herbeigeführt. Wenn auch der Gesetzgeber von einer anderen Vorstellung und Motivation bestimmt gewesen sei, so erlaube dennoch der objektive Inhalt der Norm eine Anwendung auf den Arzt. Den Schutzgedanken des Gesetzes könne man nicht dahin verstehen, daß für genossenes Vergnügen gezahlt werden müsse, sondern daß der verantwortungslose Verursacher einer Hilfe heischenden Situation Strafe verdient, wenn er es versäumt, die Not zu beheben[407]. Nimmt also der Arzt die künstliche Insemination unter Umständen vor, die ihn befürchten lassen müssen, daß die Frau die notwendige Hilfe entbehrt, so kann er sich nach dieser Meinung bei Hilfeversagung unter den Voraussetzungen des § 170 c StGB strafbar machen. Die Not kann sowohl materieller wie seelischer Art sein. Dementsprechend beschränkt sich die gebotene Hilfeleistung nicht nur auf wirtschaftliche Unterstützung, sondern erfaßt auch seelischen Beistand und Zuspruch[408].

Folgt man der wiedergegebenen Ansicht, so erscheint die Anwendung der Strafvorschrift nur zweifelhaft, wenn die Eheleute vorher ihre Einwilligung in die Insemination gegenüber dem Arzt erklärt haben. Der Konsens stellt das Merkmal der Gewissenlosigkeit des Täters in Frage. Der subjektive Tatbestand ist aber nur erfüllt, wenn der Täter einen groben Mangel an Pflichtgefühl erkennen läßt[409]. Bei konsentierter Samenübertragung kann der Arzt in der Regel davon ausgehen, daß für Beistand hinreichend gesorgt ist[410]. Man wird eine Verpflichtung des inseminierenden Arztes zur Hilfeleistung und Gefahrenabwehr jedoch dann annehmen müssen, wenn er in einer Ausnahmesituation auf Grund seiner Kenntnis von der Person des anonymen Samenspenders der einzige ist, der überhaupt zu helfen vermag[411].

Der bisher ausgeführten Meinung steht die Ansicht Dölles[412] und K. Peters'[413] gegenüber. Dölle und Peters sprechen dem Arzt die Tätertauglichkeit ab, weil man „wohl nicht annehmen dürfe, daß die Frau im Sinne des Gesetzes vom Arzt geschwängert ist“[414]. Dieser Standpunkt findet eine Unterstützung in dem Argument, daß

---

[407] *Giesen*, S. 215.
[408] Vgl. BGH NJW 1963, 214.
[409] RGStr 77, 216; BGHStr 2, 350.
[410] Vgl. *Giesen*, S. 217.
[411] *Wille*, S. 39 im Anschluß daran auch *Giesen*, S. 216.
[412] *Dölle*, S. 221.
[413] *Peters*, a.a.O., S. 132.
[414] *Dölle*, S. 221.

nach der ersten Meinung auch eine Ärztin gegebenenfalls Täterin des § 170 c StGB sein könnte. Nach Dölle und K. Peters besitzt deshalb lediglich der Samenspender die Tätertauglichkeit.

Die Argumente der von Dölle und K. Peters vertretenen Meinung sind nicht zwingend, wenn man sich allein an dem Schutzgedanken des § 170 c StGB ausrichtet. Wer die durch Schwangerschaft und Niederkunft hervorgerufene Gefahrensituation verursacht hat — gleichgültig, ob das mittels der Technik geschah —, ist zur Hilfe verpflichtet. Ein tieferer Grund für die Hilfepflicht des § 170 c StGB besteht auch nicht in dem durch Geschlechtsverkehr begründeten Vertrauensverhältnis zwischen Täter und der Geschützten. Den inseminierenden Arzt und die Patientin verbindet ein Vertrauensverhältnis ebenfalls. Dieses beruht auf der besonderen Situation, die mit weitgehender ärztlicher Aufklärung verbunden ist, oft sogar dem Arzt die Auswahl des Samenspenders aufgibt. Aus diesem Grunde können der Arzt und gegebenenfalls auch die Ärztin, die die Insemination durchgeführt haben, nach § 170 c StGB strafbar werden.

4. Ehebruch (§ 172 StGB)

Nach herrschender Meinung setzt der Ehebruchstatbestand einen außerehelicher Beischlaf zwischen zwei Partnern verschiedenen Geschlechts voraus, von denen wenigstens ein Teil verheiratet sein muß. Das Beiwohnungserfordernis ergibt sich aus dem terminus technicus „Ehebruch". Ein Ehebruch setzt nach herrschender Meinung eine coniunctio membrorum voraus[415]. Dem entspricht es ferner, daß die Strafvorschrift ursprünglich im Abschnitt über Sittlichkeitsvergehen und -verbrechen, die alle durch das gemeinsame Merkmal des Sexuellen verbunden sind, eingeordnet war. Erst durch die „Verordnung zur Durchführung der Verordnung zum Schutz von Ehe, Familie und Mutterschaft" vom 18. März 1943[416] wurde die Strafnorm anders eingeordnet. Inhaltlich hat der Ehebruchstatbestand aber keine Veränderung erfahren.

Der künstlichen heterologen Insemination haftet kein sexuelles Moment an, sie ist ein ärztlicher Eingriff. Sie erfüllt den Ehebruchstatbestand demnach nicht. Das Analogieverbot steht einer entsprechenden Anwendung der Strafnorm entgegen[417].

Dieser Meinung stellt sich Kaeuffer entgegen[418]. Er verneint das Erfordernis der coniugatio membrorum. Nach Kaeuffer wird durch § 172 StGB die Ehe als sozialethische Institution vor der Verletzung

---

[415] RGSt 70, 174; *Schönke-Schröder*, Rdnr. 2 zu § 172 StGB.

[416] RGBl I S. 169.

[417] *K. Peters*, a.a.O., S. 131; *Geiger*, S. 53; *Dölle*, S. 210; *Giesen*, S. 224; RGStr 7, 299; 70, 173 und die ständ. Rspr.

[418] *Kaeuffer*, S. 123; so auch *Giesen* in seiner Schrift von 1960 S. 43.

einer nach der Auffassung unseres Kulturkreises naturgegebenen Ordnung der geschlechtlichen Sittlichkeit geschützt. Diese Ordnung schließe ein, daß die Ehefrau sich nicht den aktiven Zeugungskräften eines Dritten aussetzen dürfe. Welche Art sie für den Eheverstoß wähle, sei unmaßgeblich. Die Reinheit der Familiensubstanz, die durch die heterologe künstliche Insemination ebenso gefährdet werde wie durch den außerehelichen Beischlaf, müsse vom Ehebruchsbegriff mit berücksichtigt werden[419].

Der Meinung Kaeuffers schloß sich zunächst auch Giesen an[420]. Er wies darauf hin, daß der Wortlaut des § 172 StGB nicht den Beischlaf erwähne und demzufolge einer anderen Definition, die zeitgemäßer sei als die von der herrschenden Lehre vertretene, offenstehe. Aus der Stellung der Strafvorschrift im 12. Abschnitt des Besonderen Teils des Strafgesetzbuchs, betitelt „Straftaten gegen Personenstand, die Ehe und die Familie", könne man schließen, daß der kriminelle Gehalt des Ehebruchs nicht lediglich in einer Verletzung der ehelichen Treue bestehe, sondern daß die Ehe als Grundlage des Familienlebens den besonderen Schutz des Staates genieße. Die Ehe stelle eben die Grundlage und Keimzelle des Staates dar. Insofern dürfe man in ihr nicht eine Institution des Staates sehen, sondern eine vorstaatliche Lebensgemeinschaft, die auf der sittlichen, ausschließlichen Zuordnung der Ehegatten beruhe. Wegen dieser für die Verfassung hervorragenden Bedeutung habe der Staat ein legitimes, sogar ein notwendiges Interesse an der Erhaltung und der Förderung der auf Ausschließlichkeit begründeten Ehegemeinschaft. Die Reinhaltung der Familie sei damit Aufgabe des Staates. Gerade § 172 StGB, der keine Definition des Ehebruchs enthalte, biete sich an, die vom Grundgesetz geschützte Ehe im Hinblick auf die modernen ehegefährdenden Tatbestände neu auszulegen[421].

Die wiedergegebenen Meinungen stehen im Gegensatz zur herrschenden Auffassung. Auf Grund der oben angeführten Argumente[422] ist aber eine von der herrschenden Meinung abweichende Definition des Ehebruchs abzulehnen. Die Ausschaltung des Tatbestandsmerkmals der Beiwohnung kann nur de lege ferenda erwogen werden.

Außerdem läßt sich gegen die Forderung Kaeuffers, die Blutsechtheit der Familie müsse durch den Ehebruchstatbestand geschützt werden, einwenden, daß der Gesetzgeber einen derartigen Schutz mit der Strafnorm nicht bezwecken kann, weil er den Ehebruch der Frau eben-

---

[419] *Kaeuffer*, S. 113 ff.

[420] Vgl. *Giesen, Trier* 1960 S. 41 ff.

[421] *Giesen* hat diese Ansicht in seiner späteren Schrift (1962), S. 224, Anm. 1401 aufgegeben.

[422] Vgl. oben S. 102.

so wertet wie den des Mannes[423]. Mit der herrschenden Meinung wird man deshalb annehmen müssen, daß die heterologe Samenübertragung mangels einer körperlichen Vereinigung nicht den Tatbestand des § 172 StGB erfüllt.

5. Nötigung zur Unzucht (§ 176 Ziff. 2 StGB) und Notzucht (§ 177 StGB)

Eine Nötigung zur Unzucht setzt nach § 176 Ziff. 2 StGB voraus, daß eine Frau, die sich in einem willenlosen oder bewußtlosen Zustand befindet, oder aber geisteskrank ist, zum außerehelichen Beischlaf mißbraucht wird. Den Tatbestand könnte allenfalls die heterologe Insemination erfüllen, die ohne Einverständnis der Patientin oder mit ihrer wegen Geisteskrankheit nicht ernst zu nehmenden Zustimmung von einem Dritten vorgenommen wird.

Die von der Frau *nicht* konsentierte heterologe Insemination könnte außerdem auch unter den Tatbestand der Notzucht fallen. Erforderlich ist für die Verwirklichung dieses Straftatbestandes, daß der Täter eine Frau durch Gewalt oder durch Drohung mit gegenwärtiger Gefahr für Leib oder Leben zur Duldung des außerehelichen Beischlafs nötigt oder eine Frau zum außerehelichen Beischlaf mißbraucht, nachdem er sie zu diesem Zweck in einen willenlosen oder bewußtlosen Zustand versetzt hat.

Die §§ 176 Ziff. 2 und 177 StGB nennen als Tatbestandsmerkmal den Beischlaf. Dieser Begriff ist in seiner Auslegung eindeutig bestimmt als Vereinigung der Geschlechtsteile von Personen verschiedenen Geschlechts[424]. Eine Vereinigungshandlung fehlt bei der künstlichen Insemination, sie hat gerade den Zweck, die Verschmelzung der Samenzelle und des Eikerns auf künstlichem Weg herbeizuführen. Deshalb sind regelmäßig die Strafnormen, die einen Beischlaf voraussetzen, auf die künstliche Samenübertragung nicht anzuwenden[425].

Das Ergebnis wird dadurch bestärkt, daß sich die betreffenden Tatbestände im 13. Abschnitt befinden, der den Titel „Verbrechen und Vergehen wider die Sittlichkeit" trägt. Die Betonung des sexuellen Moments ist unübersehbar. Wegen der geschlechtlichen Neutralität der künstlichen Samenübertragung muß ihre Einordnung in die Strafvorschriften des 13. Abschnitts regelmäßig scheitern[426].

---

[423] *Dölle*, S. 210, Anm. 71.

[424] BGH NJW 1959, 1091.

[425] So die h. L., *Wille*, S. 54 ff.; *Giesen*, S. 225 f.; *Arens*, S. 12.

[426] Das gilt nicht für die Arten der Samengewinnung, die beischlafsähnliche oder unzüchtige Handlungen mit einem Dritten erfordern. Ziel und Zweck der Samenspende schließen die Unzüchtigkeit der Handlung nicht notwendig aus. Libidinöse Vorstellungen, die bei dem Vorgang geweckt werden, erfüllen das subjektive Moment des Unzuchtsbegriffs, ohne durch den weitergehenden

6. Kuppelei (§ 180 StGB)

Das Verhalten eines Arztes, der einer Patientin Sperma eines Mannes, der nicht mit der Frau verehelicht ist, injiziert, ist auch im Hinblick auf § 180 StGB zu untersuchen.

Der Wortlaut und die Stellung des § 180 StGB in dem Abschnitt über die Delikte gegen die Sittlichkeit verbieten jedoch eine Bestrafung der heterologen künstlichen Insemination. Der Täter muß „der Unzucht Vorschub leisten". An einer unzüchtigen Handlung zwischen Patientin und Spermator fehlt es aber bei der künstlichen Sameneinbringung, weil eine sexuelle Beziehung schon an der räumlichen Trennung der Beteiligten scheitert.

Selbst wenn der Arzt seine Praxis zu dem vorhergehenden Akt der Samengewinnung zur Verfügung stellt, erfülllt er den Tatbestand der Kuppelei nicht. Das ergibt sich aus der Bedeutung des Wortes „kuppeln"[427]. Darüber hinaus genügt nicht generell jede Förderung geschlechtlicher Unzucht. Erst das gewohnheitsmäßige, eigennützige, hinterlistige oder sonstwie extrem minderwertige Vorgehen des Kupplers begründet seine Strafbarkeit.

Für den Arzt scheidet unter all diesen Erwägungen eine Bestrafung nach den §§ 180 f StGB aus.

7. Beleidigung (§ 185 StGB)

Ist der eine oder andere Ehepartner mit der künstlichen Insemination nicht einverstanden, kann in der Ausführung gegen seinen Willen eine Beleidigung gesehen werden. Homologe und heterologe Insemination erfahren in dieser Hinsicht die gleiche Beurteilung[428].

Der nicht konsentierende Ehegatte ist durch die künstliche Insemination in seiner Ehre verletzt. Der Mensch hat eine bestimmte Vorstellung von seinem inneren Wert und seiner Würde (Ehrbewußtsein), und er ist zugleich gewillt, diesem Wert Geltung zu verschaffen (Ehrgefühl)[429].

Die Würde einer verehelichten Person besteht unter anderem darin, daß jeder Ehepartner über die Fortpflanzung in seiner Ehe selbst entscheiden kann. Indem sich der andere Ehegatte oder der Arzt über diese Grenze hinwegsetzt, drückt er seine Geringschätzung gegenüber dem nicht konsentierenden Ehegatten aus. Auch der an-

---

Zweck gerechtfertigt zu sein. Wenn die Voraussetzungen der §§ 174 ff. StGB vorliegen, ist also eine Strafbarkeit des Samenspenders denkbar, vgl. *Giesen*, S. 226 f.; *Wille*, S. 54 ff.; *Arens*, S. 15.

[427] *Giesen*, S. 227, insbesondere Anm. 1429; *Wille*, S. 55; RGStr. 44, 176 (177).

[428] Vgl. *Kaeuffer*, S. 151; *Giesen*, S. 229.

[429] *Frank I*, 2 vor § 185; BGHStr 11, 67 (Gr. Senat).

dere Partner, der die künstliche Insemination wünscht, kann durch seine Einwilligung nicht die Eheverletzung des nicht einverstandenen Ehegatten beseitigen, da es ihm nicht obliegt, über das höchstpersönliche Gut — die Ehre — des anderen zu verfügen.

Als Täter kommen demnach der den Arzt veranlassende Ehegatte, der Arzt und je nach den Umständen der Samenspender (als Gehilfe) in Betracht.

8. Körperverletzung (§§ 223 ff. StGB)

Es ist zwischen einer künstlichen Insemination, die mit Einwilligung der Frau vorgenommen wird, und einer solchen, bei der die Einwilligung fehlt, zu unterscheiden.

Die mit Einwilligung der Frau erfolgte künstliche Insemination ist tatbestandlich keine Körperverletzung. Es fehlt an einer körperlichen Mißhandlung wie auch an einer Beeinträchtigung der Gesundheit[430]. Auch wenn eine Schwangerschaft bewirkt wird, liegt keine Körperverletzung vor, denn die Schwangerschaft ist biologisch bestimmungsgemäß und bildet einen natürlichen Prozeß[431]. Auf § 226 a StGB kommt es also nicht an.

Anders ist die Situation im Einzelfall bei einer nicht von der Einwilligung der Frau gedeckten künstlichen Insemination. Zwar ist das Hervorrufen einer Schwangerschaft auch hier keine Gesundheitsschädigung. Auch die Wehen sind nur natürliche Begleiterscheinungen eines physiologischen Vorgangs[432]. Desgleichen wird durch die Einlagerung von Sperma in die Scheide noch nicht die körperliche Integrität beeinträchtigt, weil es durch die Tatsache der Einlagerung als solcher nicht zu einer *pathologischen* Veränderung des körperlichen Zustands kommt[433]. Doch wird man in der Regel davon ausgehen können, daß bei der Frau, sobald sie von der Insemination erfährt, Ekel und Abscheu erregt werden. Das genügt aber als Beeinträchtigung des körperlichen Wohlbefindens, da auch das psychische Wohlbefinden durch § 223 StGB geschützt ist[434].

9. Freiheitsberaubung und Nötigung (§§ 239, 240 StGB)

Nötigung und Freiheitsberaubung kommen nur in Betracht, wenn die künstliche Insemination gegen den Willen der Frau ausgeführt wird.

---

430 *Giesen*, S. 230.

431 *Kaeuffer*, S. 47, dem sich *Giesen* in der Anm. 1445 anschließt; *Arens*, S. 66.

432 *Giesen*, Anm. 1445.

433 *Giesen*, S. 232 gegen *Kaeuffer*, S. 49, 53.

434 *Schwarz-Dreher*, Anm. 2 A a; GA Bd. 58, 184. In dieser Entscheidung wurde bereits eine Ekelerregung durch Anspeien als Körperverletzung angesehen.

Ein Angriff gegen die Freiheit der Frau, sich nach ihrem Willen zu bewegen, ist je nach den Umständen, unter denen der Dritte den Eingriff vornimmt, gegeben. So liegt eine Freiheitsberaubung vor, wenn der Täter sein Opfer in den Zustand der Bewußtlosigkeit versetzt. Selbst wenn die Patientin in eine Narkose eingewilligt hat, weil sie über die Art des beabsichtigten Eingriffs getäuscht wurde, liegt eine tatbestandsmäßige, rechtswidrige Handlung gemäß § 239 StGB vor, denn eine wirksame Einwilligung setzt voraus, daß der Betroffene die Bedeutung und Folgen seines Rechtsschutzverzichtes im wesentlichen auch erkennt[435]. Bei einer durch Täuschung erlangten Einwilligung in die künstliche Insemination konnte die Frau beides nicht ermessen[436]. Ihr Verzicht auf Rechtsschutz ist deshalb unwirksam.

Die von der Patientin nicht konsentierte künstliche Samenübertragung erfüllt den Tatbestand der Nötigung, wenn sie mittels Gewalt oder Drohung mit einem empfindlichen Übel zur Duldung des Eingriffs veranlaßt wurde. Eine Gewaltanwendung ist auch das Eingeben von Narkotika, gleichgültig, ob die Beibringung des Betäubungsmittels mit oder ohne Gewalt geschieht[437].

Zwischen Freiheitsberaubung und Nötigung besteht in der Regel Gesetzeskonkurrenz. Ausnahmsweise können die Tatbestände ideal konkurrieren, wenn die Nötigung nicht nur auf das Unterlassen einer Ortsveränderung (§ 239 StGB), sondern auch auf die Duldung eines körperlichen Eingriffs mit möglicherweise nachfolgender Schwangerschaft gerichtet ist.

10. Ergebnis

Nach dem geltenden Strafrecht lassen sich fast ausnahmslos diejenigen Fälle der künstlichen Insemination erfassen, die nicht von einem Einverständnis beider Eheleute oder der ledigen Frau getragen sind. Der Rechtsgüterschutz erweist sich insofern als ausreichend, strafwürdige Übergriffe in den Rechtskreis der Einzelperson zu ahnden.

Das geltende Strafgesetzbuch bietet dagegen keine Möglichkeit einer Bestrafung der künstlichen Insemination an sich. Die Beteiligten einer konsentierten Samenübertragung — einer homologen, heterologen oder einer, die bei einer unverheirateten Frau vorgenommen wird, — bleiben nach geltendem Recht straflos.

Dieses Ergebnis scheint dem Strafgesetzgeber nicht zu genügen. Die Entwürfe zu einem neuen Strafgesetzbuch enthalten seit 1959

---

[435] BGHStr 4, 90.
[436] OLG Stuttgart, NJW 1962, 62.
[437] BGHStr 1, 145.

eine gesonderte Vorschrift, die sich mit der künstlichen Insemination als solcher befaßt.

B. DAS KÜNFTIGE STAFRECHT

1. Bisher vorgelegte Entwürfe

Die künstliche Insemination bildet einen Straftatbestand sowohl in dem Strafgesetzentwuf von 1959[438], 1960[439] als auch in dem von 1962[440].

Der Anstoß zu einer strafrechtlichen Regelung der künstlichen Insemination ging von einigen Abgeordneten des bayerischen Landtags im Jahre 1958 aus. Man ersuchte die eigene Staatsregierung, beim Bund auf eine baldige gesetzliche Normierung hinzuwirken, die ein Verbot der außerehelichen und heterologen Samenübertragung enthalten sollte[441]. Die Große Strafrechtskommission machte es sich in der Folge zur Aufgabe, einen entsprechenden Tatbestand zu schaffen. Nachdem im Oktober 1958 die 1. Lesung der Großen Strafrechtskommission beendet worden war, stellte man einen vorläufigen Gesamtentwurf nach den Beschlüssen der Großen Strafrechtskommission zusammen, der vom Bundesministerium der Justiz für die Beratungen der 2. Lesung gedruckt wurde[442]. Es folgte ein Entwurf 1959 II[443], der die Ergebnisse der 2. Lesung, die bis Juni 1959 andauerte, zusammenfaßte[444]. Beide Entwürfe enthielten bereits einen Straftatbestand der künstlichen Samenübertragung. Der Entwurf von 1960 knüpft an die beiden vorhergehenden Entwürfe an; er beruht auf der Grundlage der Beschlüsse der Großen Strafrechtskommission aus 1. und 2. Lesung.

a) E 1960

Am 3. November 1960 machte sich die Bundesregierung die endgültigen Vorschläge der Großen Strafrechtskommission zu eigen und brachte, nachdem der E 1960 vom Bundesrat begrüßt worden war, diesen beim Bundestag ein. Das Parlament konnte sich aber nicht mehr mit der neuen Gesetzesvorlage befassen.

Im E 1960 befindet sich der Straftatbestand der künstlichen Insemination (§ 203), im 2. Abschnitt „Straftaten gegen die Sittenordnung“ unter dem zweiten Titel „Straftaten gegen Ehe, Familie und Personenstand“. Er hat folgenden Wortlaut:

---

[438] Prot. Bd. 12 S. 602.

[439] E 1960 S. 44.

[440] E 1962 S. 203.

[441] *Giesen*, S. 234 f., insbes. Anm. 1474.

[442] Prot. Bd. 12 S. 549 ff.

[443] Entwurf eines Strafgesetzbuches E 1959 II.

[444] Vgl. Einleitung zu E 1962, S. 91.

§ 203

Künstliche Samenübertragung

(1) Wer eine künstliche Samenübertragung bei einer Frau vornimmt, wird mit Gefängnis bis zu drei Jahren bestraft.

(2) Eine Frau, die eine künstliche Samenübertragung bei sich zuläßt, wird mit Gefängnis bis zu zwei Jahren oder mit Strafhaft bestraft.

(3) Die Absätze 1 und 2 sind nicht anzuwenden, wenn ein Arzt Samen des Ehemannes bei dessen Ehefrau mit Einwilligung beider Ehegatten überträgt.

(4) Wird die Tat des Absatzes 1 ohne Einwilligung der Frau begangen, so ist die Strafe Gefängnis nicht unter sechs Monaten.

Es tritt ergänzend die folgende Bestimmung hinzu:

§ 5

Geltung für Auslandstaten unabhängig vom Recht des Tatorts

(1) Das deutsche Strafrecht gilt, unabhängig vom Recht des Tatortes, für folgende Taten, die im Ausland begangen werden:

...

(13) Abtreibung und künstliche Samenübertragung, wenn der Täter zur Zeit der Tat Deutscher ist und im Inland seinen Wohnsitz oder gewöhnlichen Aufenthalt hat; ...

Die amtliche Begründung[445] beruft sich auf ein seit dem Ersten Weltkrieg entstandenes Bedürfnis, der künstlichen Insemination entgegenzutreten. Art und Umfang der Erscheinung hätten inzwischen die Aufmerksamkeit weiter Kreise auf sich gezogen. Man gesteht zwar ein, keine auch nur annähernd zuverlässigen Zahlenangaben über die Verbreitung in der BRD zu besitzen, stützt sich aber auf die Vermutung, daß die künstliche Samenübertragung auch im Inland nicht unerhebliche Ausmaße angenommen habe. — Eine kriminelle Strafe für die einverständliche homologe Insemination hält man für unvertretbar, weil sie weder im Interesse des Kindes geboten noch in Anbetracht der Entscheidungsfreiheit der Ehegatten gerechtfertigt sei. Es bedürfe lediglich der Vorsorge, daß der Eingriff von einem Arzt vollzogen werde[446].

Die heterologe Insemination wird in der amtlichen Begründung als sozialethisch verwerflich bezeichnet. Sie greife die „Wurzeln der Sittenordnung und der menschlichen Kultur" an. Darüber hinaus sei das Kind durch seine psychologische, gesellschaftliche und rechtliche Situation gefährdet. Es entständen auch für die Eltern psychologische Gefahren. Gegen die Verwendung eines Spermagemisches

---

[445] E 1960 mit Begründung S. 329.

[446] a.a.O., S. 330.

spräche noch zusätzlich die Möglichkeit erbbiologisch ungünstiger und blutschänderischer Auswirkungen[447].

Der Strafrahmen im E 1960 ist so abgefaßt, daß bei der Frau Schuldminderungsgründe hinreichend berücksichtigt werden können. Die anderen Beteiligten sollen nach dem Entwurf hingegen strenger bestraft werden, und zwar der Inseminierende als Täter und der Ehemann und der Samenspender gegebenenfalls als Gehilfen[448].

Eine Versuchshandlung wird vom Entwurf nicht unter Strafe gestellt. Die Tat gilt aber nach der amtlichen Begründung als beendet, wenn die Spermatozoen des Mannes an das Fortpflanzungsorgan der Frau herangebracht sind. Handlungen, die nur der Vorbereitung dienen (zum Beispiel die Samengewinnung), werden zwar auch als sozialethisch verwerflich qualifiziert, es bestehe aber kein kriminalpolitisches Bedürfnis, auch sie strafrechtlich zu erfassen.

Die Ausdehnung der Strafbarkeit auch für den Fall, daß die Tat von einem Deutschen im Ausland begangen wird, soll nach der amtlichen Begründung die Umgehung der Strafvorschrift verhindern. Die Gefahr sei angesichts der Tatsache, daß im Ausland die künstliche Insemination strafrechtlich nicht verfolgt werde, geboten, weil sonst der kriminalpolitische Erfolg der Strafandrohung des § 203 E 1960 in Frage gestellt würde[449].

In der 72. Sitzung vom 8. März 1958 stimmten 6 von 19 stimmberechtigten Mitgliedern der Großen Strafrechtskommission gegen die Pönalisierung jeder künstlichen Insemination, die mit Einverständnis beider Ehegatten vorgenommen wird. Zwei Mitglieder stimmten für einen Lösungsvorschlag, der die künstliche Samenübertragung ausnahmslos für strafwürdig erklärt. 11 Mitglieder befürworteten eine Strafbarkeit mit Ausnahme der homologen einverständlichen Insemination. Bis auf 2 Mitglieder waren alle darin einig, daß die künstliche Insemination bei unverheirateten Frauen strafbar sein müsse. Es gab keine Meinungsunterschiede darüber, daß die künstliche Samenübertragung gegebenenfalls von einem Arzt durchzuführen sei[450]. In der 112. Sitzung hatte sich das Bild insofern gewandelt, als nun alle Mitglieder befürworteten, daß außer der einverständlichen homologen, von einem Arzt vorgenommenen Samenübertragung jede Art der künstlichen Insemination unter Strafe gestellt werden solle[451]. Insbesondere schlossen sich Dünnebier[452],

---

[447] a.a.O., S. 330 f.
[448] a.a.O., S. 331.
[449] a.a.O., S. 332.
[450] Prot. Bd. 7 S. 211 f.
[451] Prot. Bd. 10 S. 316—330.
[452] S. 321.

Fritz[453] und Skott[454] der schon bestehenden Mehrheit an. Die Kommission hielt sogar einstimmig eine sofortige gesetzliche Regelung des Komplexes für geboten[455].

b) E 1962

Schon der Entwurf 1960 verwertete im Allgemeinen Teil die ersten Ergebnisse der Beratungen der von den Landesjustizverwaltungen im Juli 1959 gebildeten Länderkommission für die Große Strafrechtsreform. Diese Kommission hielt in der Zeit vom 29. September 1959 bis 12. Januar 1962 17 Arbeitstagungen mit 85 Sitzungen ab. Zwölf Tagungen mit 62 Sitzungen waren dem Besonderen Teil gewidmet. Die Beschlüsse dieser Kommission sowie zahlreiche Anregungen von Bundesministerien und Fachkreisen, die seit der Veröffentlichung der Bundestagsvorlage von 1960 Stellung genommen hatten, sind in dem E 1962 verarbeitet worden. Der Straftatbestand der künstlichen Samenübertragung lautet in der neuen Fassung:

§ 203

Künstliche Samenübertragung

(1) Wer eine künstliche Samenübertragung bei einer Frau vornimmt, wird mit Gefängnis bis zu drei Jahren bestraft.

(2) Eine Frau, die eine künstliche Samenübertragung bei sich vornimmt oder zuläßt, wird mit Gefängnis bis zu einem Jahr oder mit Strafhaft bestraft.

(3) Die Absätze 1 und 2 sind nicht anzuwenden, wenn ein Arzt Samen des Ehemannes bei dessen Ehefrau mit Einwilligung beider Ehegatten oder eine Frau bei sich Samen des Ehemannes mit dessen Einwilligung überträgt.

(4) Wird die Tat des Absatzes 1 ohne Einwilligung der Frau begangen, so ist die Strafe Gefängnis nicht unter sechs Monaten.

§ 5 Ziff. 13 des E 1960 ist unverändert im E 1962 aufgenommen worden.

Der neue Entwurf weist folgende Unterschiede zum Entwurf 1960 auf: Der E 1962 stellt zustäzlich zu den Straftatbeständen des E 1960 die *Selbstinsemination* unter Strafe, und zwar sowohl die heterologe als auch die homologe, nicht konsentierte Selbstinsemination der Frau. Die Erweiterung der Strafbarkeit soll nach der amtlichen Begründung eine Umgehung des Gesetzes verhindern. Die Frau könnte das Verfahren erlernen und bei sich praktizieren[456]. Auf diese Weise wäre die Strafvorschrift des E 1960 weitgehend entwertet.

---

453 S. 324.

454 S. 324.

455 S. 330.

456 Vgl. oben S. 11.

Auch könne im Strafverfahren die Behauptung der Frau, es liege eine Selbstinsemination vor, selten widerlegt werden, so daß die Beteiligten straffrei ausgehen würden[457]. — Entsprechend der einverständlichen homologen Insemination durch den Arzt stellt Abs. 3 des § 203 E 1962 auch die homologe Selbstinsemination, die im Einverständnis des Ehemannes geschieht, von Strafe frei.

Die Strafandrohung für die Frau ist von zwei Jahren Gefängnis oder Strafhaft auf ein Jahr herabgesetzt worden. In der amtlichen Begründung heißt es dazu: Schon der E 1960 habe die Strafen in § 203 so abgestuft, daß bei der Frau schuldmindernde Beweggründe strafmildernd berücksichtigt werden könnten. Die neue Fassung habe zum Ziel, den Gedanken der Privilegierung der Frau noch deutlicher hervortreten zu lassen, als es bisher schon geschehen sei[458].

Im übrigen folgt die Begründung zum Entwurf 1962 der vom Entwurf 1960[459].

2. Grundsätzliche Erörterungen zu den Grenzen der staatlichen Pönalisierungsbefugnis

Aus den Diskussionen der Großen Strafrechtskommission wird deutlich, daß man die künstliche Insemination für sozialethisch unerwünscht hält. Man befürchtet außerdem für die Beteiligten psychologische Konflikte und bringt den sozialbiologischen Auswirkungen größtes Mißtrauen entgegen. Soweit sich die Argumentation auf die psychologischen Folgeerscheinungen stützt, war die Kommission weitgehend von den eingeholten Gutachten beeinflußt.

Die Stellungnahmen der Mediziner und Psychiater, die die psychologischen Gefahren in dunkelsten Farben schildern, erweisen sich allerdings nicht als Ergebnisse eigener Erfahrungen und Beobachtungen, sondern beruhen auf Vermutungen. Zahlenmaterial, statistische Erhebungen und konkrete Beispiele fehlen ihnen gänzlich.

Es fällt auf, daß alle Gutachten die Rechtsunsicherheit in den ärztlichen Kreisen hervorstreichen. Sie wird fast ausnahmslos als Nachteil der künstlichen Insemination ins Feld geführt. Es besteht sogar Grund zu der Vermutung, daß gerade die Rechtsunsicherheit die gutachterliche Stellungnahme der Ärzte *entscheidend* beeinflußt hat. So erklärt sich auch das Drängen einzelner Ärzte, durch eine Strafnorm Klarheit zu schaffen. Die Haltung der Ärzteschaft ist jedoch nicht einheitlich. Die Mehrheit des Deutschen Ärztetages wollte die künstliche Insemination trotz sittlicher Ablehnung nicht bestraft sehen[460].

---

[457] E 1962 S. 358.

[458] E 1962 S. 358.

[459] Vgl. E. 1962 S. 356 ff.

[460] Vgl. oben S. 22, eine Ausnahme bildet der Ärztinnenbund, vgl. oben S. 20.

Die Strafrechtsreform entschied sich dennoch für die Aufnahme einer Strafvorschrift, dehnte ihren Wirkungsbereich sogar auf die Auslandstaten Deutscher aus, um die „Flut" in die skandinavischen Länder, in denen der ärztliche Eingriff unbehindert durchgeführt werden kann, zu bremsen.

Die Strafrechtskommission ließ sich von dem Bestreben leiten, eine von ihr als unwillkommen empfundene Entwicklung rechtzeitig einzudämmen. Dabei versäumte sie es jedoch, die dogmatischen Grundlagen einer Bestrafung der künstlichen Insemination eingehend zu erörtern. Derselbe Vorwurf ist dem überwiegenden Teil der einschlägigen Literatur zu machen. Die Frage, ob der Gesetzgeber für den in Aussicht genommenen Straftatbestand überhaupt eine Pönalisierungsbefugnis besitzt, wird fast überall ausgespart. Erst wenn dieses rechtliche Problem mit dem Ergebnis entschieden ist, daß der spezielle Sachverhalt pönalisiert werden kann, darf das kriminalpolitische Wollen einsetzen.

a) These von der gesetzgeberischen Allmacht des Staates

Die Frage nach der Pönalisierungsbefugnis des Staates wäre schnell beantwortet, wenn man die Meinung verträte, dem Staat stehe generell das Recht zu, einen Sachverhalt nach seinem Gutdünken mit Strafe zu sanktionieren. Dieser Auffassung neigte man früher zu[461].

Hirschberg beschäftigt sich in seiner Abhandlung „Die Schutzobjekte der Verbrechen" ausgiebig mit dem Thema[462]. Er geht von der These aus: „Verbrechen ist die schuldhafte, mit staatlicher Kriminalstrafe bedrohte normwidrige Handlung". Daraus ergibt sich nach seiner Meinung *nicht* a priori, a) daß die für strafbar erklärte Handlung eine unsittliche Handlung sei, denn es bestehe die Möglichkeit, daß der Gesetzgeber ein im allgemeinen als sittlich geltendes Verhalten zur Erreichung eines speziellen Zweckes pönalisiere[463]; b) daß sie eine antisoziale Handlung sei, c) daß sie eine subjektiv rechtsverletzende Handlung sei, d. h. stets einem tatsächlichen Interesse des einzelnen oder der Gesamtheit zuwiderlaufe, d) daß sie eine interessenwidrige Handlung sei, denn der Gesetzgeber könne in dem Bestreben, nur faktisch schädliche oder gefährliche Handlungen zu pönalisieren, auch einmal fehlgreifen. Theoretisch könne er sogar nützliche Handlungen unter Strafe stellen[464].

---

[461] Vgl. *Fr. v. Liszt*, S. 13, 16, 19; *v. Ihering*, Der Zweck im Recht I, S. 358 ff.

[462] in Strafrechtliche Abhandlungen, Heft 113 (Breslau 1910).

[463] a.a.O., S. 3 unter Berufung auf *Schmidt, v. Birkmeyer, Berolzheimer, Wassermann, Rosenberg, Meyer-Allfeld*, vgl. Fn.2.

[464] a.a.O., S. 3.

Nach Hirschberg ist die objektive Schädlichkeit und Gefährlichkeit kein logisch notwendiges Begriffsmerkmal des Verbrechens. Es laufe allerdings nicht auf bloße Zufälligkeit hinaus, daß der Gesetzgeber in der Regel nur derartige Taten unter Strafe gestellt habe. Wenn er auch in der Auswahl der der Pönalisierung anheim fallenden Handlungen tatsächlich freie Hand habe, so sei damit nicht gesagt, daß er rein willkürlich vorgehe, vielmehr erfolge seine Auswahl nach ganz bestimmten Gesichtspunkten: Es leite ihn der Zweckgedanke[465]. Durch die Befolgung der Normen sollten Handlungen verhütet werden, die der Gesetzgeber als seinen Zwecken hinderlich erachte, und Handlungen herbeigeführt werden, die er für wünschenswert halte[466]. In diesem Sinne verstoße die unter den Straftatbestand fallende Handlung nicht bloß gegen die Norm, sondern richte sich zugleich gegen die tatsächliche Ordnung der Dinge, die von der Norm angestrebt werde[467].

Der Begriff „Schutzobjekt des Verbrechens" erfährt von Hirschberg in logischer Fortsetzung seiner Argumentation eine entsprechende Bestimmung. Die Problematik der Fragestellung liegt nach seiner Meinung nicht so sehr in dem — wenn auch nicht ganz eindeutigen — Wort „Verbrechen", sondern in dem gänzlich unbestimmten Begriff „Objekt". Der logische Sinn dieses Begriffs ergebe sich aus der Gegenüberstellung zum Subjekt. Alles, was dem Subjekt als gegenübergestellt gedacht werde, sei begrifflich „Objekt". Damit erfasse der Begriff jeden überhaupt möglichen Bewußtseinsinhalt. Schutzobjekte des Verbrechens seien infolgedessen willkürlich herausgesuchte Objekte, die für das Verbrechen Bedeutung erlangen könnten[468]. Die strafbare Handlung unterscheide sich von anderen schuldhaften Normwidrigkeiten eben nur durch die vom Gesetzgeber angehängte Straffolge[469].

Einen Beitrag zu der These von der gesetzgeberischen Allmacht leistete auch das Reichsgericht in einer zivilrechtlichen Entscheidung[470]. Es bezeichnet den Gesetzgeber als „selbstherrlich und an keine anderen Schranken gebunden als an diejenigen, die er sich selbst in der Verfassung gezogen hat"[471].

---

[465] a.a.O., S. 4 f. unter Berufung auf *Liszt*, *v.* S. 16, 21 und *Ihering*, S. 358 ff.

[466] a.a.O., S. 5.

[467] *Hirschberg*, S. 6.

[468] a.a.O., S. 7 ff. in Anlehnung an *Oppenheim*, „Die Objekte des Verbrechens", Basel 1894.

[469] *Hirschberg*, S. 10 unter Berufung auf *Merkel*, Lehrbuch (S. 17—20); *v. Liszt*, Lehrbuch, S. 116 f. (14./15. Aufl.).

[470] RGZ 139, 177 (189).

[471] Vgl. auch Zustimmung von *H. Peters*, Verfassungsmäßigkeit des Verbotes der Beförderung von Massengütern im Fernverkehr auf der Straße, 1954 S. 11.

Die „Selbstherrlichkeit" des Gesetzgebers ist durch die jüngste Geschichte mehr als fragwürdig geworden, so daß an Stelle einer Kritik der abschreckende Hinweis auf die Gesetzgebung des Dritten Reiches genügen mag. Radbruch stand die Gefahr einer willkürlichen Strafgesetzgebung deutlich vor Augen, als er schrieb: „Wenn aber nur noch im Namen staatlicher oder gesellschaftlicher Zweckmäßigkeiten gestraft wird, im Namen vieldeutiger, zeitbedingter und umstrittener Wertsetzungen, dann zittert die strafende Hand"[472]. — Das Bonner Grundgesetz hat dem allerseits erwachten Mißtrauen gegenüber einem ungebundenen Gesetzgeber auf Grund der vorausgegangenen katastrophalen Erfahrungen dann auch voll Rechnung getragen.

b) Grenzen der Strafgesetzgebung durch die Wertordnung des Grundgesetzes

Das Grundgesetz hat über das Verhältnis „Bürger — Staat" eine zu den vorhergegangenen Staatsverfassungen gänzlich andere Grundeinstellung konzipiert. Die Vorstellung vom „Vorrang des Staates" gilt nicht mehr[473]. Das neue Verhältnis hat man auch so beschrieben, daß der Staat des Grundgesetzes nicht mehr zu „herrschen", sondern zu „dienen" bestimmt sei[474]. Das „Oberste Konstitutionsprinzip unseres Rechts" ist Art. 1 Abs. 1 GG: „Die Würde des Menschen ist unantastbar". Aus der Verbindung dieses Grundsatzes mit Art. 1 Abs. 3 GG — die Grundrechte binden alle drei Gewalten als unmittelbar geltendes Recht — und Art. 20 Abs. 3 GG — die Gesetzgebung ist an die verfassungsmäßige Ordnung, die Verwaltung und Rechtsprechung sind an Gesetz und Recht gebunden — erfährt die Legitimität des Staates ihre Bestimmung und Beschränkung[475].

Für die heute allgemein anerkannte Lehre zur Gesetzgebungsbefugnis des Staates sind die aufgezeigten Grundsätze richtungsweisend. Einer der Vertreter der neuen Lehre hat dann auch die These von der gesetzgeberischen Allmacht des Staates als „hoffnungslos veraltet" bezeichnet[476].

Es steht also nicht im Belieben des Strafgesetzgebers, willkürlich Sachverhalte zu pönalisieren. Es gibt eine straffreie Sphäre, in die er nicht einbrechen darf. „Es kann heute als gesicherte Erkenntnis

---

[472] *Radbruch,* Einführung in die Rechtswissenschaft, 9. Aufl., Stuttgart 1958 S. 132.

[473] *Hamann,* Kommentar zum Grundgesetz, Einführung I C 2 = S. 19.

[474] *Hamann,* a.a.O., Einführung I C 2 = S. 18.

[475] BVerfGE 6, 36; *Maunz-Dürig,* Rdnr. 14 und 15 zu Art. 1 Abs. 1 GG.

[476] *Scheuner* in *Reinhardt-Scheuner,* Verfassungsschutz des Eigentums (1954) S. 91 Fn. 64; vgl. auch*Hamann,* Kommentar, S. 43; Herbert *Krüger,* Grundgesetz und Kartellgesetzgebung (1950) S. 11; *Maunz-Dürig,* Rdnr. 103 zu Art. 1.

gelten, daß dem ius puniendi durch die Würde des Menschen (Art. 1 GG) und durch ein festes Verhältnis von Schuld und Sühne Grenzen gezogen sind, die auch die Objektivierung der Strafgewalt, das materielle Strafrecht, nicht überschreiten kann, ohne seinen sittlichen Gehalt zu gefährden. Diese Erkenntnis verdichtet sich rechtspolitisch zu einer Forderung an den Gesetzgeber, die Waffe des Strafrechts nur innerhalb dieser Grenzen einzusetzen; de lege lata kann sie zur Nichtigerklärung verfassungswidriger Strafrechtsnormen führen"[477].

Für die anschließende Untersuchung kann festgehalten werden, daß die Pönalisierungsbefugnis des Staates sich nur innerhalb des vom Grundgesetz beschriebenen Rahmens bewegen darf.

c) Verhältnis zwischen der Wertgüterordnung des Grundgesetzes und der strafrechtlichen Rechtsgüterordnung

Es wäre unzutreffend, wollte man aus dem Vorhergehenden die Folgerung ziehen, daß die Wertordnung des Grundgesetzes und die strafrechtliche Rechtsgüterordnung identisch seien[478]. Sie decken sich nur teilweise, und zwar hinsichtlich eines „Kernbestands vorgegebener sozialethischer Werte"[479]. Beispielhaft dafür sind: das Leben, die körperliche Integrität, die Ehre, die Freiheit und das Vermögen im Sinne des verfassungsrechtlichen Eigentumsbegriffs. Über diesen Bereich hinaus, der sowohl Teil der Wertgüterordnung des Grundgesetzes als auch der Rechtsgüterordnung des Strafrechts ist, bilden die strafrechtlichen Rechtsgüter eine „eigenständige Schutzordnung"[480], deren Einzelpositionen nicht selbst „letzte sozialethische Werte" darstellen[481]. Ein Beispiel möge das verdeutlichen: Das Leben oder die körperliche Integrität gehören zum Kernbereich der sozialethischen Werte des Grundgesetzes und des Strafgesetzbuches (vgl. Art. 1 und 2 GG und die §§ 211 ff., 223 ff. StGB). Ein wirksamer Schutz dieser Werte bedingt aber, daß eine gesicherte Rechtspflege sich ihrer annehmen kann. Deshalb muß die Rechtspflege selbst zum Schutzobjekt des Strafrechts erhoben werden. Das ist im Strafgesetzbuch in verschiedenen Vorschriften geschehen. Diese Tatsache berechtigt jedoch nicht, die Rechtspflege selbst zum Kernbereich der vorgegebenen sozialethischen Werte zu zählen.

Die Feststellung, daß das Strafrecht über einen mit dem Grundgesetz gemeinsamen Kernbereich höchster sozialethischer Werte hinaus eine eigenständige Schutzordnung bildet, erlaubt nicht den Schluß,

---

[477] *Maurach*, Allg. Teil, S. 5.

[478] *Sax* in *Bettermann-Nipperdey-Scheuner*, Bd. III/2, „Grundsätze der Strafrechtspflege" S. 909 ff.; *Hamann*, Grundgesetz und Strafgesetzgebung, S. 25 f.

[479] *R. Lange*, JZ 1956, 73 ff. (79).

[480] *Sax*, a.a.O., S. 913.

[481] *Hamann*, a.a.O., S. 26.

daß hinsichtlich des verbleibenden Teiles eine strafrechtliche Regelung außerhalb der vom Grundgesetz bestimmten Beschränkungen möglich sei. Strafrechtliches Unrecht kann nur die unmittelbare oder mittelbare Verletzung der von der Wertordnung unseres Grundgesetzes umfaßten Werte sein[482]. Doch selbst unter Beachtung dieser Grenzen steht es nicht im freien Ermessen des Gesetzgebers, Sachverhalte zu pönalisieren. Er muß als weitere Einschränkung hinnehmen, daß nicht „*jede* Verletzung eines in der Gemeinschaft als verbindlich geltend anerkannten schutzbedürftigen Kulturwerts" unter Strafe gestellt werden kann[483].

Der Strafgesetzgeber muß eine Auswahl nach der *Strafwürdigkeit* treffen. Hamann bemerkt dazu, daß eine Untersuchung der verfassungsrechtlichen Grenzen der Strafgesetzgebung auch an Art. 2 Abs. 1 GG, in dem das Sittengesetz als Schranke der Freiheit der Persönlichkeitsentfaltung genannt wird, ausgerichtet werden könnte. Dies erscheine jedoch dann nicht notwendig, wenn man in der Strafwürdigkeit eine a priori erforderliche Voraussetzung der Pönalisierung erblicke. Die Strafwürdigkeit verbinde allerdings mit dem Grundgesetzartikel, daß nur strafwürdig sein könne, was auch gegen das Sittengesetz verstoße[484].

Es erscheint in der Tat nicht nur opportun, eine verfassungsrechtlich legitime Strafgesetzgebung an dem Begriff der Strafwürdigkeit auszurichten, sondern geradezu geboten, weil die Tatbestände des Strafgesetzbuches — im Gegensatz zu jeder anderen vom Gesetzgeber ausgedrückten sittlichen Mißbilligung — mit der Sanktion der Kriminalstrafe versehen sind. Diesem wesentlichen Unterscheidungsmerkmal muß eine verfassungsrechtlich legitime Strafgesetzgebung Rechnung tragen[485].

d) Das Kriterium der Strafwürdigkeit

Der Begriff der Strafwürdigkeit beschreibt nicht nur einen bloßen Vorgang des Bewertens, sondern er ist ein hinreichend bestimmter Rechtsbegriff. Das beweist die wörtliche Bezugnahme auf das Wort „Strafe"[486]. Hamann stellt es als besondere Leistung von

---

[482] *Hamann,* S. 26.

[483] *Hamann,* S. 26. Dies verbiete sich schon dadurch, daß Art. 103 Abs. 2 GG zur Fixierung bestimmter Straf*tatbestände* verpflichte, vgl. S. 26, Anm. 5 unter Bezug auf *Sax,* S. 916.

[484] *Hamann,* a.a.O., S. 66 f.

[485] *Sax,* S. 923. Über die Notwendigkeit, der Strafwürdigkeit mehr Beachtung als bisher zu widmen, vgl. auch *Sauer,* S. 4, 19. Nur so ist die Anerkennung einer Freiheitssphäre des einzelnen und seiner sonstigen Gegeninteressen hinreichend gewährleistet (*R. Lange,* ZStW 63, 457).

[486] *Sax,* S. 923.

Sax heraus, daß er in seinem Beitrag[487] die entscheidende Erkenntnis vermittelte, daß es bei der Strafwürdigkeit nicht um rechtspolitische Fragen, d. h. um solche des Wollens, sondern um einen der juristischen Erkenntnis zugänglichen Rechtsbegriff handele[488].

Sax weist darauf hin, daß die Verhängung einer jeden Strafe — gleichgültig, wie man ihr Wesen oder ihren Zweck bestimmt — eine „massive sittliche Mißbilligung", einen „sozialethisch deklassierenden Tadel"[489] bedeutet. Diese begleitet ein entsprechend starkes „sittliches Pathos"[490].

Zu der sozialethisch diskriminierenden Wirkung der Strafe tritt ein zweiter wesentlicher Faktor, der darin besteht, daß die Strafe selbst einen „massiven Eingriff" in die sittlichen Werte des Betroffenen, die durch das Grundgesetz geschützt sind, darstellt. Deshalb muß der strafende Eingriff in diese sittlichen Werte auf das unerläßlich Notwendige beschränkt sein[491].

Sax folgert aus der Doppelfunktion der Strafe als „sozialethisch deklassierenden Tadel" und dem mit ihr verknüpften massiven Eingriff in die sittliche Wertpersönlichkeit des Betroffenen eine Zweischichtigkeit des Gehaltes der Strafwürdigkeit. Die Strafwürdigkeit umfasse das „Strafe Verdienen" und das „Der - Strafe - Bedürfen"[492]. In dieser Meinung wird Sax durch andere Strafrechtswissenschaftler bestätigt. Begrifflich unterscheiden sie sich von Sax oft nur dadurch, daß sie mit dem Wort „Strafwürdigkeit" das erfassen, was Sax mit „Strafe Verdienen" einfangen will. Sie kommen aber gleichermaßen zu der Forderung, neben das „Strafe Verdienen" die Straf*bedürftigkeit* zu stellen[493]. Deutlich hebt Stratenwerth hervor, daß die Strafbedürftigkeit bereits vom Strafgesetzgeber zu bedenken ist: „Von den Umständen, die das Strafbedürfnis begründen,

---

487 *Bettermann-Nipperdey-Scheuner,* Bd. III/2.

488 *Hamann,* a.a.O., S. 27.

489 Vgl. *Kohlrausch-Lange,* S. 15.

490 Den Mißbilligungscharakter der Strafe betonen u. a. *R. Lange,* Schw. Zschr f. StrR 70 (1955) S. 383; *Noll,* S. 17 ff.; *Jescheck,* Schw. Zschr. f. StrfR 78 (1962), S. 179; *Hellmer,* S. 124; *Schmidhäuser,* S. 209 f.; *Engisch,* S. 2.

491 a.a.O., S. 924; ihm schließt sich *Hamann* an, S. 27, ebenso *Roxin,* JuS 1966, 382.

492 *Sax,* S. 924.

493 *R. Lange,* Literaturbericht „Strafrecht — Allgemeiner Teil", in ZStW 63, 456 (457); *Kohlrausch-Lange,* Vorbem. III 1 vor § 1; *H. Mayer,* S. 33; *Welzel,* S. 232; *Stratenwerth,* ZStW 71, 567.

494 a.a.O., S. 568. Das ist eine notwendige Konsequenz, die sich aus der Rechtfertigung für jede Kriminalsanktion ergibt, denn diese erwächst allein aus dem staatlichen Notwehrrecht, der sozialen Notwendigkeit, für die Erhaltung der Gemeinschaft zu sorgen (*G. Kaiser,* ZStW 73, 110).

hängt in aller Regel schon die Existenz der Strafvorschrift und nicht erst ihr Anwendungsbereich ab[494].

Im folgenden wird die Terminologie von Sax übernommen: Strafwürdigkeit bildet den Oberbegriff für die Kriterien „Strafe Verdienen" und „Der Strafe Bedürfen".

aa) „Strafe Verdienen"

Die Notwendigkeit, vor Schaffung einer Strafnorm das Kriterium des „Strafe Verdienens" zu prüfen, ergibt sich aus der Forderung, daß nur bestraft werden soll, was ein geordnetes Zusammenleben der Staatsbürger ernstlich gefährdet[495]. Denn bestraft werden darf nur dasjenige, was nach einer „communis opinio aller Rechtsgenossen auch wirklich Strafe *verdient*"[496]. Der Staat muß sich auf das „Selbstverständliche" beschränken, weil Rechtsgehorsam nur da zu erwarten ist, „wo jedermann die Forderungen des Strafgesetzes als innerlich verpflichtend zu empfinden vermag"[497]. Schon Binding erkannte diese innere Beschränkung des Strafrechts; er prägte deshalb das Wort von der „fragmentarischen Natur des Strafrechts"[498].

Sax versucht, das Kriterium des „Strafe Verdienens" näher zu bestimmen. Nach ihm verdient eine Rechtsgutsverletzung Strafe, wenn ihr unmittelbarer oder mittelbarer Wertbezug zum Kernbereich der sozialethischen Werte hinreichend erkennbar nachhaltig ist, um zu der gleichfalls nachhaltigen Unwertbeurteilung des Täters durch die Strafe in eine erträgliche Proportion zu treten und daher den Eingriff in seine Menschenwürde zu rechtfertigen[499]. Problematisch stelle sich weniger die Bestimmung der Massivität des Unwertgehaltes dar als die Bestimmung der Stärke des Wertbezugs der Schutzgüter, die den Beziehungspunkt für die Formung der Straftatbestände bilde. Die Unsicherheitsgrenze sei aber so weit wie möglich zurückgedrängt, wenn man darauf abstelle, daß der Wertbezug zu einem verletzten Schutzgut allgemein erkennbar und anerkannt sein müsse[500].

Hamann stört sich an dem Erfordernis der Proportionalität und schlägt statt dessen eine „adäquate" Entsprechung vor[501]. Hamann ist jedoch entgegenzuhalten, daß der Grundsatz der Proportionalität in den Kriminalrechtssystemen wohl aller Völker und aller Zeiten

---

495 *Müller-Dietz*, S. 39 f. unter Berufung auf *Jescheck; Würtenberger*, S. 68; *Naegeli*, S. 88 f.; *Maihofer*, S. 18; *Roxin*, JuS 1966, 381.

496 *Müller-Dietz*, S. 40; *Naegeli*, S. 88, 92 f.; *Maihofer*, S. 16; *Arthur Kaufmann*, Schuld und Strafe, S. 12, 321.

497 *Müller-Dietz*, S. 40, Anm. 56 unter Berufung auf *Jescheck*.

498 Vgl. auch *Müller-Dietz*, S. 40; *Welzel*, Lehrbuch, S. 6; *K. Peters*, S. 35; *Arthur Kaufmann*, Schuldprinzip, S. 200; *Roxin*, JuS 1966, 382.

499 *Sax*, S. 933.

500 *Sax*, S. 929.

501 *Hamann*, S. 27.

aufzufinden ist[502], so daß eine Verwendung des Begriffs durchaus verständlich und angemessen ist.

Fraglich erscheint die Deutung des „Strafe Verdienens" nur insoweit, als Sax einseitig den Wert des *Schutzgutes* ins Verhältnis zur Strafsanktion setzt. Richtiger ist es, der Meinung zu folgen, die in der Strafwürdigkeit implicite auch die Anerkennung der Freiheitssphäre und der sonstigen Gegeninteressen berücksichtigt[503]. Doch könnte diesem zusätzlichen Gedanken in dem von Sax aufgestellten System Rechnung getragen werden, wenn man ihn bei dem Erfordernis der „Massivität" des Unwertgehaltes des gemeinschaftsstörenden Verhaltens[504] aufgreift. Denn das Maß an Unwert bestimmt sich nicht zuletzt aus einer Abwägung zwischen dem Wert des Schutzgutes und der freien Persönlichkeitssphäre und ihrer Interessen.

bb) Das „Der Strafe Bedürfen"

Eine Rechtsgutsverletzung bedarf der Strafe, wenn sie das einzige zweckmäßige Mittel ist, die Gemeinschaftsordnung gegenüber den Wertverletzungen, die die Strafe verdienen, zu schützen und zu bewahren. Die Strafe muß trotz ihres nachhaltigen Eingriffs in die Menschenwürde in diesen Fällen unentbehrlich erscheinen[505]. Ein wirksamer Schutz der Gemeinschaft darf nicht schon auf andere Weise — etwa durch Mittel des bürgerlichen oder öffentlichen Rechts — erreichbar sein, denn das Strafrecht ist subsidiärer Natur. Die Strafe darf als schärfste Reaktion der Rechtsgemeinschaft nur an letzter Stelle in Betracht kommen[506].

Die Strafbedürftigkeit weist in dieser Definition auf den Grundsatz der Verhältnismäßigkeit des Mittels hin, den manche allgemein als einen für die Gesetzgebung verbindlichen Grundsatz beachtet wissen wollen[507]. Hamann macht in diesem Zusammenhang noch auf das Toleranzgebot aufmerksam, das verbindliches Leitprinzip einer dem Rechtsstaatsgedanken verpflichteten Rechtsordnung zu sein habe[508]. Es besage, daß der Gesetzgeber sich auf dem Gebiet des Moralischen Beschränkungen auferlegen müsse. Er dürfe nicht jeden Moralsatz unter den Schutz des Strafrechts stellen[509].

---

[502] Vgl. *Kaiser*, S. 142.

[503] Vgl. *R. Lange*, ZStW 63, 457.

[504] *Sax*, S. 927.

[505] *Sax*, S. 933.

[506] *Roxin*, JuS 1966, 382.

[507] *Hamann*, Kommentar, S. 46 cc mit weiteren Hinweisen; derselbe in Grundgesetz und Strafgesetzgebung, S. 28; kritisch *Scheuner*, DöV 1961, 201 (202); *Lerche*, Übermaß und Verfassungsrecht (1961) S. 19 ff., 158 ff.

[508] *Hamann*, S. 28.

[509] *Hamann*, S. 29.

Sax und auch Hamann bemerken, daß die Strafbedürftigkeit besonders dort von wesentlicher Bedeutung ist, wo es um bloße Gefährdungen von Rechtsgütern geht. Hier liege eine Überschreitung der Strafgewalt sehr nahe[510]. Die Strafbedürftigkeit bilde gerade in diesen Fällen ein wirksames Abgrenzungskriterium.

Wenn der Staat neben dem „Strafe Verdienen" das Erfordernis des „Der Strafe Bedürfen" nicht berücksichtigt, überschreitet er seine Kompetenz, er schafft eine verfassungswidrige Norm[511]. Das geschieht auch, wenn er ein sozialschädliches Verhalten pönalisiert, das zwar Strafe verdient, aber der Strafe nicht bedarf. Er macht dann von der Strafgewalt in größerem Umfang Gebrauch, als es zum Schutz der Rechtsordnung notwendig ist[512]. Der strafende Eingriff in die Wertpersönlichkeit des Betroffenen würde in diesen Fällen unerträglich und daher ungerecht[513]. Die *Notwendigkeit* der Strafe begrenzt also Recht und Pflicht des Staates zum strafenden Eingriff, d. h. seinen Strafanspruch[514].

3. Die Strafwürdigkeit der künstlichen Insemination

Die aus der allgemeinen Erörterung zur Strafbefugnis des Staates gewonnenen Erkenntnisse sind auf die Pönalisierung der künstlichen Insemination anzuwenden.

Zu diesem Zweck ist zunächst zu untersuchen, inwieweit die künstliche Insemination letzte sozialethische Werte berührt.

a) Die betroffenen Grundgesetzartikel

aa) Art. 1 Abs. 1 und Art. 2 Abs. 1 GG

Mit Art. 1 GG bekennt sich der Gesetzgeber zur Unantastbarkeit der Menschenwürde als oberstes Prinzip unter den verfassungsrechtlichen Wertentscheidungen des Grundgesetzes. Der Anspruch auf Achtung der Menschenwürde ist ein vorstaatlicher Grundsatz, der nicht vom Staat geschaffen, sondern vorgefunden und rechtlich anerkannt wurde[515]. Dieser Satz richtet sich nicht nur gegen den Staat, sondern gegen jedermann, denn in dem gegen den Staat gerichteten Anspruch, die Würde des einzelnen zu achten, ist zugleich die Schutzverpflichtung der staatlichen Gewalt enthalten, den einzelnen vor allen nichtstaatlichen Angreifern zu schützen. Damit wird Art. 1 Abs. 1 GG zur allgemeinen Verhaltensnorm[516]. Daß die Strafrechtspflege sich gerade dieses obersten Rechtsgebots an-

---

510 *Sax*, S. 926, 931; *Hamann*, S. 28.
511 *Hamann*, S. 31.
512 *Stratenwerth*, ZStW 71, 572.
513 *Sax*, S. 931.
514 *Stratenwerth*, ZStW 71, 572.
515 *Nipperdey*, Grundrechte II; *Geiger*, S. 41; *Wintrich*, S. 5.
516 Vgl. *Maunz-Dürig*, Rdnr. 2 und 3 zu Art. 1 Abs. 1; *Wintrich*, S. 13.

nehmen kann, bedarf nach den Ausführungen zur Strafwürdigkeit keiner Begründung mehr.

Dölle hat Zweifel, ob man im Hinblick auf die künstliche Insemination die menschliche Würde hinreichend eindeutig bestimmen könne[517]. Geiger widerspricht ihm, indem er darauf verweist, daß die Gebote der Sittlichkeit durch Art. 1 GG in das Recht eindringen. Man stoße hier auf eine Nahtstelle zwischen Recht und Sittlichkeit[518]. Die Würde, die dem Menschen zukomme, verpflichte ihn, als sittlich verantwortliches Wesen, das „Richtige", das dem Menschen „Gemäße" zu tun[519]. Die natürliche, dem Menschen vorgegebene Ordnung bestehe aber darin, daß der Zeugungsakt die Beteiligung des ganzen Menschen in seinem „körperlichen, sinnlichen, geistigen Dabeisein" verlange. Die Technisierung des Zeugungsaktes verstoße gegen die dem Menschen angemessene Verhaltensweise.

Der Angriff auf die Menschenwürde geht demnach von der Technisierung des Zeugungsvorganges aus.

Zwar ist es dem Menschen durchaus gemäß, sich seine Umwelt durch die Technik dienstbar zu machen. Das soll jedoch nicht unbeschränkt gelten, wenn sich der technische Eingriff auf das Individuum Mensch bezieht. Nun gibt Kaiser mit Recht zu bedenken, daß der Gesetzgeber nicht in jedem Fall eines technischen Eingriffs in die menschliche Natur mit Strafe reagiere. Er fühle sich zum Beispiel nicht herausgefordert, wenn die Medizin Eiverpflanzungen, klinische Selektionen, hirnchirurgische Eingriffe, Transplantationen und Reanimationen ausführe. Auch in diesen Fällen werde der Mensch in seinem „Stirb und Werde" der Technik überantwortet[520]. Andererseits schränkt Kaiser seinen Einwand selbst wieder ein und weist in Übereinstimmung mit anderen darauf hin, daß die künstliche Insemination im Vergleich zu den aufgezählten Eingriffen noch weitere Angriffspunkte biete[521]. So wird ihre Besonderheit darin gesehen, daß der Eingriff „tabuierte Vorgänge widernatürlich technisiert"[522]. Die „tiefsten Geheimnisse des Lebens" würden der Technik überantwortet[523]. Der menschliche Zeugungsakt werde auf die Stufe der Tierzucht herabgewürdigt[524]. Die Parallelschaltung der Probleme

---

[517] S. 239 f.

[518] S. 40 f., im Ergebnis ebenso *K. Peters*, Studien und Berichte der katholischen Akademie in Bayern, Heft 20 S. 132.

[519] *Geiger*, S. 41.

[520] *Kaiser*, S. 70 f.

[521] *Kaiser*, S. 73 f.

[522] *Kaiser*, S. 73.

[523] *Dünnebier*, Mschr. f. Krim. 43, 134 ff.; *K. Peters*, Studien und Berichte der katholischen Akademie in Bayern, Heft 20 S. 132.

[524] *Geiger*, S. 41.

der menschlichen Fortpflanzung mit denen der Tierzucht bedeute einen „eklatanten Verstoß gegen die Würde des Menschen“[525]. Darüber hinaus erfahre der Mann eine Degradierung, indem er auswechselbar und austauschbar werde[526]. In der Ferne drohe die Gefahr „totaler Machbarkeit und Planung“ des Menschengeschlechts[527]. Durch die Möglichkeit der Spermakonservierung könnte die Generationenfolge verschoben werden, so daß „insgesamt das allmähliche Aufkommen einer entpersönlichten und anonymisierten Population“ vorauszusehen sei[528]. Die gelenkte Zeugung im Rahmen einer Eugenik lasse vor dem Geiste schon einen „Termitenstaat auftauchen, in dem nicht nur die Worte „Vater“, „Mutter“, „Sohn“ und „Tochter“ unbekannt, sondern auch die Geschlechter nach ihrer Nützlichkeit verteilt“ seien[529]. Insofern handele es sich bei der künstlichen Insemination um einen „frivolen Eingriff der Technik in unsere sittliche Weltordnung“[530]. Die künstliche Insemination rühre „an die Fundamente unserer abendländischen Kultur und unserer natürlichen Ordnung“[531].

Nach dieser Aufzählung von Argumenten, die von Juristen zur Strafbarkeit der künstlichen Samenübertragung vorgebracht worden sind, drängt sich scheinbar die Forderung auf, daß der Strafgesetzgeber tätig werden müsse, um die hochwertigen Gemeinschaftsinteressen, die durch die künstliche Insemination der Zerstörung anheimgefallen zu sein scheinen, wirksam zu schützen.

Nun kann man dagegen einwenden, daß dem einzelnen andererseits durch Art. 2 Abs. 1 GG die freie Entfaltung seiner Persönlichkeit garantiert ist. Darin sei eingeschlossen, daß jeder ein Recht auf medizinische Hilfe habe, wenn er sich in einer Zwangssituation befinde. Der Wunsch nach einem Kind müsse als kreatürliches Motiv akzeptiert werden. Dem Menschen sei das natürliche Bedürfnis nach Fortpflanzung eingewurzelt. Er strebe das Weiterleben in einem Kinde als Akt der Lebenserhaltung an. Wenn die Natur diesem natürlichen Trieb Hindernisse in den Weg gelegt habe, so dürfe dem einzelnen die technische Ersatzlösung, die ihm das Ziel am nächsten bringe, nicht verwehrt werden. Da die biologischen Voraussetzungen in den gegebenen Zwangssituationen eine natürliche Zeugung nicht ermöglichen, stelle die künstliche Zeugung in concreto keine *widernatürliche* Handlung dar. Auch der Vorwurf sexuell anstößigen Ver-

---

[525] *Fritz,* Prot. Bd. 10 S. 324.
[526] *Giesen,* S. 174.
[527] *Kaiser,* S. 74.
[528] *Giesen,* S. 175.
[529] *Dünnebier,* Prot. Bd. 10 S. 322 f.
[530] *Eb. Schmidt,* Prot. Bd. 10 S. 323.
[531] *Voll,* Prot. Bd. 7 S. 207.

haltens könne die Beteiligten nicht treffen, wenn sie die notwendigen Handlungen — die Samengewinnung und die Sameneinbringung — in verantwortungsbewußter Gesinnung und Verhaltensweise vollzögen. Ob jemand aus einer Notlage heraus den Weg der künstlichen Insemination beschreite, müsse aus allen diesen Gründen seiner ganz persönlichen Entscheidung freigestellt sein. Es handele sich um einen Vorgang der engsten Intimsphäre, in die einzudringen der Staat nicht befugt sei.

Dem Art. 2 Abs. 1 GG liegt die Vorstellung einer „wertgebundenen" Freiheit zugrunde, einer Freiheit, die nur so weit reicht, als nicht Rechte Dritter und die Gebote der Verfassungs- oder Sittenordnung verletzt werden[532]. Deshalb bedarf es einer Abwägung, ob bei der künstlichen Insemination die Freiheit der Persönlichkeitsentfaltung nicht hinter überpersönlichen Gütern zurückstehen muß.

Gegen die künstliche Insemination sind — in rhetorisch wirkungsvoller Einkleidung — schwerwiegende Vorwürfe erhoben worden. Der hochwertige Gehalt der betroffenen überpersönlichen Werte scheint danach jeden Versuch, die schutzwürdigen Belange der Intim- und Privatsphäre zu berücksichtigen, bereits im Ansatz zu unterdrücken. Doch ist Skepsis angebracht. Schon das Pathos sollte zu denken geben.

Zweckmäßigerweise sind die Erörterungen und Vorwürfe unmittelbar auf die heterologe Insemination zu beziehen. Die homologe Samenübertragung wird ohnehin von der überwiegenden Meinung respektiert. Man erkennt die Zwangslage der Eheleute an und übergeht den widernatürlichen Zeugungsvorgang mit Diskretion[533]. Nur Geiger[534] und Arens[535], die einen wesensmäßigen Unterschied zwischen homologer und heterologer Insemination ablehnen und den Verstoß gegen die Menschenwürde nur quantitativ abgestuft bewerten, stehen als Außenseiter der herrschenden Meinung entgegen. Aber selbst wenn man diese Meinung berücksichtigt, empfiehlt es sich, die Vorwürfe nur an der heterologen Insemination zu überprüfen, weil an ihr das Problematische deutlicher hervortritt.

Ein wesentlicher Vorwurf gegen die künstliche Insemination stellt auf den Eingriff in vorgegebene, dem Menschen deshalb gemäße Naturabläufe ab. „Tabuvorgänge" würden widernatürlich technisiert. Der technische Eingriff wird als „frivol" gekennzeichnet. Diese Argumente wären berechtigt, wenn die künstliche Insemination miß-

---

532 *Maunz-Dürig*, Rdnr. 4 zu Art. 2 Abs. 1.

533 *Maunz-Dürig*, Rdnr. 39 zu Art. 1 Abs. 1; *Krüger-Breetzke-Nowack*, S. 184 *(H. Krüger); Dölle*, S. 229 f.; *Becker*, S. 59; *Eb. Schmidt*, Prot. Bd. 10 S. 323; *Giesen* (1962), S. 173.

534 a.a.O., S. 41 ff.

535 a.a.O., S. 99 f., 111 ff.

bräuchlich von Eheleuten vorgenommen würde, die die Fähigkeit zu einer natürlichen Zeugung besitzen, aber von dieser absehen, weil sie sich durch künstliche Sameneinbringung größere Chancen für einen bestimmten, von ihnen gewünschten Nachwuchs ausrechnen. Die Vorwürfe verfehlen auch nicht ihr Ziel, soweit gesunde unverheiratete Frauen sich auf diese Weise ihren egoistischen Kinderwunsch erfüllen. Die Situation ist aber eine andere, wenn Eheleute aus einer Zwangslage heraus diesen ihnen sicherlich nicht angenehmen Weg beschreiten. Hier ist die Natur fehlerhaft, die „Tabuvorgänge“ sind in ihrer natürlichen Form nicht durchführbar. Der technische Eingriff fungiert deshalb in diesen Fällen als Korrektur. Die Natur ist für die Technik kein Angriffsziel; es kommt auch nicht zu einer Umkehrung natürlicher Verhältnisse, weil diese von Anfang an nicht in normaler Form vorhanden waren. Ausdrücke wie widernatürlich, pervers und frivol sind deshalb fehl am Platz.

Es ist auch nicht gerechtfertigt, die Probleme der künstlichen Insemination unbesehen denen der Tierzucht gleichzustellen. Es kann keinen Zweifel darüber geben, daß es eine Unmenge von Parallelen zwischen der Tier- und Menschenwelt gibt. Die maßgeblichen Unterscheidungskriterien zwischen menschlichen und tierischen Verhaltensweisen dürfen aber nicht an Äußerlichkeiten orientiert werden. Entscheidend ist die persönliche Einstellung und innere Haltung, die der einzelne zu dem ihm gestellten Problem einnimmt.

Legt man sich weiter die Frage vor, ob der Mann durch die künstliche Insemination austauschbar und ersetzbar wird, so muß die Antwort negativ ausfallen. Das, was seine Individualität ausmacht, vermittelt er dem Kind entweder als biologischer Vater durch seine Erbmasse oder als Scheinvater durch die Sorge für eine Erziehung nach seiner geistigen Vorstellungswelt. Durch beide Akte wird das Kind von der Individualität des Vaters geprägt. Auch für die Frau wird der Mann nicht auswechselbar. Der Vorgang der künstlichen Insemination ist für sie seelisch kein Surrogat für das Beisammensein mit einem Mann. Die künstliche Insemination ist insofern neutral und unvergleichbar mit dem Beiwohnungsakt. Der Mann wird durch die Technik auch nicht „überflüssig“. Einmal benötigt die Technik männliches Sperma. Außerdem vermag der ärztliche Eingriff der Frau keinesfalls den Mann als Geschlechtspartner zu ersetzen. Die „Austauschbarkeit“ oder „Ersatzbarkeit“ des Mannes droht also nicht.

Was hat es nun mit dem Argument auf sich, das die Anheimgabe des „tiefsten Geheimnisses des Lebens“ an die Technik anprangert? Hier findet sich das Gegenargument in dem Hinweis, daß die Befruchtung selbst durch die künstliche Insemination nicht betroffen wird. Sie geht natürlichen Gesetzen nach wie bei der natürlichen Zeugung. Das tiefste Geheimnis der Menschwerdung liegt nicht in dem

Beiwohnungsakt, sondern in dem Befruchtungsvorgang. Dieses Geheimnis existiert noch unberührt.

Viele Juristen wenden sich gegen die künstliche Insemination, weil sie in ihr das bahnbrechende Element zugunsten einer Eugenik sehen. In diesem Sinn sind die Aussprüche von der „totalen Machbarkeit und Planung“ des Menschengeschlechts, dem „Termitenstaat“, der „entpersönlichten und anonymisierten Population“ zu deuten.

Hinter den erhobenen Vorwürfen steht die Furcht vor groß angelegten eugenischen Maßnahmen des Staates. Man vermutet, daß einem auf Mißbrauch ausgehenden Staat von seiten der Rechtsgenossen zu viel schädliches Entgegenkommen gewährt würde, wenn man nicht jetzt schon jede einzelne heterologe Insemination unter Strafe stellen würde. Durch eine frühzeitige Stärkung des sittlichen Empfindens möchte man ein „Bollwerk“[536] gegen zukünftige eugenische Bestrebungen größeren Umfangs errichten.

Doch bei diesen Bedenken muß man fragen, ob die Furcht vor einer Eugenik und die hervorgerufenen Abwehrreaktionen auf Kosten einzelner Hilfe suchender Menschen ausgetragen werden dürfen. Der Normalfall einer heterologen Insemination hat mit der Eugenik lediglich das technische Hilfsmittel der Durchführung gemeinsam. Der Samenspender wird nur notgedrungen nach bestimmten Gesichtspunkten ausgewählt. Das Motiv ist aber grundsätzlich von einer Eugenik verschieden. Der kreatürliche Kinderwunsch und die Zwangslage, auf natürlichem Wege das ersehnte Glück nicht zu erreichen, sind Triebfedern des Handelns. Eine organisierte Eugenik kann deshalb auch nicht im Ansatz in einer einzelnen aus Not vorgenommenen heterologen Insemination erkannt werden. Die vorhandenen Entsprechungen sind nur äußerlich. Der Weg zu einer rationell gelenkten Menschenzüchtung wird erst eröffnet, wenn die Mißbrauchsmerkmale hinzutreten. Diese bestehen in der von Natur aus überflüssigen, d. h. nicht notwendigen Vornahme eines künstlichen Eingriffs und in der organisierten, auf bestimmte Züchtungsziele ausgerichteten Zuordnung der Samenpartner. Der Mißbrauch muß aber erst von anderer Seite zusätzlich in die heterologe Insemination hineingetragen werden; dann werden die aufgezählten Gefahren akut. Die einzelnen Ehepartner, die sich in der Zwangslage befinden, sind aber an etwaigen mißbräuchlichen Auswüchsen unbeteiligt. Es ginge zu weit, ihnen hier eine Verantwortung für die Menschheit aufzubürden. Die menschliche Würde verlangt von ihnen nicht, daß sie Hüter und Märtyrer des erzieherisch angestrebten sittlichen Allgemeinempfindes werden. Zudem muß man in realistischer Einschätzung der Wirklichkeit damit rechnen, daß einem auf Mißbrauch sinnenden Gesetzgeber das durch eine Strafnorm er-

---

[536] *Dünnebier,* Prot. Bd. 10 S. 323.

richtete Bollwerk eines seinem Willen entgegengerichteten sittlichen Volksempfindens kein Hindernis bedeuten und er dennoch eugenische Maßnahmen ergreifen würde.

Eine Abwägung der überpersönlichen Werte und der persönlichen Freiheit des einzelnen fällt deshalb zugunsten derjenigen aus, die aus der Notlage ihrer Ehe heraus eine künstliche — sei es auch eine heterologe — Insemination vornehmen[537]. Gegen die Würde des Menschen verstößt der technische Eingriff nur in den Fällen, in denen die Natur die Voraussetzungen für eine normale Zeugung bietet, in denen dessen ungeachtet jedoch die künstliche Besamung bevorzugt wird. Diese Fälle bringen eine würdelose „Perversität des Handelns und Fühlens" zum Ausdruck und sind auch generell geeignet, die gesunde Abscheu vor eugenischen Maßnahmen zu untergraben.

bb) Art. 2 GG

Die künstliche Insemination könnte aber ein Grundrechtsverstoß gegen ein unveräußerliches Menschenrecht des *Kindes* sein. Das Kind hat ein Recht darauf, seine Abstammung zu kennen[538]. Diese Kenntnis darf ihm nicht bewußt vorenthalten werden, wie es mit der üblichen anonymen Insemination bezweckt wird. Der junge Mensch ist in der freien Entfaltung seiner Persönlichkeit (Art. 2 Abs. 1 GG) gehindert, wenn ihm entgegen seinen Wünschen versagt bleibt, sich selbst an dem leiblichen Vater zu erkennen, bestimmte von ihm vererbte Veranlagungen zu unterdrücken, andere durch Pflege zu fördern[539]. Der Hinweis auf zahlreiche uneheliche Kinder, denen die Mutter einen Vater auch nicht zu nennen vermag, kann nicht als Gegenargument dienen. Denn diese Vorkommnisse gehen nicht auf eine bewußte, geplante Vereitelung der Abstammungserkenntnis des Kindes zurück[540].

Da das Recht des Kindes auf Auskunft über seinen leiblichen Vater als unverletzliches Menschenrecht anerkannt ist[541], erwächst dem Arzt als demjenigen, der den Samenspender kennt, die Pflicht, dem Kinde, wenn es das wünscht, seine Abstammung zu enthüllen. Die Eltern und der Samenspender können dem nicht widersprechen. Der Arzt ist in diesem Fall ihnen gegenüber nicht an eine Schweigepflicht gebunden, weil eine Güterabwägung zugunsten des Kindes ausfällt[542]. Ein Grundrechtsverstoß gegen Art. 2 Abs. 1 GG ist also

---

537 So im Ergebnis auch *Richter*, S. 78 f.

538 *Schwalm*, Prot. Bd. 10 S. 320.

539 Hildegard *Krüger*, in *Bettermann-Nipperdey-Scheuner*, Bd. IV/1, S. 362.

540 Hildegard *Krüger*, a.a.O., S. 363.

541 *Kaiser*, S. 73; Hildegard *Krüger*, S. 362; *Schwalm*, Prot. Bd. 10 S. 320.

542 *Richter*, S. 86; vgl. zur Güterabwägung auch *Schwarz-Dreher*, Anm. 4, A b zu § 300.

nicht zwingend notwendige Folge einer heterologen Insemination. Solange dem Kind die Möglichkeit erhalten bleibt, beim Arzt Auskunft über seine blutsmäßige Abstammung einzuholen, sind seine Interessen gewahrt. Daraus folgt, daß die Verwendung eines Spermagemisches wegen Verletzung des Art. 2 Abs. 1 GG abzulehnen ist. Hier vermögen der Arzt und die Eltern keine positive Auskunft über den biologischen Vater des Kindes zu geben.

cc) Art. 6 GG

Als weiterer Grundrechtsverstoß kommt eine Verletzung des Art. 6 Abs. 1 GG in Betracht. Dort heißt es: „Ehe und Familie stehen unter dem besonderen Schutz der staatlichen Ordnung".

Es besteht kein Zweifel, daß allein die Einehe als Grundform der geschlechtlichen Lebensgemeinschaft angesehen wird[543]. Die Kinder sollen nach Vorstellung der Rechtsordnung innerhalb, nicht außerhalb der Ehe geboren (empfangen) werden[544].

Es sind zu Recht Bedenken gegen die herrschende Meinung erhoben worden. Richter weist darauf hin, daß jedenfalls die *konkrete* Ehe durch eine einverständliche heterologe Insemination nicht verletzt werde. Man müsse berücksichtigen, daß meistens eine aufhebbare Ehe vorliege, und der Ehepartner, dem die Zeugungsunfähigkeit des anderen bei Eheschließung unbekannt war, auf Auflösung der Ehegemeinschaft klagen könnte. Die Ehe, deren Schutz sich der Gesetzgeber so bevorzugt annehmen will, ist demnach vor dem Gesetz bereits vernichtbar. Obwohl die Eheleute auseinandergehen könnten, bemühen sie sich dennoch um die Aufrechterhaltung ihrer Ehe. Zur Bindung und Stärkung ihrer rechtlich und tatsächlich unvollkommenen Gemeinschaft streben sie die Gründung einer Familie an.

Es wird also dem Verfall der Ehe geradewegs entgegengewirkt. Aber auch das *Institut* der Ehe gerät nach Richter[545] nicht in Gefahr. Zwar widerspreche eine heterologe Insemination dem Prinzip der Einehe, die Störung wirke sich aber wegen der allgemein gewahrten Diskretion nicht nach außen aus. Dieses sei ein beachtlicher Unterschied zum Ehebruch, in dem ein Dritter sichtbar für die Außenwelt in die Ehegemeinschaft eindringe. Zudem sei die künstliche Insemination prozentual gesehen in so seltenen Fällen indiziert, daß eine ernsthafte Untergrabung des Eheinstituts ohnehin nicht ak-

---

543 *v. Mangoldt-Klein*, S. 267.

544 *Maunz-Dürig*, Rdnr. 39 zu Art. 1 Abs. 1; Hildegard *Krüger* in FamRZ 1956, 368. Die Mehrzahl der Autoren bezeichnen deshalb die heterologe Insemination als schweres Verfassungsunrecht, *Giesen*, S. 177; Hildegard *Krüger* in *Krüger-Breetzke-Nowack*, S. 184; *Geiger*, S. 43; *Arens*, S. 111; *Maunz-Dürig*, Rdnr. 39 zu Art. 1 Abs. 1; *Heyll*, S. 35; zweifelnd *Dölle*, S. 240; *Kaiser*, S. 78.

545 S. 84.

tuell werde. Giesen versucht, Richter durch die Praxis zu widerlegen. Er weist auf die durch künstliche Insemination hervorgerufenen Ehezerrüttungen hin, wie sie durch Publikationen in die Öffentlichkeit gedrungen sind[546]. Doch ist Giesen zu entgegnen, daß die Anzahl der künstlichen Inseminationen, die einen unglücklichen Verlauf der Ehe zur Folge hatten, im Verhältnis zu der weitaus größeren Zahl von künstlichen Inseminationen mit günstigem Ausgang verschwindend gering ist, obwohl es sich in den meisten Fällen sogar um eine heterologe Insemination handelte[547]. Überzeugender als einige sensationelle Berichte erscheinen amerikanische Statistiken, die eine verhältnismäßig sehr günstige Scheidungsrate bei Ehen ausweisen, in denen künstliche Inseminationen vorkamen[548]. Diese Beobachtung wird von der grundsätzlichen Erfahrungstatsache bestätigt, daß sich Ehen ohne Kinder weit anfälliger zeigen als solche, in denen ein Kind die Ehepartner bindet[549]. Richter kann außerdem für sich anführen, daß in den Vereinigten Staaten die Praktizierung der künstlichen Insemination keineswegs dazu beigetragen hat, generell das Institut der Ehe zu untergraben. Eine aus Amerika zurückgekehrte Ärztin teilte ihm mit, daß sie unter allen dort geführten Angriffen gegen die künstliche Insemination dieses Argument nicht habe finden können[550].

Außer Richter hat auch Hamann Bedenken, einen Grundrechtsverstoß gegen Art. 6 Abs. 1 GG anzunehmen. Er macht geltend, daß die heterologe Insemination nicht unbedingt dem Wesen der Ehe widerspreche, denn die Fortpflanzung könne nicht als entscheidendes Merkmal der ehelichen Gemeinschaft angesehen werden. Nur wenn aber gegen ein zur Bestimmung des Ehebegriffs notwendiges Merkmal verstoßen werde, sei auch die Ehe verletzt. — Das Institut der Familie erleide ebenfalls keinen Angriff. Verletzt sei die *verwandtschaftliche* Beziehung zwischen Ehemann und Kind. Der Begriff der Verwandtschaft sei jedoch nicht von der Institutsgarantie der Familie erfaßt. Man könne zudem nicht anzweifeln, daß auch die Ehegatten mit dem heterolog inseminierten Kind eine Familieneinheit bilden[551].

Auch Dölle gesteht ein, daß es durchaus bemerkenswerte Argumente gebe, die gegen eine Verletzung des Art. 6 Abs. 1 GG sprechen.

---

546 S. 177 f.

547 Vgl. oben S. 46 f. Es besteht auch kein Anlaß zu der Annahme, daß viele der katastrophal endenden Ehen nicht bekannt geworden sind, denn die Presse würde erfahrungsgemäß auf diesem Gebiet keine Dunkelziffer aufkommen lassen.

548 Vgl. oben S. 46.

549 Vgl. oben S. 45.

550 *Richter*, S. 85.

551 *Hamann*, Grundgesetz und Strafgesetzgebung, S. 84.

Er meint jedoch, den Gegnern der heterologen Insemination folgen zu müssen, weil man eine objektive Verletzung der Idee der Ehe nicht leugnen könne.

Richtig ist, daß das Prinzip oder die Idee der Einehe durch die heterologe Samenübertragung angegriffen wird. Das begründet aber noch nicht den Grundrechtsverstoß. Die Grundgesetzartikel sind zwar an Ideen ausgerichtet, sie stellen aber nicht deren abstrakten Gehalt unter Schutz. Es wird nicht die Idee der Ehe, sondern das *Institut* der Ehe geschützt. Dieser Unterschied rechtfertigt es, mehr noch, erfordert geradezu auch, die praktischen Auswirkungen, die die künstliche Insemination in Beziehung zur konkreten Ehe und zum Institut der Ehe äußert, mit in die Erwägungen einzubeziehen. Das bedeutet aber, daß man der Meinung, die einen Verstoß gegen Art. 6 Abs. 1 GG ablehnt, folgen kann.

Das gilt jedoch nur für die einverständliche Insemination innerhalb einer Ehe. Die künstliche Samenübertragung bei unverheirateten Frauen läßt dagegen in ihrer bewußten Ausschaltung des männlichen Ehepartners das Institut der Ehe überflüssig erscheinen[552]. Auch entspricht die Gründung einer Mutter-Kind-Familie nicht dem Aufbau einer gesunden Familieneinheit, in der der Vater eine tragende Funktion innehat. Der Unterschied zu den vielen Müttern, die uneheliche Kinder zur Welt bringen und von den Vätern nicht geheiratet werden, besteht darin, daß diese Frauen i. d. R. ohne oder gegen ihren Willen eine Mutter-Kind-Familie gründen. Sie bringen aber durch ihr Verhalten keine negative, gegen Art. 6 GG verstoßende Gesinnung zum Ausdruck.

dd) Ergebnis

Die einverständliche heterologe Insemination verstößt nicht unmittelbar gegen Grundgesetzartikel. Sie verletzt Art. 2 Abs. 1 GG nur dann, wenn durch die Verwendung eines Samengemisches dem Kind die positive Kenntnis seiner Abstammung vorenthalten wird. Die künstliche Samenübertragung bei Ledigen bedeutet jedoch regelmäßig einen Verstoß gegen die Art. 1 Abs. 1 und Art. 6 Abs. 1 GG.

b) Beschreibung des durch § 203 E 1962 zu schützenden Rechtsguts

Bei einer kritischen Auseinandersetzung mit dem im Entwurf 1962 (§ 203) neu geschaffenen Straftatbestand der künstlichen Insemination ist es erforderlich, das Rechtsgut des § 203 E 1962 zu beschreiben.

Es bieten sich einerseits persönliche Rechtsgüter wie die körperliche Unversehrtheit, Gesundheit oder die Freiheit der Frau und die Ehre

---

552 a. A. *Hamann*, a.a.O., S. 83 f.

des nicht einwilligenden Ehegatten an. Andererseits könnten sittliche Werte und Interessen der Allgemeinheit Schutzgut geworden sein.

Gegen die erste Möglichkeit spricht, daß bereits ein hinreichender Schutz der persönlichen Rechtsgüter durch vorhandene Strafvorschriften besteht[553]. Die Strafrechtsreform hat mit der Vorschrift deshalb vorwiegend einen Schutz des sittlichen Allgemeinempfindens bezweckt. Das zeigt die Einordnung der Norm in den Abschnitt II = Straftaten gegen die Sittenordnung. Aus dem großen Bereich der sittlichen Werte hat man in Ehe und Familie die besonderen Angriffspunkte der künstlichen Insemination gesehen, wie sich unschwer daran erkennen läßt, daß § 203 E 1962 unter dem zweiten Titel des Abschnitts II „Straftaten gegen Ehe, Familie und Personenstand" eingegliedert ist.

Man kann aus der amtlichen Begründung und den Diskussionen, die im Rahmen der Strafrechtsreform geführt worden sind, entnehmen, daß der Sinn der neuen Strafvorschrift nicht unmittelbar in dem Schutz der *Institutionen* von Ehe und Familie liegen soll. Es geht vielmehr um kulturelle, sittliche Werte, die mit Ehe und Familie verknüpft sind. Das hat sich in zahlreichen Formulierungen deutlich niedergeschlagen. Es heißt, die Ehe gelte als Keimzelle der Familie, die Familie wiederum bilde die geistig-biologische Grundeinheit unserer Gesellschaft und des Staates. Die künstliche Insemination rühre an die Wurzeln des menschlichen Zusammenlebens, der Sittenordnung und der Kultur. Es werde in natürliche Gegebenheiten eingegriffen, Tabuvorgänge erführen eine widernatürliche Technisierung. Die Generationenfolge werde willkürlich verschoben. Man greife in schicksalhafte Bestimmung ein.

Unter Einbeziehung dieser Argumente kann man zu folgender Definition des Rechtsguts in § 203 E 1962 gelangen: Geschützt wird „die sittliche Vorstellung von der *natürlichen* Zeugung der Nachkommenschaft innerhalb einer und durch eine Familie". Die Betonung liegt im Gegensatz zum Institutsschutz von Ehe und Familie auf einem genau angesprochenen Teilgehalt der Sittenordnung.

Neben diesem Schutzgedanken verfolgt die Strafnorm aber auch den kriminalpolitischen Zweck, der Gefahr von Inzesten vorzubeugen. In diesem Sinn stellt sich § 203 E 1962 als abstraktes Gefährdungsdelikt dar. Man kommt demnach zu einem doppelten Rechtsgut der neuen Strafvorschrift.

Die Beschreibung des Rechtsguts trägt wesentlich dazu bei, die Frage der Strafwürdigkeit weiter zu klären. Setzt man voraus, daß die beschriebenen Rechtsgüter einen Platz im Elementarbereich der

---

[553] Vgl. oben S. 98—107.

Sittenordnung finden, steht dem Schutzzweck der neuen Strafvorschrift nicht schon entgegen, daß nicht gleichzeitig Grundgesetzartikel durch die Rechtsgüterverletzung *unmittelbar* betroffen sind[554]. Nach dem Inhalt der hypothetischen Schutzgüter kann ein sozialethischer Kernbereich, der dem Grundgesetz und dem Strafrecht in gleicher Weise gemeinsam ist, verletzt sein. Diese Möglichkeit liegt insofern nahe, als auch Art. 6 Abs. 1 GG aus derselben grundlegenden Wertentscheidung erwächst wie § 203 E 1962. Gegen den neuen Straftatbestand spricht also nicht schon, daß er Sachverhalte erfassen soll, die über Grundgesetzverstöße hinausreichen[555].

c) „Verdient" die künstliche Insemination Strafe?

Die Strafwürdigkeit setzt das „Strafe Verdienen" und das „Der Strafe Bedürfen" voraus. Zunächst soll die Frage beantwortet werden, ob und warum die Sachverhalte des § 203 E 1962 gegebenenfalls Strafe verdienen könnten.

aa) Bewahrung der sittlichen Ordnung

Wenn der Gesetzgeber von seiner Strafgewalt Gebrauch macht, so könnte ihn rechtfertigen, daß er elementare sittliche Werte erhalten will. Der Verlust dieser Werte müßte das geordnete Zusammenleben der Staatsbürger ernsthaft gefährden[556]. Davon geht die amtliche Begründung zu § 203 E 1962 auch aus.

Man sieht in der künstlichen Samenübertragung einen Angriff auf „die Wurzeln der Sittenordnung und der menschlichen Kultur"[557], den es abzuwehren gilt. Nach der Definition des durch § 203 E 1962 zu schützenden Rechtsguts handelt es sich speziell um die Erhaltung der „sittlichen Vorstellung von der natürlichen Zeugung der Nachkommenschaft innerhalb einer und durch eine Familie".

Ob die Sittenordnung durch die Tatbestände der verschiedenen künstlichen Inseminationen tatsächlich beeinträchtigt wird, kann erst beantwortet werden, wenn man sich darüber Klarheit verschafft hat, was unter der „Sittenordnung" zu verstehen ist. Die Sittenordnung findet einen Niederschlag im sogenannten „Sittengesetz" (Art. 2 Abs. 1 GG). Bei der Bestimmung des Sittengesetzes ist nach dem Bundesverfassungsgericht ein allgemeiner Maßstab anzule-

---

[554] Die Verwendung eines Samengemisches und die künstliche Insemination bei ledigen Frauen sind ausgenommen.

[555] Soweit ein Grundgesetzverstoß vorliegt (vgl. die vorausgegangene Anmerkung), taucht die Fragestellung gar nicht erst auf.

[556] *Müller-Dietz*, S. 39 f.; Arthur *Kaufmann*, Schuld und Strafe, S. 12, 321.

[557] E 1962 mit amtlicher Begründung S. 357.

gen[558]. Es ist auf das weltanschaulich neutrale[559] sittliche Bewußtsein unserer Rechtsgemeinschaft abzustellen[560]. Nach dem Bundesverfassungsgericht umfaßt das Sittengesetz alle sittlichen Normen, die Allgemeingut aller Kulturvölker sind, wobei spezifisch deutsche Anschauungen nicht ohne weiteres ausgeschaltet werden dürfen[561]. Ein Wandel der sittlichen Anschauungen verlangt gebührende Berücksichtigung[562].

Man kann davon ausgehen, daß die im Grundrechtsteil formulierten Wertentscheidungen mit ihren Anforderungen nicht über das Sittengesetz hinausreichen. Deshalb ist die Folgerung zulässig, daß die Grundrechtsverstöße, die durch die Verwendung eines Samengemischs und durch die künstliche Samenübertragung bei ledigen Frauen geschehen, auch die Sittenordnung in ihrem Elementarbereich verletzen. Man käme für diese besonderen Erscheinungsformen der künstlichen Insemination also zu dem Ergebnis, daß sie Strafe „verdienen".

Zweifelhaft bleibt aber, ob man ein Gleiches auch von der heterologen und der nicht konsentierten oder von einem Nichtarzt vorgenommenen homologen Insemination (ausgenommen die Selbstinsemination) behaupten kann.

Ohne auf Widerspruch zu stoßen, darf man wohl sagen, daß die Insemination durch einen Nichtarzt mit der Sittenordnung nichts zu tun hat. In diesem Punkt liegen der Strafvorschrift vorwiegend hygienische Gesichtspunkte zugrunde. Ein „Strafe Verdienen" scheidet hier aus, weil die Pönalisierungsbefugnis überschritten wird.

Bei der nicht konsentierten homologen Insemination werden fundamentale Rechte des anderen Ehegatten (Art. 2 GG) mißachtet. Der Eingriff in die Rechtssphäre des Partners ist noch eklatanter, wenn der andere eine Samenübertragung mit fremdem Sperma vornehmen läßt. In diesen Fällen ist die Sittenordnung empfindlich verletzt. In diesem Vorgehen liegt ein massives Unrecht.

Fragwürdiger verhält es sich jedoch mit der konsentierten heterologen Insemination, die § 203 E 1962 ebenfalls unter Strafe stellen will. Ein Verstoß gegen Art. 1 GG wurde abgelehnt, weil bei einer Gegenüberstellung des Art. 1 Abs. 1 GG und der Freiheitssphäre des einzelnen der zweite Gesichtspunkt überwog. Einer Verletzung des Art. 6 Abs. 1 GG konnte ebenfalls nicht zugestimmt werden, weil die

---

558 *Maunz-Dürig*, Rdnr. 16 zu Art. 2 Abs. 1; BVerfGE 6, 434 f.

559 dazu *H. Peters*, Festschrift für *Laun*, S. 670; *v. Mangoldt-Klein*, S. 185; *Maunz-Dürig*, Rdnr. 16 zu Art. 2 Abs. 1; *Hamann*, Kommentar, Anm. 7 zu Art. 2.

560 *Maunz-Dürig*, Rdnr. 16 zu Art. 2 Abs. 1.

561 BVerfGE 6, 437; *Hamann*, Kommentar, Anm. 7 zu Art. 2.

562 *Wernicke* in Bonner Kommentar Anm. II 1 b zu Art. 2.

Institute von Ehe und Familie durch einverständliche heterologe Inseminationen nicht typischerweise gefährdet werden. Doch kann man nicht übersehen, daß das Prinzip der Monogamie tangiert ist[563].

Das „Strafe Verdienen" setzt einen massiven Unrechtsgehalt der Tat voraus. Es ist erforderlich, daß der Wertbezug des Schutzgutes „allgemein erkennbar und anerkannt hinreichend nachhaltig" ist[564]. Bestraft werden darf nur, was „nach einer communis opinio" aller Staatsbürger „auch wirklich Strafe verdient", weil Rechtsgehorsam nur dort erwartet werden kann, „wo jedermann die Forderungen des Strafgesetzes als innerlich verpflichtend zu empfinden vermag"[565]. Ein nicht rechtsgüterverletzendes Verhalten darf nicht allein um seiner Unmoral willen bestraft werden[566].

Die Zitate machen deutlich, daß die Pönalisierungsbefugnis stark eingeschränkt ist. Für die konsentierte heterologe Insemination bedeutet die weitgehende Einschränkung, daß dem Gesetzgeber die Befugnis zur Bestrafung fehlt. Das folgt daraus, daß zwar der Bezug des geschützten Rechtsguts zur Wertvorstellung von Ehe und Familie noch erkennbar sein kann — wenn auch hier schon Zweifel aufkommen können —, daß aber der Unrechtscharakter, sofern man ihn bejaht, nicht „anerkannt hinreichend nachhaltig" ist: Es ist schon darauf hingewiesen worden, daß nur die objektive Idee der Monogamie durch die künstliche Insemination verletzt wird, die Ehe in ihrer konkreten Erscheinungsform aber bei Abwägung der bestehenden Zwangssituation und dem von den Ehegatten gewählten Ausweg eher eine Stärkung erfährt. Die die Ehe erhaltende Tendenz, welche die Gatten durch eine heterologe Insemination zum Ausdruck bringen — daß sie nämlich die eheliche Gemeinschaft trotz aller Schwierigkeiten aufrechterhalten wollen —, wirkt sich mitbestimmend auf das Werturteil der Rechtsgemeinschaft aus. Sie beeinflußt die Einstellung der Rechtsgenossen jedenfalls nicht negativ.

Das Institut der Ehe erleidet keine Beeinträchtigung. Gerade die positiven Gesinnungsmomente der Eheleute verhindern, daß der Eindruck nachhaltigen Unrechts entsteht.

Man darf die Ehe, in der die physiologischen Voraussetzungen für eine gemeinsame Fortpflanzung nicht gegeben sind, eben nicht den Anforderungen unterwerfen, die für die normale Ehegemeinschaft gelten sollten. Auch in den Ehen, die unter der physiologischen Unvollkommenheit eines Partners leiden, existiert der Wunsch nach ei-

---

[563] Vgl. oben S. 128 ff.

[564] *Sax*, S. 929.

[565] *Müller-Dietz*, a.a.O., S. 40, insbesondere Anm. 56 unter Berufung auf *Jescheck*.

[566] *Roxin*, JuS 1966, 382.

nem Kind. Wegen des biologischen Unvermögens der Ehegatten erfährt er sogar noch eine Steigerung. Wenn die Ehepartner dem ganz natürlichen Verlangen nach einem Kind nachgeben und die künstliche heterologe Insemination als die ihnen angenehmste Ersatzlösung wählen, erhalten sie in gewissem Sinn ihre Existenz. „Wo aber selbst Akte der Existenzverteidigung strafbar werden können, da leidet ... das Strafrecht Not"[567].

Wenn man die Situation der betroffenen Ehepartner gebührend berücksichtigt, kann man die heterologe Insemination nicht als massives Unrecht bezeichnen. Dieses natürliche Empfinden hat zur Folge, daß eine opinio communis aller Staatsbürger die Forderung des neuen Strafgesetzes nicht als innerlich verpflichtend anerkennen kann[568].

Eine Strafbefugnis des Gesetzgebers für die heterologe Insemination könnte also auf den Gesichtspunkt der Bewahrung der Sittenordnung nicht gestützt werden, sofern den Eheleuten auf natürlichem Weg eine gemeinsame Fortpflanzung verwehrt ist[569]. Strafe verdient in jedem Fall aber die Verwendung eines Samengemisches und die Insemination bei ledigen Frauen. Wenn eine künstliche Insemination wegen vorhandener natürlicher Voraussetzungen überflüssig ist oder wenn sie gegen den Willen eines Ehegatten geschieht, ist die Strafwürdigkeit ebenfalls zu bejahen.

Trotz der Strafwürdigkeit einiger Ausnahmen ist der eigentliche Anlaß der neuen Strafvorschrift hinfällig geworden. In der Praxis wollte man gerade die wachsende Zahl der einverständlichen heterologen Inseminationen eindämmen. Für diese Fälle steht dem Staat aber keine Pönalisierungsbefugnis zu.

bb) Bildung des sittlichen Empfindens

Man könnte versucht sein, die Strafvorschrift des § 203 E 1962 dadurch zu rechtfertigen, daß man ihr eine sittenbildende Funktion zuspricht. Durch den Fortschritt der Zivilisation, insbesondere der Technik und dem damit verbundenen Wandel in der menschlichen Selbsterkenntnis laufen viele sittliche Anschauungen Gefahr, unsicher zu werden, so daß eine Krise im Bereich der überlieferten Kulturwerte entstehen könnte. Das kann dem Strafgesetzgeber Anlaß sein, helfend einzugreifen. Die Strafnorm würde ihm als legitimes Mittel

---

[567] *Welzel,* Lehrbuch, S. 6.

[568] Vgl. eine Befragung der norwegischen Bevölkerung, bei der 289 Personen die künstliche herterologe Insemination nicht als ehebrecherisch und unmoralisch ansahen, dagegen nur 22 der Befragten entgegengesetzt antworteten; ähnlich verhält sich die Reaktion bei der amerikanischen Bevölkerung, vgl. *Giesen,* S. 155.

[569] Im Ergebnis so auch *Hamann,* Grundgesetz und Strafgesetzgebung, S. 83 f.

dienen, sittliche Vorstellungen dort, wo sie schwankend und unsicher geworden sind, zu festigen und zu formen.

Die sittenbildende Funktion des Strafrechts muß jedoch gerade um ihrer selbst willen die schon aufgezeigten Beschränkungen der Pönalisierungsbefugnis einhalten[570]. Das bedeutet, daß die Strafsanktion nur zugunsten eines massiven Verstoßes gegen elementare sozialethische Pflichten angewendet werden darf. Die Gegeninteressen des Betroffenen dürfen bei der Beurteilung des Sachverhaltes nicht übergangen werden[571]. Die Sicherheit, mit der der Staat seine Werturteile ausspricht, bildet die Sicherheit des sozialethischen Urteils des einzelnen[572]. Der Strafgesetzgeber muß sich weiser Selbstbeschränkung unterwerfen, denn allzu häufige Anwendung des Strafrechts macht es „als Waffe schartig"[573]. Verlangt man unter Berufung auf die „fragmentarische Natur des Strafrechts" (Binding) die Restriktion des Strafrechts[575], die Beschränkung auf das „Selbstverständliche"[575], so darf der Gesetzgeber nicht Sachverhalte zum Anlaß seines sittenbildenden Einschreitens nehmen, die die Allgemeinheit wegen einer Zwangssituation der Betroffenen wenn nicht gutheißt, so doch nicht verfemt. Wenn die Pönalisierungsbefugnis für die heterologe Insemination schon nicht durch die Pflicht und den Anspruch des Staates, zur Bewahrung der Sittenordnung tätig zu werden, gerechtfertigt ist, erscheint erst recht ein sittenbildendes Einschreiten fragwürdig. Der Gesetzgeber ist hier mindestens an die gleichen Beschränkungen der Strafgewalt gebunden, so daß wiederum eine Rechtfertigung der Strafvorschrift bis auf die oben bezeichneten Ausnahmen[576] abzulehnen ist.

cc) Abwehr von Gefahren für die Volksgesundheit

Mit § 203 E 1962 wird auch der Zweck verfolgt, Gefährdungen, die in eugenischer Hinsicht drohen, abzuwehren. In diesem Sinn hat man die neue Strafvorschrift als „zweistufiges eugenisches Gefährdungsdelikt" bezeichnet[577]. Einmal sei in den Voraussetzungen der Vornahme einer künstlichen Insemination die unverkennbare Tendenz angelegt, daß mit ihr beiderseits bedenklichen Anlagen zur Fortpflanzung verholfen werde. Andererseits bestehe die Gefahr der Inzucht in den folgenden Generationen, was auf die Leistungs-

---

[570] *Welzel*, a.a.O., S. 5.

[571] *R. Lange*, ZStW 63, 457.

[572] *Welzel*, a.a.O., S. 5.

[573] *Müller-Dietz*, S. 39; *K. Peters*, S. 13 ff. (36 ff.); derselbe in ZStW 77, 471.

[574] Arthur *Kaufmann*, Schuld und Strafe, S. 12, 321.

[575] *Müller-Dietz*, S. 40, Anm. 56 unter Berufung auf *Jescheck*.

[576] Vgl. oben S. 135.

[577] *Blei*, FamRZ 1961, 139 f.

fähigkeit des Spermas und auf die vermutlich geringe Zahl der Samenspender zurückzuführen sei[578].

Das erste Argument ist nicht zwingend: Wenn eine Frau ihrem Verlangen nach einem Kind nachgibt, selbst wenn man sie als „kindstoll" bezeichnen müßte, so rechtfertigt das nicht, bei ihr auf minderwertige Charaktereigenschaften zu schließen, die eine negative Auslese begünstigen. Auch die Persönlichkeit des Samenspenders kann durchaus anständig sein. Seine Motive lassen nicht unbedingt einen Rückschluß auf sein Erbgut zu. Zweifelhafte Existenzen werden erst dann als Samenspender verstärkt hervortreten, wenn man mit einer Verbotsnorm die Auswahl auf „Gesetzesbrecher" beschränkt. Im übrigen muß man sich die Frage stellen, ob der Strafgesetzgeber überhaupt befugt ist, eugenisch regulierend einzugreifen. Man sollte annehmen, daß gerade bei der Weitergabe des Erbguts die Freiheitssphäre des einzelnen alle erdenkliche Beachtung verdient. Es steht dem Staat nicht an, zu bestimmen, wer wert ist, sein Erbgut weiterzugeben, und wer nicht. Jeder Versuch, der den geringsten Anlaß von eugenischen Tendenzen des Gesetzgebers zeigt, verdient bereits sozialethische Mißbilligung.

In seiner „zweiten Stufe" weist das „eugenische Gefährdungsdelikt" einen Bezug zu sozialethisch anerkannten Werten auf: Durch die erhöhte Inzestgefahr, die nachfolgenden Generationen aus der Unkenntnis über ihre Abstammung droht, wird die „körperliche und sittliche Gesundheit der Familie" einer möglichen Gefahr ausgesetzt[579]. So hat es das Reichsgericht zur Blutschande (§ 173 StGB) formuliert.

Die Ausführungen können jedoch nicht ohne jede Einschränkung auf die künstliche Insemination übertragen werden. Das Rechtsgut, das im geltenden Recht durch § 173 StGB gegen unmittelbare Verletzung geschützt wird, wird durch § 203 E 1962 schon gegen die bloße *Gefährdung* gesichert.

Grundsätzlich sind gegen abstrakte Gefährdungsdelikte keine Einwände zu erheben. Sie widersprechen nicht etwa dem Schuldstrafrecht, dem auch im Entwurf zur Geltung verholfen werden soll[580]. Denn der wesentliche Unrechtsgehalt liegt in dem „Moment der tattypischen Gefährdung"[581] eines bestimmten Verhaltens. Das heißt, die Bestrafung des Täters wird nicht von Umständen abhängig gemacht, die vom Täter nicht zu verantworten sind.

Eine Kritik des § 203 E 1962 als abstraktes Gefährdungsdelikt ergibt sich aber aus dem Gesichtspunkt, daß es nicht unbedingt der

---

578 *Blei,* FamRZ 1961, 140.
579 RGStR 57, 140.
580 Vgl. §§ 15, 21, 23, 24, 60 Abs. 1 E 1962.
581 *Müller-Dietz,* S. 17.

Lebenserfahrung entspricht, daß mit der heterologen Insemination der Eintritt des schädigenden Erfolges wahrscheinlich wird. Das ist aber zur Normierung eines abstrakten Gefährdungsdelikts erforderlich[582].

Die Wahrscheinlichkeit des schädigenden Erfolges ist nicht tattypisch an die heterologe Samenübertragung gebunden. Normalerweise ist wegen des geringfügigen Anteils heterologer Geburten an der Gesamtgeburtenzahl die Wahrscheinlichkeit des Inzestes verschwindend gering[583]. Ausnahmen ergeben sich nur, wenn ein verantwortungsloser Arzt die Insemination vornimmt und zum Beispiel das Sperma eines Spenders mehreren Frauen inseminiert, die räumlich verhältnismäßig nahe zusammenleben. Da bisher nur einige Mißbrauchsfälle[584] eine unzureichende Streuung der Inseminationskinder bewirkten, kann man bei der heterologen Samenübertragung nicht *typischer*weise von einer Inzestgefahr ausgehen. Es ist deshalb nicht gerechtfertigt, den § 203 E 1962 als *abstraktes* Gefährdungsdelikt auszugestalten. Man müßte durch konkrete Tatbestandsmerkmale die Gefährdung bestimmen[585].

Außerdem weist § 203 E 1962 gerade im Hinblick auf seinen Charakter als abstraktes Gefährdungsdelikt eine weitere dogmatische Unebenheit auf: Die konsenslose oder von einem Nichtarzt vorgenommene homologe Insemination, die auch unter Strafe gestellt wird, bietet keinerlei Ansatzpunkt für eine Inzestgefahr. Auch daran zeigt sich, wie stark die Schaffung der neuen Strafvorschrift von kriminalpolitischem Wollen bestimmt war und dogmatische Erwägungen ganz in den Hintergrund gedrängt wurden.

Festzuhalten ist, daß der § 203 E 1962 die Inzestabwehr als Schutzzweck der Norm unzureichend zum Ausdruck bringt. Soweit dennoch die Volksgesundheit als Schutzgut hervortritt, ist dieses Schutzgut ein im Sinne des Strafe Verdienens hochwertiges Gut. Bei tatbestandlicher Konkretisierung der einzelnen Gefährdungsvoraussetzungen in der bezeichneten Art und Weise[586] liegt ein nachhaltiges gemeinschaftsstörendes Verhalten vor. Für diese Sonderfälle kann man ein „Strafe Verdienen" des inseminierenden Dritten nicht von der Hand weisen. Bei Gefährdungsdelikten wird aber die Frage des „der Strafe Bedürfen" besonders aktuell[587]. Unter diesem Gesichtspunkt wird die neue Strafvorschrift noch zu überprüfen sein.

---

[582] Vgl. *Maurach*, Besonderer Teil, S. 495.

[583] Vgl. oben S. 32.

[584] Vgl. oben S. 32.

[585] So könnten die Vornahme einer anonymen Samenübertragung und die mißbräuchlich häufige Verwendung ein und desselben Spermas in zeitlich und örtlich nahem Zusammenhang Strafe verdienen.

[586] Vgl. die vorausgegangene Anmerkung.

[587] Vgl. oben S. 121.

dd) Vermeidung psychologischer Konfliktsituationen

Durch die künstliche heterologe Insemination *können* psychische Konfliktsituationen hervorgerufen werden. Sie sind jedoch keine notwendige und übliche Folge[588]. Aber selbst wenn Untersuchungen eine gesicherte Grundlage für die Annahme böten, daß die künstliche Samenübertragung die psychologische Situation unter den Beteiligten erheblich verschärft und zu Krisen führt, so rechtfertigt sich daraus noch nicht ein Tätigwerden des Strafgesetzgebers. In diesen Fällen mögen bestenfalls fürsorgerische Maßnahmen des Staates geboten sein. Es wäre aber abwegig, wenn der Gesetzgeber vorbeugende Fürsorge mittels Strafvorschriften betreiben wollte.

Auch dogmatische Überlegungen bestätigen, daß die Vermeidung psychischer Konflikte nicht zur Begründung der Strafwürdigkeit herangezogen werden kann. Der einzelne vermag im Rahmen seiner Persönlichkeitsentfaltung (Art. 2 Abs. 1 GG) frei zu entscheiden, welchen psychischen Belastungen er sich aussetzen will. Eine Rücksichtnahme auf die psychischen Belange seiner nächsten Mitmenschen ist ihm durch das Sittengesetz nicht geboten. Diese Pflicht könnte nur auf moralische Forderungen gestützt werden. Dem Strafgesetzgeber steht es aber nicht an, moralisierend auf die Gesellschaft einzuwirken, wenn es nicht zum Schutz höchster sozialethischer Werte nötig wird.

ee) Vorbeugung gegen eugenische Bestrebungen des Staates

Es kann im wesentlichen auf die Erörterungen zu Art. 1 Abs. 1 und Art. 2 Abs. 1 GG verwiesen werden[589]. Abgesehen davon, daß § 203 E 1962 nicht geeignet sein wird, einem Gesetzgeber, der eine Eugenik durchsetzen will, Grenzen zu setzen, darf das Bestreben, gegen eine Eugenik vorbeugende Maßnahmen zu ergreifen und zu diesem Zweck jede künstliche heterologe Insemination unter Strafe zu stellen, nicht zu Lasten der Freiheitssphäre und Gegeninteressen einzelner Staatsbürger gehen. Sie selbst bieten nur durch eine *äußerliche* Ähnlichkeit ihres Vorgehens den Ansatzpunkt für einen Vergleich. Es fehlt jedoch die entscheidende Zielsetzung der Eugenik, da im Normalfall eine heterologe Insemination nur auf Grund einer biologischen Zwangssituation vorgenommen wird. Der eigentlich verwerfliche Kern eugenischer Bestrebungen ist in diesen Fällen nicht vorhanden. Einem Vergleich fehlt also der inhaltliche Beziehungspunkt. Wenn durch § 203 E 1962 einer Eugenik vorgebeugt werden soll, erreicht die Vorschrift ihren Zweck nicht, da sie dem sittlichen Empfinden kein vollwertiges Exempel statuiert.

---

[588] Vgl. oben S. 38 ff.

[589] Vgl. oben S. 121 ff.

d) „Bedarf“ die künstliche Insemination der Strafe?

Die Strafbedürftigkeit, deren Fehlen zur Überschreitung der Pönalisierungsbefugnis führt, geht auf den Grundsatz der Verhältnismäßigkeit des Mittels zurück[590]. Es soll deshalb im folgenden geprüft werden, ob die künstliche Insemination, sofern man entgegen der hier vertretenen Meinung die im Rahmen des § 203 E 1962 vorgesehene Bestrafung bejaht, der Strafe als allein zweckmäßiges und notwendiges Mittel der Bekämpfung bedarf. Dabei ist nicht aus dem Auge zu lassen, daß die Strafe durch ihren starken Mißbilligungsgehalt und den Eingriff in Grundrechte des Betroffenen die ultima ratio der Verbrechensbekämpfung darstellt[591].

aa) Ausreichender Schutz durch das geltende Zivil- und Strafrecht

Bei der Verhältnismäßigkeit des Mittels ist zu erwägen, ob nicht das geltende Zivil- und Strafrecht bereits einen ausreichenden Schutz gegen eine Verbreitung der künstlichen Insemination bietet.

Die zivilrechtliche Situation ist für das aus einer künstlichen Insemination stammende Kind — und damit auch für seine Mutter und den Samenspender — nie ganz risikolos, da der Muttergatte die Ehelichkeit des Kindes anfechten kann. In einem Statusprozeß hat das Kind einen ungünstigen Stand durch die erschwerte Beweislage. Sein Unterhalt, sein Erbrecht und sein legitimer Status sind also einer besonderen Gefährdung ausgesetzt. Auf der anderen Seite können aber der Samenspender und der Arzt unterhaltspflichtig werden, der eine auf Grund einer gesetzlichen, der andere auf Grund einer deliktischen Haftung. Die Rechtsfolgen sind demnach geeignet, die Bereitwilligkeit von Arzt und Samenspender einzudämmen[592].

Das geltende Strafrecht bietet die Möglichkeit, die als sittenwidrig anzusehende konsenslose künstliche Insemination zu bestrafen. Das Strafmaß der Nötigung, das für besonders schwere Fälle Zuchthaus bis zu zehn Jahren und zumindestens Gefängnis oder Geldstrafe vorsieht, gewährleistet auch eine hinreichend harte Bestrafung der gegen die Einwilligung der Frau vorgenommenen künstlichen Insemination. Der nicht konsentierende Ehemann kann regelmäßig Strafantrag wegen Beleidigung stellen. Für diese Fälle erübrigt sich demnach die Schaffung einer *neuen* Strafnorm[593].

---

590 *Haman,* Grundgesetz und Strafgesetzgebung, S. 28; derselbe in Kommentar zum Grundgesetz, S. 46 cc.

591 *Müller-Dietz,* S. 39; *K. Peters,* S. 13 ff., 34; *Maihofer,* Menschenbild und Strafrechtsreform (Berliner Universitätstage 1964), S. 5 ff., 18; *Roxin,* JuS 1966, 382.

592 Für den ausreichenden Schutz durch das Zivilrecht haben sich auch *Dölle* (S. 243 f.) und *Erdsiek* (NJW 1960, 23 f.) ausgesprochen.

593 Für ausreichenden Schutz durch das geltende Strafrecht war *Giesen* noch in seiner Schrift von 1960 S. 39, Anm. 149. Er sah sich dazu veranlaßt,

bb) „Plakatwirkung“ der Verbotsnorm

Gegen eine strafgesetzliche Normierung der künstlichen, speziell der heterologen Insemination wird auch vorgebracht, daß von ihr möglicherweise erst die geistige Anregung ausgehe, auf diese Weise dem Dilemma der Kinderlosigkeit zu entrinnen[594]. Man setzt voraus, daß die „Heilbehandlung“ durch künstliche Samenübertragung in der Allgemeinheit heute noch nicht bekannt ist, so daß die Strafvorschrift für eine Verbreitung der unerwünschten Methode sorgt.

Es erscheint zunächst zweifelhaft, ob nicht die Presse die Unkenntnis auf diesem Gebiet schon weitgehend behoben hat. Die sinnigen Namen, die man Kindern, die aus einer Insemination hervorgegangen sind, zugeteilt hat (Kunst-, Retortenkind usw.), sind fast schon „volkstümlich“. Allerdings können bei breiten Volksschichten noch falsche Vorstellungen über den ärztlichen Eingriff vorhanden sein. Es wird auf Grund der üblichen Namen oft angenommen, daß auch der injizierte Samen ein Kunstprodukt sei. Diese Fehlvorstellung wirkt sich eventuell noch abschreckend aus. Der Effekt kann aber durch die neue Strafvorschrift, die durch die Tatbestandsbeschreibung Klarheit über den Vorgang der künstlichen Insemination schafft, beseitigt werden. Unter Berücksichtigung dieses Umstandes könnte man die Verbotsnorm für unzweckmäßig halten.

Allerdings darf dem Argument der „Plakatwirkung“ nicht allzu viel Ehre angetan werden. Der vermutete Aufklärungseffekt des § 203 E 1962 würde von der sittlichen Mißbilligung, die der Gesetzgeber durch die Strafsanktion ausdrückt, begleitet. Die unerwünschte Reaktion würde damit sofort durch ein wirksames Gegenmittel in gemäßigte Bahnen gelenkt.

Eine tragende Rolle kann die „Plakatwirkung“ für eine Ablehnung der Strafbedürftigkeit nicht spielen.

cc) Vereitelung des Strafzwecks

Die Strafe erweist sich als wenig sinnvoll und deshalb als unzweckmäßig, wenn man allein auf die Bestrafung wegen der Verletzung des ersten und vorrangigen Rechtsguts — die sittliche Vorstellung von der natürlichen Zeugung der Nachkommenschaft innerhalb einer und durch eine Familie — abstellt. Das wird deutlich, wenn man sich den Normalfall, in dem die Eheleute das ersehnte Kind bekom-

---

weil erst einmal zuverlässige Untersuchungen in der BRD angestellt werden sollten, ehe man — „düster prophezeiend“ — frage, „was in welchem Umfang wie hoch zu verbieten sei“. A.A. — auch in Ansehung der mangelnden Untersuchung — 1962 in der Schrift gleichen Titels, S. 254 f.

[594] Vgl. dazu *Bockelmann*, Prot. Bd. 7 S. 205; *Lange*, Prot. Bd. 7 S. 205; *Welzel*, Prot. Bd. 7 S. 211.

men haben, veranschaulicht. Eltern und Kind sind zufrieden, und die kleine Gruppe bietet der Umwelt das Bild einer gesunden Familieneinheit. Hier greift nun der Staat mit erhobenem Zeigefinger ein und zerstört in „moralischer Wut" das, was sich so gut anließ. Er setzt mit der harten Strafe die Existenz der Familie aufs Spiel. Mutter und Vater müssen ins Gefängnis. Die Umwelt wird hellhörig, so daß bald alle wissen, daß die betroffene Familie ein „Retortenkind" aufzieht. Die Strafe wirkt sich nun auch für das unschuldige Kind nachteilig aus. Es muß den Spott der Gesellschaft erdulden. Für die gesamte Familie entsteht aus der Strafe eine unverhältnismäßige Belastung für die Zukunft. Die Aufwuchsbedingungen des Kindes, sein Verhältnis zu den Eltern, das Verhältnis der Eltern untereinander werden in einer Weise erschwert, daß die psychologischen Konfliktsituationen, die man verhindern wollte, mit Sicherheit heraufbeschworen werden. Die Strafe erhält gerade in diesem Fall ein so unsinniges Ausmaß, daß sie ungerecht erscheint. Der Staat wird bei den Staatsbürgern für eine solche Handhabung der Strafgewalt kaum Verständnis finden. Mag man sich auch darüber streiten, ob die Rechtsgutverletzung wirklich Strafe verdient, sie erscheint aber zumindest als Mittel der Durchsetzung von Gemeinschaftsinteressen hier unangemessen hart und unzweckmäßig, weil sie die zu vermeidenden psychologischen Konfliktsituationen erst schafft oder vermehrt. Da man durch die Strafe eine bestimmte Ehe und Familie zerstört, wird bei der Rechtsgemeinschaft auch nicht der Zweck der Strafnorm, nämlich den abstrakten Wertgehalt von Ehe und Familie zu schützen, erreicht. Was der Staat auf der einen Seite in die Zerstörung treibt, kann er nicht auf der anderen Seite überzeugend schützen. Der Schutz eines abstrakten Wertes wird nicht durch die Zerstörung des Wertträgers erreicht.

Bei ähnlichen Sachverhalten hat der Gesetzgeber wenigstens versucht, diesem Dilemma Rechnung zu tragen. Im Falle des Ehebruchstatbestandes greift der Staat nicht ein, solange die Ehe noch besteht, außerdem muß der verletzte Ehegatte einen Strafantrag stellen. Diese Rücksichtnahme, die der Gesetzgeber des geltenden Strafrechts walten ließ, mutet gegen die puritanische Strenge, mit der die Strafrechtsreformatoren sich gewappnet haben, geradezu weise an.

Wer bei der künstlichen heterologen und der von einem Nichtarzt vorgenommenen homologen Insemination nicht schon das „Strafe Verdienen" verneinen will, muß zumindest die Strafwürdigkeit an dem „Der Strafe Bedürfen" scheitern lassen.

dd) Gefahr zu hoher Dunkelziffern

Gegen die Zweckmäßigkeit einer Bestrafung sind vorwiegend Einwände zu erheben, wenn man § 203 E 1962 nur von seinem zweiten Schutzzweck — der Inzestgefahr vorzubeugen — betrachtet. Gegen eine Pönalisierung spricht, daß man die Kontrolle über die Ausmaße und Auswirkungen der künstlichen Insemination verliert. Die befürchtete Inzestgefahr könnte gerade auf diese Weise erhöht werden. Einmal fänden sich sicherlich weniger Samenspender, so daß ein und derselbe Mann häufiger als Vater in Erscheinung treten würde. Den charakterlichen Fähigkeiten eines solchen Mannes wäre ein begründetes Mißtrauen entgegenzubringen, weil er die sittliche Mißbilligung des Gesetzgebers nicht achtet. Besondere Gefahr droht von Existenzen, die sich die „Spende" in Anbetracht der Strafandrohung entsprechend hoch bezahlen lassen würden. Zum anderen würde die Durchführung des Eingriffs Personen in die Hände gespielt, die möglicherweise nicht sachkundig und charakterlich ungeeignet sind. Wenn solche „Quacksalber" bei der Tragweite ihres Tuns nicht die nötige Verantwortung und Sachkunde walten lassen, kann für die Familien großes Unheil heraufbeschworen werden.

Daß die Gefahr einer hohen Dunkelziffer nicht unbegründet ist, zeigt das Beispiel der Abtreibung. In der Bundesrepublik werden jährlich rund 4 500 Abtreibungen bestraft, während die Gesamtzahl der in einem Jahr vorgenommenen Abtreibungen mit dem Hundert-, sogar Tausendfachen beziffert wird. Im günstigsten Fall erfaßt man also nur ein Prozent der jährlichen Abtreibungen[595]. Die Fälle der künstlichen Insemination erfahren zwar eine natürliche Begrenzung durch die eingeschränkten biologischen Voraussetzungen, unter denen sie opportun und zugleich erfolgversprechend sind. Im Verhältnis wird der Anteil der Dunkelziffern aber kaum einen Unterschied aufweisen, denn der Wille, ein Kind zu bekommen, ist bei einer Frau, die kinderlos geblieben ist, nicht minder stark wie der Wille einer Frau, im besonderen Fall das sich ankündigende Kind nicht zur Welt zu bringen.

Wenn es dem Gesetzgeber ernst ist, die Gefahr von „Reiheninzesten" zu verhüten, wie man aus dem zweiten Rechtsgut der Strafvorschrift schließen sollte, so erweist sich die Pönalisierung als unzweckmäßig. Der Gesetzgeber erreicht geradewegs das Gegenteil, indem er unqualifizierten und verantwortungslosen Personen ein Arbeitsfeld eröffnet. Dort, wo eine gewisse Kontrolle viel bessere Dienste leisten könnte, waltet „unkontrollierbare Anonymität"[596].

Die Strafandrohung ist deshalb generell nicht als Mittel zur Verhütung der Inzestgefahr geeignet. Aus diesem Grunde ist auch die Pönalisierung gewisser heterologer Inseminationen, die nach der hier

---

[595] Staatslexikon für Recht, Wirtschaft, Gesellschaft, Bd. I, Stichwort Abtreibung IV; *J. Baumann* in Archiv für Rechts- und Staatsphilosophie 1 (1960), S. 89.

[596] *Giesen* (1962), S. 253.

vertretenen Meinung unter besonderen Voraussetzungen[597] strafwürdig erschienen, abzulehnen.

ee) Möglichkeit einer verwaltungsrechtlichen Regelung

Die Strafbedürftigkeit der künstlichen Insemination ist für das Gros[598] der zu erfassenden Fälle abgelehnt worden. In Hinsicht auf das erste Schutzgut des § 203 E 1962 ist die Strafe nicht das Mittel, das — trotz seiner Härte für die Persönlichkeit des Betroffenen — zur Bewahrung der Gemeinschaftsordnung unerläßlich ist[599]. Für den zweiten Schutzgedanken des § 203 E 1962 — der Vorbeugung gegen die Inzestgefahr für nachfolgende Generationen — erweist sich die Strafandrohung als unzweckmäßig[600]. Die Unzweckmäßigkeit wird noch dadurch bestätigt, daß der Staat durch verwaltungsrechtliche Regelung sein Ziel besser erreichen kann. Es ist ihm ohne weiteres möglich, für eine heterologe Insemination bestimmte Vorsichtsmaßregeln zu treffen. Er kann anordnen, daß ein und derselbe Samenspender nicht zu häufig Vater eines Inseminationskindes von verschiedenen Müttern werden darf. Die Anzahl ist zu begrenzen. Eine gewisse Streuung könnte erreicht werden, indem man Anweisung über die Größenordnung eines „Inseminationsdistrikts" hinsichtlich seiner Ausdehnung und Bevölkerungsdichte gibt. Auch könnte ein zeitlicher Mindestzwischenraum, der von einer erfolgreichen Samenübertragung mit Samen desselben Mannes zur anderen eingehalten werden muß, bestimmt werden. Weiter sollte man sich um eine tragbare Lösung bemühen, wie die Väter von den Kindern, die aus einer anonymen Insemination hervorgegangen sind, möglichst diskret, aber wirksam registriert werden.

Die Verwaltungsregelung wäre darüber hinaus geeignet, die wenigen strafwürdigen Fälle, bei denen ein Samengemisch zur Verwendung gelangt oder bei denen die künstliche Insemination bei einer ledigen Frau vorgenommen wird, erfolgreich zu unterbinden. Eine Kriminalstrafe ist hier nicht einzig notwendiges Mittel zur Bekämpfung dieser unerwünschten Randerscheinungen, vielmehr bietet die Verwaltungsstrafe eine vielversprechende Handhabe zur Ausschaltung der Auswüchse. Wenn ein Arzt oder ein Dritter die bezeichneten Handlungen ausführt, könnte ihr Vorgehen als Verwaltungsunrecht geahndet werden. Der Meinungsstreit, ob die Abgrenzung zwischen

---

[597] Gemeint sind die Fälle mißbräuchlich häufiger Verwendung desselben Samens, vgl. oben S. 138 insbesondere Anm. 585.

[598] Ausgenommen sind die künstliche Insemination bei ledigen Frauen und die Verwendung von Samengemisch.

[599] Der Mangel der Strafbedürftigkeit erübrigt sich jedoch, wenn man bereits den massiven Unrechtsgehalt der Tat ablehnt, wie es in dieser Arbeit geschehen ist.

[600] Vgl. oben S. 143.

klassischem Strafrecht und Verwaltungsunrecht auf unterschiedliche Qualitätsmerkmale oder nur auf quantitative Abstufung zurückzuführen ist[601], spielt für die vorgeschlagene Regelung keine Rolle. Man kann die Verwendung eines Samengemisches oder die Samenübertragung bei unverheirateten Frauen zwar nicht als wertneutral bezeichnen[602]. Dennoch ziehen sie nicht die ausschließliche Ahndung durch eine Kriminalstrafe nach sich. Der sozialethische Unwertgehalt kann im Rahmen des Rechts der Ordnungswidrigkeiten ausgeklammert werden, so daß die Androhung einer Verwaltungsstrafe bei Zuwiderhandlung gegen bestimmte Verwaltungsanordnungen allein auf staatliche Zweckmäßigkeitserwägungen zu stützen ist. Dogmatische Bedenken stehen demnach einer verwaltungsrechtlichen Regelung nicht entgegen. Da sie ebensogut zum Ziel führt, ist sie einer Pönalisierung, die ultima ratio ist, vorzuziehen.

4. Zusammenfassung und eigener Vorschlag

Nach der hier vertretenen Auffassung kann die künstliche Insemination — außer in den schon vom geltenden Strafrecht erfaßten Formen (konsenslose Insemination) — nicht mit einer Kriminalstrafe geahndet werden. Der Strafgesetzentwurf 1962 enthält deshalb in § 203 eine Strafnorm, die die Pönalisierungsbefugnis des Gesetzgebers aus verschiedenen Gründen[603] überschreiten würde. Gegen eine Bestrafung haben sich in kritischer Ablehnung der aus der Strafrechtsreform hervorgegangenen neuen Verbotsnorm auch schon vereinzelt Stimmen erhoben. H. Richter war einer der ersten, der gegen dieses Ergebnis der Reformbewegung Stellung nahm[604]. Dann folgte 1963 eine Schrift Hamanns, „Grundgesetz und Strafgesetzgebung", in der der Autor die begründete Frage aufwarf, ob im Falle des § 203 E 1962 nicht „des Guten zuviel" getan sei. Er verneinte entschieden die Strafwürdigkeit der heterologen Insemination. Zweifel hinsichtlich der Strafbedürftigkeit der künstlichen Samenübertragung äußerte 1966 auch G. Kaiser in seinem ausführlichen Aufsatz „Künstliche Insemination und Transplantation"[605]. Auf der II. Arbeitstagung der Friedrich-Naumann-Stiftung, die im Jahre 1962 veranstaltet wurde, lehnten der niedersächsische Justizminister v. Nott-

---

[601] Vgl. BGHStr 11, 264 f.; Eberhard *Schmidt*, Strafrecht und Disziplinarrecht, S. 873; *R. Lange*, JZ 1956, 73 (78/79); *Gallas*, ZStW 67, 23; *Maurach*, Allgemeiner Teil, S. 11 ff. (15) für qualitativen Unterschied; a.A. *H. Mayer*, Allgemeiner Teil, S. 47; *Welzel*, JZ 1956, 240; *Sax in Bettermann-Nipperdey-Scheuner* III/2 S. 919 ff.

[602] Vgl. oben S. 124 f., 128.

[603] Vgl. oben S. 132—145.

[604] Vgl. seinen Beitrag: „Künstliche Samenübertragung als Hilfe in unfruchtbaren Ehen?", 1960 S. 75 ff.

[605] In: Arzt und Recht, Bd. 41 S. 59 ff.

beck und der LG-Direktor Betram ausdrücklich eine Bestrafung der heterologen Insemination ab. Von Nottbeck äußerte in seinem Vortrag „Die Straffunktion des Staates und die Gesellschaft", daß die Reform von dem Bedürfnis getragen werde, gegen strafwürdige Angriffe auf die Gemeinschaftsordnung einen wirksameren Schutz zu finden als bisher. Doch dürfe das nur im Rahmen der „freiheitlichen Ordnung" geschehen. Deshalb müsse man sich gegen eine Bestrafung der heterologen Insemination wenden[606]. — Betram kam zu dem gleichen Ergebnis in seinem Vortrag „Jugend und Familie im Strafrecht"[607]. Auf einem Juristentreffen der Kölner CDU, das im November 1967 stattfand, hat sich auch der ehemalige Generalbundesanwalt und jetzige Vorsitzende des Bundestags-Sonderausschusses „Strafrechtsreform", Güde, gegen die im Strafgesetzentwurf enthaltene Strafvorschrift der künstlichen Samenübertragung ausgesprochen. Indem er sich gegen den der CDU/CSU gemachten Vorwurf, Hemmschuh für ein wirklich neuzeitliches Strafrecht zu sein, verteidigte, äußerte er, er würde von vielen umstrittenen Tatbeständen des Reformentwurfs 1962 ohne Trauer Abschied nehmen, falls sich eine Mehrheit im Bundestag dagegen aussprechen sollte. Zu den von ihm genannten Strafvorschriften zählte unter anderem die künstliche Samenübertragung. Güde betonte, daß der Entwurf 1962 schon keine verbindliche Richtschnur der Reform mehr darstelle[608].

Die zunehmende Tendenz, mit der sich Juristen gegen die Bestrafung der künstlichen Samenübertragung wenden, läßt erkennen, daß der immer größer werdende Abstand von den Beratungen der Großen Strafrechtskommission, in denen wortgewaltig höchste sozialethische Gefahren heraufbeschworen wurden, falls diese Art der Sterilbehandlung nicht schnellstens durch eine Strafvorschrift unterbunden werde, zu einer Besinnung geführt hat. Eine nüchterne Betrachtungsweise wird der künstlichen Samenübertragung gerechter. Der ärztliche Eingriff birgt die Möglichkeit in sich, kinderlosen Ehepaaren zu dem ersehnten Kind zu verhelfen. Die uferlose und unkontrollierte Ausbreitung der Methode ist allerdings für die Gemeinschaft nicht wünschenswert, weil sie ohne Reglementierung gewisse sozialbiologische Gefahren mit sich bringen kann. Eine staatliche Regelung hat aber den Nachteil, daß ein höchst diskret zu behandelnder Sachverhalt aus der Intimsphäre der Betroffenen herausgelöst wird. Wenn man sich dennoch zu diesem Schritt entschließt, sollte man alle erdenkliche Rücksicht auf den Privatbereich der Beteiligten nehmen. Der einzelne darf nicht stärker in die Reglementierung einbezogen

---

[606] In Probleme der Strafrechtsreform, S. 48 ff. (61—63).

[607] In Probleme der Strafrechtsreform, S. 130 ff.

[608] Vgl. den Bericht im Kölner Stadtanzeiger Nr. 263, Samstag/Sonntag 11./12. November 1967, S. 15.

werden als unbedingt erforderlich ist. Es sind Mittel und Wege zu suchen, die den Betroffenen den Einbruch in ihre Intimsphäre möglichst erträglich erscheinen lassen. Auf der anderen Seite ist darauf zu achten, daß dem Staat keine Handhabe gegeben wird, über die Verwaltungsregelung unangemessenen Einfluß auf einen Vorgang zu gewinnen, der ihm irgendwann als Hintertreppe für eugenische Ziele dienen könnte.

Wenn man allen Mißbrauchsmöglichkeiten entgegentreten will, empfiehlt sich trotz der damit verbundenen Nachteile eine verwaltungsrechtliche Reglementierung. Die Bundesrepublik stände mit einem derartigen Lösungsversuch nicht allein[609]. In einigen Staaten der USA — insbesondere in New York — bestehen bereits verbindliche Rechtsvorschriften, die die künstliche Insemination regeln[610]. Auch in den nordischen Ländern Schweden, Dänemark, Finnland und Norwegen will man die Problematik auf diesem Wege lösen. Dort wurden bereits 1947 Kommissionen zur Erforschung der künstlichen Insemination eingesetzt. Übereinstimmend entschieden sich die nordischen Staaten, von der Bestrafung der heterologen Insemination grundsätzlich abzusehen[611]. Lediglich in Finnland will der Gesetzgeber die Insemination bei unverheirateten Frauen unter Strafe stellen. Die vorliegenden skandinavischen Gesetzentwürfe gleichen sich aber alle in dem Punkt, daß sie durch bestimmte Verwaltungsvorschriften die Voraussetzungen und die Durchführung der künstlichen Insemination regeln wollen[612].

Für die BRD könnte man folgenden Lösungsvorschlag erwägen:

Die künstliche Insemination darf in Form der homologen und heterologen Insemination nur innerhalb einer bestehenden Ehe, bei nicht getrennt lebenden Ehepaaren vorgenommen werden. Eine natürliche Befruchtung muß nach dem Stand der Wissenschaft mit aller Wahrscheinlichkeit aussichtslos sein. Eine heterologe Insemination ist erst unter der Bedingung durchzuführen, daß eine homologe Insemination höchst wahrscheinlich erfolglos bleibt oder nur zu einer erheblich geschädigten Nachkommenschaft führt. Die künstliche Inse-

---

609 Die Übereinstimmung mit anderen Völkern verdient Beachtung, weil der Consensus der Völker nicht gleichgültig ist, „nicht etwa, daß er des Consenses wegen schon wahr sei, ... sondern weil er zu der verbindenden Wahrheit hinführen kann". (*Jaspers*).

610 Vgl. *Giesen,* S. 151.

611 Eine Bestrafung der heterologen Insemination wird — soweit ersichtlich — nur in Italien und in dem amerikanischen Staat Ohio angestrebt; vgl. *Giesen,* S. 166 f., 157. In Frankreich, der Schweiz, Österreich, Großbritannien und den noch verbleibenden Staaten der USA will man ohne eine Strafvorschrift auskommen; vgl. *Giesen,* S. 107, 118, 120, 132 ff., 156.

612 Vgl. *Giesen,* S. 121 ff.; *Dölle,* S. 247 ff.

mination darf nicht bei Frauen vorgenommen werden, die ledig, verwitwet oder geschieden sind.

Der Staat überträgt den Ärztekammern die Auswahl eines charakterlich und fachlich geeigneten Gynäkologen, der für ein bestimmtes Einzugsgebiet die Inseminationen vornimmt. Für das jeweilige Gebiet ist die erfolgreiche Verwendung von Samen, der nicht von dem Ehemann der Patientin stammt, stark zu begrenzen. Eine ausgedehntere Höchstgrenze ist für das Gebiet der gesamten Bundesrepublik anzusetzen. Bevor der Samenspender herangezogen wird, muß der inseminierende Arzt eine Anfrage an die anderen ausgewählten Kollegen richten, die ihm Auskunft geben, wie oft der Spender bereits Vater eines Inseminationskindes geworden ist. — Die Eheleute können den Spermator selbst auswählen oder den Arzt mit dieser Aufgabe betrauen. Männliche Verwandte der Eheleute scheiden als Samenspender aus.

Der Arzt darf nur qualitativ gutes Sperma inseminieren. Ein körperlich, psychisch oder geistig krankhafter oder ein kriminell veranlagter Samenspender kommt nicht in Betracht. Diese Einschränkungen gelten nicht für die homologe Insemination.

Sowohl die homologe als auch die heterologe Samenübetragung darf nur mit Zustimmung beider Ehegatten vorgenommen werden. Die Zustimmung ist von den Eheleuten in notarieller Form beizubringen. Das empfiehlt sich, weil die Aufklärung über die zivilrechtliche Lage bei einer rechtskundigen Person besser aufgehoben ist als bei dem Arzt. Der Notar muß auf Grund seiner ihm obliegenden Amtspflichten die Rechtslage vollständig mit den Eheleuten erörtern, so daß sie das rechtliche Ausmaß ihres Handelns überschauen. Die medizinische und psychologische Aufklärung verbleibt in den Händen des ausgewählten Arztes. Auch er ist zur vollständigen Darlegung der Problematik verpflichtet.

Der Arzt muß ferner in einer verschlüsselten Kartei den jeweiligen Vater des Kindes, das aus einer heterologen Insemination hervorgegangen ist, aufnehmen. Die Kartei und den Dechiffriercode hat er sorgsam zu verwahren und seinem Nachfolger zu übergeben. Der Arzt ist gegenüber dem Kind nicht zum Schweigen über dessen blutsmäßige Abstammung verpflichtet. Er muß allerdings die Vor- und Nachteile, die sich für das Kind und seine Eltern aus der Offenbarung des wirklichen Vaters ergeben, pflichtgemäß abwägen. Insbesondere hat er die geistige Reife des Kindes zu berücksichtigen.

Einzelne Vorschriften über die praktische Durchführung der künstlichen Samenübertragung sind zweckmäßig. Es bleibt der medizinischen Fachwelt überlassen, sich zu diesem Punkt zu äußern.

Die Sicherung durch die vorgeschlagene verwaltungsrechtliche Regelung ist nur wirksam, wenn für Zuwiderhandlungen Verwaltungsstrafen angedroht werden. Besonders hart ist die Insemination bei unverheirateten Frauen und die Verwendung eines Samengemisches zu ahnden. Auch der Eingriff durch einen Nichtarzt oder einen nicht ausgewählten Mediziner ist als massiver Verstoß zu werten.

Wenn man eine Regelung in diesem Sinne trifft, dürfte eine hohe Wahrscheinlichkeit für eine risikolose Lösung des Problems gegeben sein. Die Inzestgefahr wäre ganz unterbunden. Davon abgesehen würde durch die strengen Voraussetzungen, die zur Vornahme einer heterologen Insemination erfüllt sein müssen, den Staatsbürgern deutlich vor Augen geführt, daß der Gesetzgeber die künstliche Insemination nur ausnahmsweise — in Notlagen — akzeptiert. Durch die uneingeschränkte Ablehnung der Samenübertragung bei unverheirateten Frauen bringt der Staat ferner unmißverständlich zum Ausdruck, daß er die Fortpflanzung an das Institut der Ehe gebunden sehen will. Die vorgeschlagene verwaltungsrechtliche Regelung bedeutet deshalb in keiner Beziehung eine sittliche Gefährdung von Gemeinschaftswerten. Der Gesetzgeber würde den Staatsbürgern mit dieser Regelung einen besseren Dienst erweisen als mit einer Strafvorschrift im Sinne des Entwurfs von 1962.

Kolibri 360 GmbH
Ferdinand-Jühlke-Straße 7
99095 Erfurt, Deutschland
produktsicherheit@kolibri360.de